全体を見て
考える力がつく！

マインドマップ
って何？

考えをまとめる

図解する技術

即効！

仕事と人生の可能性を拓く

マインドマップ図解術

自分を発見する

こんな時に
使える

一人でアイデアを考える

ビジネスの現場で

著 中野禎二
ネオテニーベンチャー開発
インキュベーション・プロダクト・
シニアマネージャ

対談

松山真之助
メルマガ「Webook of the day」編集長
http://webook.tv/
『マインドマップ読書術』著者

秀和システム

CONTENTS

対談

ゲスト 松山真之助×著者 中野禎二

Matsuyama Shinnosuke

Nakano Teiji

マインドマップは思考を妨げない自由なツールだ！

メールマガジン「Webook of the day」の発行や『マインドマップ読書術』などの著作で知られる松山真之助さんは、航空機関連会社の調達部門に勤務する一方で、ビジネスマンが自分（個人）をブランドに高め、仕事や人生に新しい可能性を拓けるように応援活動を続けている。ユーザーの代表として、著者とともにマインドマップの魅力や可能性を語ってもらう。

マインドマップとの出会い

中野●松山さんはいつ頃からマインドマップをご存じだったんですか。

松山○トニー・ブザンの翻訳を読んだのが最初で、二三年前でしょうか。

中野●意外に最近なんですね。私は結構古くて、翻訳書を読んだのは十年以上前です。当時、類書は少なかったのですが、ピタッと来るものがあったんです。それで、早速実行してみようと、ちょっと手描きで試してみたのです。プロジェクト管理やプロセス改善で何となく役に立つかなと思ったのですが、当時は長続きしませんでした。結局、パソコンのツールが五年ほど前に出始めたので、自分もITエンジニアでしたから使い始めました。松山さんは手描きからスタートですか。

松山○本を読んで「面白そうだな」と思ってから実際に試してみるまでブランクがあって、始めた頃は手描きもありましたが、やはりパソコンのソフトが意外と面白いなと思いました。文章でも、手で書くよりパソコンで打ったほうが早いことがありますが、それと同じように、手描きとパソコンの両方を同じようなタイミングで使い始めました。

図解技術のあれこれ

中野●マインドマップは一つの手法でしかないと思っていますが、今や「図解」技術は世の中に沢山あります。その中でマインドマップは何が違うのでしょうか。

松山○世の中で言う「図解」は、ある程度きちんと考え、いろいろ試してみてから「こういう絵にしよう」ということになるので、例えば何かを消化して五分くらい経ってから描くのが「図解」だとすると、マインドマップは考えるのと同時に図解するのが特徴ではないでしょうか。リアルタイムな図解と「バッファード図解」（時間的な緩衝のある＝溜めてから描く図解）とでも言えそうです。

中野●私もそれは思っていて、考えている途中、ずーっと使えるのがマインドマップなんですね。ほかの図解は、頭の中が整理できてから「さあ、きれいに描きましょう」という違いがあり

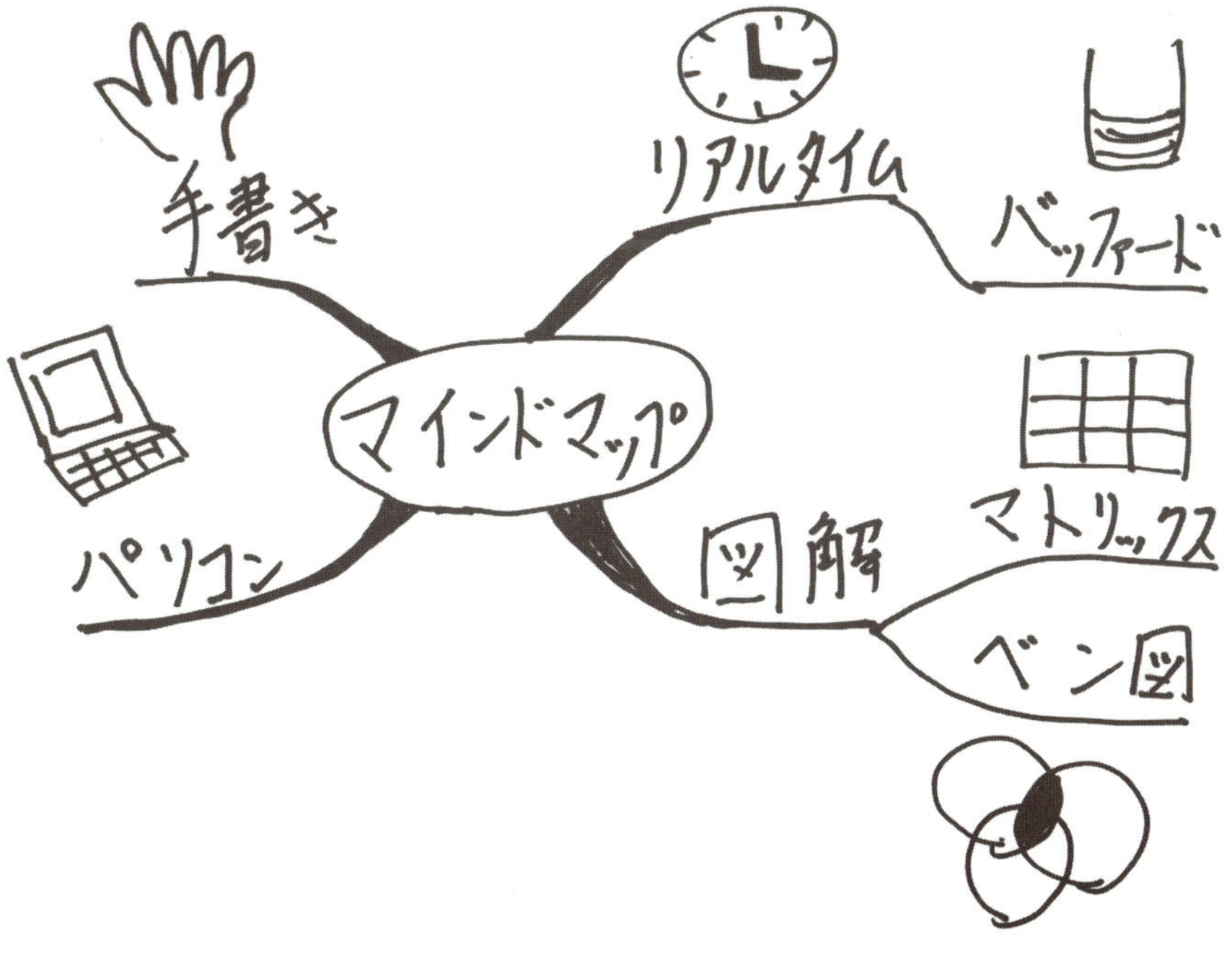

ます。

松山○そういう意味では、リアルタイムに考えながら同時に描ける点は、もう少し進めると、手描きよりもパソコンのほうが使いやすいということになるのでは……。

中野●そうそう。一旦描くものを消して訂正するという作業は、パソコンでないと億劫になります。そこはやはり、IT化の波が来たので、少し変わったかなという気がします。また、マインドマップとはコンセプトの違う図解方法、例えばマトリックスやベン図など、いろいろありますが、それぞれ棲み分けて使えば良いと思います。マインドマップの枝の先に、そういう図解やグラフなどの細かい資料があっても構いません。マインドマップはほかの図解ツールと融合しやすいし、一緒に使っていて違和感がないという気がします。

　ところで『マインドマップ読書術』という本を出されていますが、その発想はどこから来たのですか。

松山○元々はメルマガで書評を行っていて、文章でサマライズするという仕事なんですが、その前のプロセスに、「この本は何なの」「気付いたことは何なの」をメモする、途中のプロダクトとしてマインドマップは良いと思ったんです。もちろん、「途中」である必要はなく、完成品でも十分通用すると思いますので「皆で楽しみながらやろうよ」というのが本のコンセプトなんです。

自分ブランドを高め、人生の可能性を広げるノウハウ
マインドマップ読書術
松山真之助
人気メルマガ「Webook of the day」の編集長が教える!
知的ビジネスマンになるための
読む技術、図解する技術
ダイヤモンド社

松山真之助氏がマインドマップを応用した著作『マインドマップ読書術』

中野●読者の反応はいかがですか。

松山○読んで実際に行動を起こしてくれた方がいらっしゃいまして、ウェブに自分のサイトを立ち上げたり、ご自分で描かれたマップを私に送ってくれたりするなど、嬉しい反応がありました。

思考を妨げない自由なツール

中野●私は二年以上、マインドマップを描くツールを売っているんですが、中にはしっくりと合う人がいて、「こういう風にビジネスに使える」と説明すると興奮してくださるのでびっくりします。

松山○私も興奮する部類です（笑）。

中野●マインドマップって言うと一般には「アイデア出し」と思われがちなんですが、実際に企業で使っている人たちの使い方を見ていますと、そんなにしょっちゅうアイデアを出しているわけではない。プロジェクト管理やミーティングなど、日常的な活動にうまく使えるようです。ほかのツールですと、それを使うのに力が入ったり時間がかかったりするんですが、マインドマップは手軽に使えて思考を妨げないのが、現場で使うには良いようです。

松山○「思考を妨げない」というのは、良いキーワードですね。マインドマップには自由な雰囲気がある気がします。

中野●「こう描きなさい」という形式

がないのが、良いところです。これまで、自分のためだけにマインドマップを描いている人が多かったと思いますが、実際のビジネス文書は「人に見せる」ことが多い。その点で何か工夫されていますか。

松山○ツールできれいに描くようにしています。ただ、敢えて手描きを見せたいということもありますので、その時は丁寧に描きます。また、電車の中で本を読んでいてメモする時にわざわざパソコンを出すのは面倒なので、そういう時は手描きで、本に描き込んでしまいます。

中野●私は、初めて訪問する先でノートパソコンを開いてマップを描くのは失礼だと思っておりますので、初対面の時にはマップを描かないようにしています。極力頭の中でマップを描いている。ただ、その日のことを忘れては困るので、会社に戻ったらすぐに描きます。ですから、相手がマインドマップを知っている人や親しい人なら描いても良いのですが、なるべくなら初対面の時は使わないように心がけています。また、コーチング系の人たちと話すと、人間はモチベーションを上げる自己啓発的な場面では手描きを好むようです。そういうセミナーではマインドマップが使われるのですが、「手描きで作ってください」「クレヨンで塗ってください」と指示されます。パソコンではだめなようです。

松山○それは確かにあるでしょうね。

中野●一方でビジネスの場面では、「この字が読めない」「これはどういう意味なんですか」と訊かれることもあって問題……。

松山○手描きには手描きの良さがあって、オリジナルで味のある記号を付けたり、イラストを描いたりするのはパソコンでは難しい……。

中野●マインドマップには基本的な描き方があるんですが、それは意識されていますか。

松山○あ、今度教えて下さい（笑）。

中野●いや、私も良くは知らないのですが（笑）……。基本的には「キーワードだけ書きなさい」ということなのですが、私もそのとおりにはしていません。

松山○『マインドマップ読書術』の中にも、マップを作る手順の解説をしていますが、後でトニー・ブザンの本を読んで「ああ、こうするのか」と気付いたり（笑）……。

中野●私達は、トニー・ブザンのことを実は良く知りませんね。彼が開発したのは、マインドマップ以外にも記憶術や速読術などがあるらしい。

松山○書評を書いてくれた方の中には「あれはマインドマップとは違うのではないか」と言う人もいました（笑）。

　オリジナルはもっとマインドマップらしかったのですが、編集上のスタイルで変更になった面もあります。

コーチングにマインドマップは使いやすい

中野●マインドマップは「自分の考えていることを何でも良いから描きなさい」という指導をします。「なるべく制限を付けず、連想するままに描きなさい」と。一方、コーチングをしている人たちも、クライアントに対して「自分の思いを素直にできるだけたくさん話してください」と言いますが、その辺りのテクニックが一緒なんですよ。クライアントに「絵を描いてください」と指示する時に、「マインドマップで描いてください」と言うほうがクライアントは連想しやすいので、コーチングにピタッと合うのかなと思います。

松山○コーチングにも電話で行うものから対面で行うものまでありますが、対面の際には互いに話をしながら一緒にマップを描くと問題を共有できるし、クライアントにすれば「こんな風に理解してくれているんだ」という安心感も得られます。

中野●コーチングには、コミュニケーションのスキルがないと、いくらマインドマップを描いても役に立ちませんね。

マインドマップ利用の広がり

松山○私は、小学生の子供の夏休みの宿題をマインドマップでさせたことがあります。「こりゃ、賞状をもらわないとな」と期待していたんですが、何ももらえず、親子でがっかりしました（笑）。

　最近、島根県松江市で中学生を対象にして、ハリー・ポッターを題材にマインドマップを描く授業をしました。生徒は面白がって描いていました。あらかじめハリー・ポッターの本を読んでおいてもらい、マインドマップを描いてもらうという参加型の授業でした。

中野●私のお客さんにも、本を読むと片っ端からマインドマップを作る人がいます。企業研修に使うと、情報を寄せ集めて統合するのが楽だとおっしゃってます。また、最近はマンガ本にもマインドマップが登場している……。

松山○そうそう、『ドラゴン桜⑦』（三田紀房・著、講談社、二〇〇五年四月）ですね。中学校の先生も読んでいて、「これにも載っているんだよ」って（笑）。

　あそこに出ているマインドマップで描いた「医学部生のノート」は本物なんでしょうか……。

中野●あの中では「マインドマップ」ではなく「メモリーツリー」と呼んでいますね。

松山○マインドマップの解説にも説得力がありますね。「強調と関連付けだ」なんて書いてあって、「そうかあ」と思ったり（笑）。

松山真之助
メルマガ「Webook of the day」編集長
http://webook.tv/
『マインドマップ読書術』著者

```
-------------------------------------------------------
++
++        Webook of the Day
++         http://webook.tv
++        book diary by Shinnosuke Matsuyama
++
---------------------------------------------2005.05.14------

      マっ、マインドマップじゃん・・・

-------------------------------------------------------

●今日の一冊：【ドラゴン桜（7）】

      ------------------------------------------
      |著者：三田紀房
      |講談社|2005年 04月
      |ISBN：4063724263|514円|
      ------------------------------------------

＜本のひらめき＞

東大合格を目指して奮闘する高校教師と生徒の物語（マンガ）である。
```

情報整理ツールとしての活用

中野◉マインドマップは最近、いろいろなビジネス書にも登場するようになりました。特に今年（二〇〇五年）になってから、「この図を転載したい」という問い合わせが多くなり、ブームの兆しを感じています。先日も、プロジェクト管理の本の出版社から問い合わせがあって、工程管理に使うマインドマップをパソコンで作って提供しました。そういう風に手描きからパソコンへと描き方が変わると、使い方も変わるのかなという気がします。

松山○違う使い方とは、例えばどのようなことでしょう。

中野◉実際のビジネスは、情報を整理したり集約したり統合したりすることの繰り返しです。管理職やリーダー・クラスになると、毎日膨大な情報を扱わなくてはなりません。その情報を整理するツールとしてマインドマップを現場で使っている人が増えているなという気がします。

松山○私も会社でそんな風にしたいなと思います。大勢で会議をすると、皆であだこうだ言いながら、「結局何だったんだ」ということがよくあります（笑）。

中野◉それは会議手法の問題もあるでしょうが（笑）。

松山○それで、少なくともホワイトボードにマインドマップを描いておけば、論点が整理されたイメージと記録が残るのではないかと思います。議事録も、後から長い文書をメールで送られて、順に読んで行って最後に「そういうことか」と頭の中にマインドマップをイメージするより、最初からそれがあったら良いですね。

中野◉最初からマインドマップ一枚でまとめてくれれば、互いに効率も良いでしょうね。ホワイトボードにマインドマップを描いて会議をすることはありますか。

松山○まだ私だけがそうしていますが、まだ違和感があって（笑）。もう少し啓蒙しないといけません。

中野◉今までは一人で自分の思いをマップにしていることが多かったのですが、パソコンでそれができることによって、外とのマップのやり取りが技術的にできるようになってきました。この点が進化していると思います。どちらかと言うと一人の作業だったのが、複数の人あるいはグループで使うようになったり、極端な例では海外の人とマップをやり取りすることもできるようになりました。マインドマップ作成ツールをもっている人とは、メールでマップのファイルを交換し、互いに書き込んだりすることもあります。

松山○私の会社ではまだマインドマップが普及していないので、エクセルで丸や楕円の図形を使ってマインドマップ風の絵を描いたりしています。

中野◉フリーのツールもありますから、それをお使いの方も多いようです。

中野禎二
ネオテニーベンチャー開発
インキュベーション・プロダクト・
シニアマネージャ

今後の使われ方と普及の壁

中野●今後、マインドマップの使われ方は、どの分野で広がるでしょうか。

松山○教育の現場、学校や塾でもっと使われると思います。

中野●私も小さな子供の知育で使いました。海外では結構使われていると聞きますが、日本ではまだまだですから、これから伸びる分野でしょう。知育の市場は、日本では大きいようです。日本は教育熱心な国だから、子供の教育にはお金を出す親が多いのです。知育で使える場面と言うと……。

松山○幼稚園の先生が「きょうはみんなにお花の話をしましょうね」と言いながら「はな」と描いて、「あかいはな」「きいろいはな」「ふゆにさくはな」などの枝を作る場面などが考えられます。ただし、そういう教育・知育分野でも浸透するでしょうが、メインでぐーんと広がるのは、やはりビジネス・シーンでしょう。

中野●パソコンのマインドマップツールを使っているユーザーの分布がどのようになっているかを調べましたら、ＩＴ関係の人が圧倒的に多く、製造業や金融など、ほかの業種にはまだ広まっていないのです。

松山○コンサルティング系の人は使っていますね。

中野●コンサルティング系の人は、全然宣伝しなくてもたどり着きます。その嗅覚はすごい（笑）。また、「会社は頼れないから自分のスキルは自分で磨く」という意識の人たちは、多少お金がかかっても、トレーニングに来ると思います。私の知っている劇的に変化した企業には、マインドマップを使うと定量的に生産性が上がると実証した人もいます。クリエイティブな仕事をする人たちには、総じて役に立っているようです。

　一方、外資系の企業ですと、マインドマップみたいな形のないもののトレーニングにもきちんとお金を出すんですが、日本の企業は、形のないものに投資をするのが難しい。部課長向けの自己開発研修コースは稟議が通りやすいんですが、マインドマップはほかと比較してどうなのかなど、明確に説明できない。マインドマップに限らず、

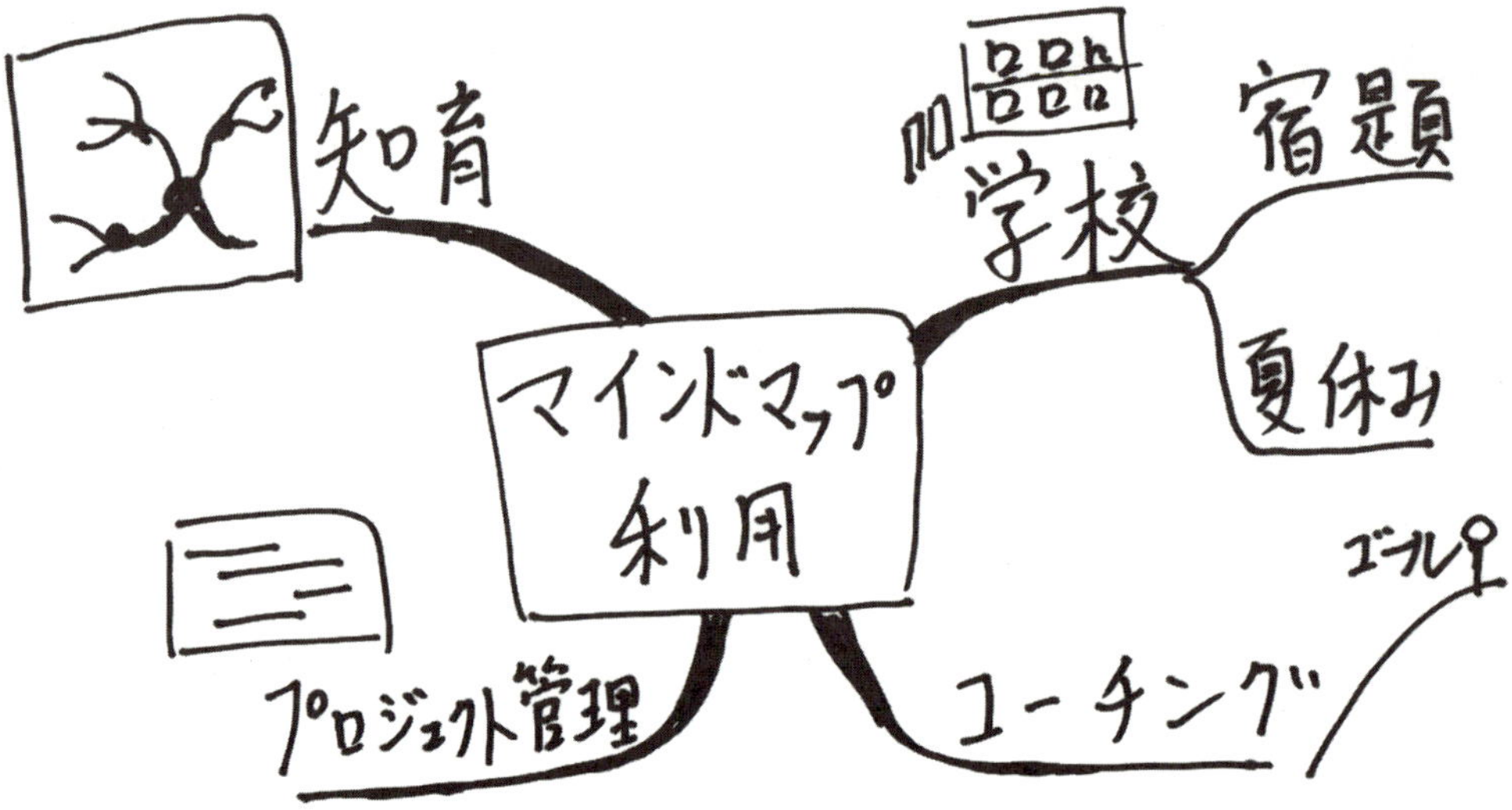

何か新しいツールを導入しようという時、「現在どうなっているか」を測定する習慣がありません。新しいものを導入する際の壁は大きいと思います。それで「マインドマップって怪しい」などと言われたりする（笑）。しかし、イギリスをはじめとする欧米ではセミナーに大勢の人が集まる。日本には誤って伝わっているのかもしれない（笑）。

松山○マインドマップを支持する社長や人事部長が増えると良いのかもしれませんね。「エグゼクティブ・マップ」など、違う名称で宣伝するとか（笑）。

マインドマップの極意と短所

中野●マインドマップとは、自分が考えている段階を強力に支援してくれるツールです。それは、経験上ほかになかった。思考を妨げるツールはたくさんあります。企業にシステムやツールを導入すると、それを覚えるのに時間がかかります。覚えたから仕事で使ってみると、そこでまた時間がかかる。結局ツールに使われている印象があります。これは感覚的に言うと「硬い」のです。人間の頭と逆です。しかしマインドマップの「柔らかさ」は、人間の発想の源にある「頭の柔らかさ」と同じだと思います。

松山○思考を妨げないのは、そのとおりですね。また、「全体を見て考える」という姿勢は、箇条書き文化の日本にはないものです。紙をめくっているうちに思考は千切れてしまうのですが、同じところで見られるのが良いですね。

中野●全体が一度に見られること、鳥瞰できることは、すごいメリットだと思います。

松山○人間はまだ紙やディスプレイの平面上でデータを処理していますが、もう少しするとホログラムか何かで、「その言葉はこっちじゃないの」と立体的に操作できるマップが現れるのではないでしょうか。

中野●そうそう、マインドマップは二次元に描きますが、実際の思考は三次元的ですからね。マインドマップにも欠点はあって、どんどん枝分かれする時に、一番末端にあるキーワードが、実はほかの枝の末端のキーワードと関連していることがありますが、その表現が現状はできないのです。しかし、それを何らかのＩＴツールで実現できる可能性はあります。そこで三次元的なマップがこれから登場するかもしれない。

　また、マップを描くと同じキーワードが何度も出てくることがある。それは同じものなのに、マップの上ではばらけて見える。それが欠点だという指摘もあります。それを言えるのは、そこまで使いこなしているとも言えるのですが、例えば企業で会議の進め方などにこだわっている人たちは、その点をすぐに見抜いてしまうのです。ですから、優秀なコンサルタントなどは、その欠点をわきまえて何かほかで補いながら、マインドマップは良い面が多いからという理由で使っているのです。

即効性のある利用分野

中野●未経験者でもマインドマップの効果をすぐに感じられるのは、議事録でしょうか。

松山○議事録は良いと思います。

中野◉会議は、話を聞くのが主であって、ひたすらノートを取っていてはまずい。ですから、ところどころキーワードを書くのは、初めての方にもできそうです。

松山○即効性のある使い方を三つ挙げるとすれば、議事録、セミナー・メモ、本の執筆（笑）です。

中野◉セミナー・メモは私も良く使います。セミナーに参加しても帰ったらすぐに忘れてしまうことが多かったのですが、セミナーの感想をマップにしておくと、ほぼリアルに思い出せます。色や絵を付けるなどで工夫すれば、さらに効果的になります。また、取っ掛かりとしては、すでに触れた情報整理が挙げられます。

対談の内容をマインドマップで記録している様子

アイデアはゼロから出ない

「アイデアを出す」にはほかの要素の存在も大きい。アイデアはゼロから出ません。日々、何かに注目して観察する観察力をもっている人の頭の中には、アイデアの元ネタがインプットされています。そういうインプットがなければ、いきなりマインドマップを描きなさいと言われても、アイデアは出ません。それは別のスキルであって、インプットのある人がマインドマップを使うと、いくらでも描けるということなのです。

もちろん、アイデアが豊富にない人でも、マインドマップを描くことで気付きが生まれる効果はあります。

「全体を見て考える」のは箇条書き文化にはなかった姿勢です。
（松山）

マインドマップの「柔らかさ」は発想の源にある「頭の柔らかさ」と同じです。
（中野）

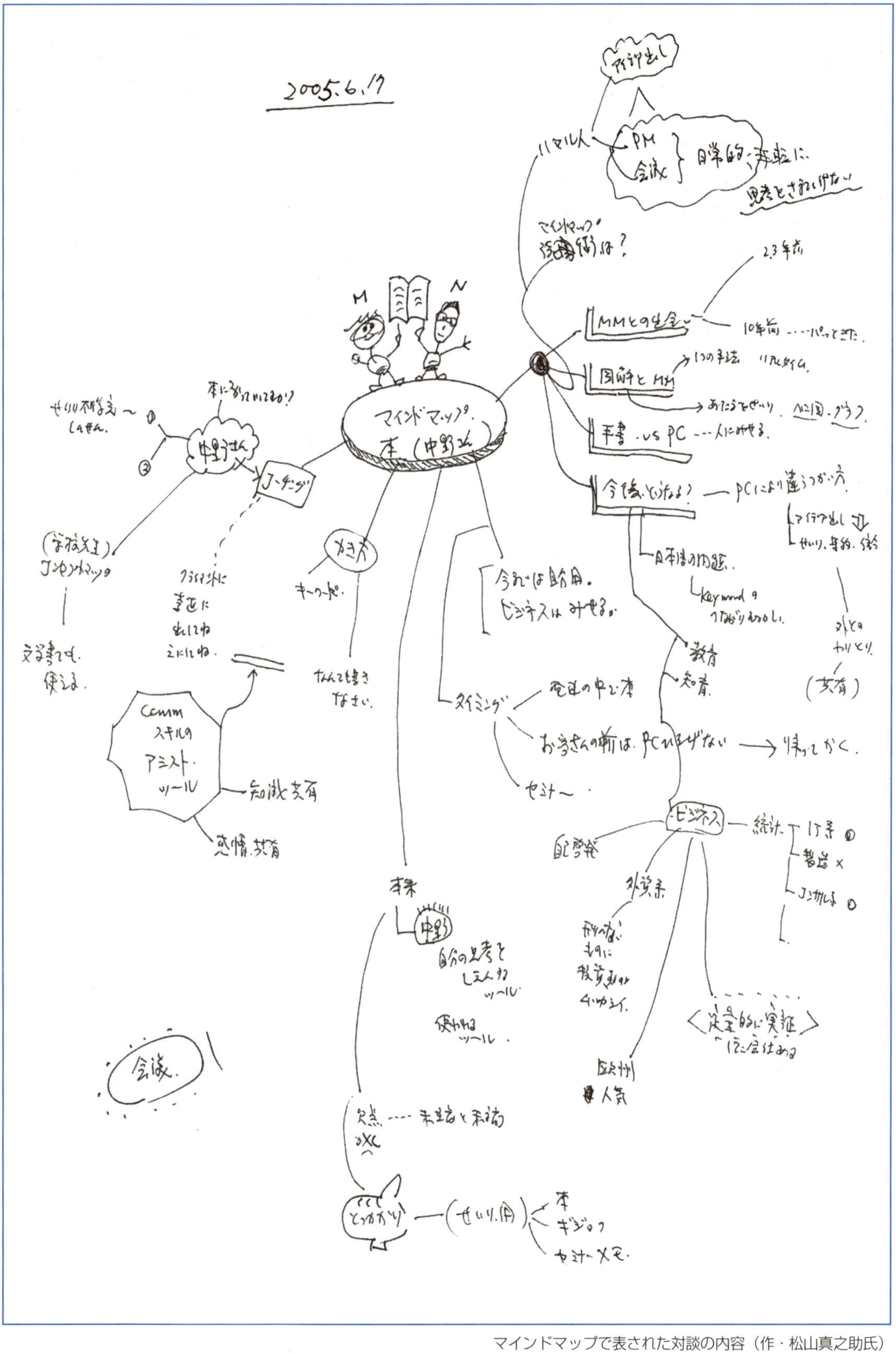

マインドマップで表された対談の内容（作・松山真之助氏）

マインドマップって何？

マインドマップの特徴

マインドマップという手法は、ロンドン生まれのコンサルタント、トニー・ブザンが考案したした「アイデア発想法」として昔から知られています（一九七〇年代に開発）。仕事をする上で、情報の整理・加工に非常に有効です。マインドマップの特徴は、次のように整理できます。

- 思考を柔軟にする。考える上で制限をつけない。
- 全体を一気に俯瞰できるので、漏れがなくなる。
- 書くのが比較的簡単なので、書くことに抵抗がない。
- 暗黙知を形式知にするのが簡単である。
- 色やイメージによって直感的に物事が理解できる。
- 物事を理解する時に図解する技術として使える。
- 自分の考えを相手に理解させやすい。

実際のビジネスでマインドマップを使う際は、自分だけが分かるのではなく、他人にも分かるマップを描くことに重点が移ります。自分だけが分かるキーワードやイメージだけだと他人に理解させるには限界があり、そこに様々な工夫が必要になります。

マインドマップのルール

マインドマップの書き方

マインドマップの書き方を簡単に説明します。

❶白い紙を横向きに置きます。

❷紙の中央にタイトルになる言葉を書くとともに、タイトルに関連するイメージ（絵）をその周りに加えます。

❸中央から枝を伸ばし、中央の言葉やイメージに関連するメイントピックを書きます。メイントピックの単語は、同じ長さの線の上に書かれます。中央の線は太い線で、末端に行くほど枝は細くなるようにします。メイントピックの数は、あまり多くなると見にくいので、七つ程度に抑えましょう。

❹メイントピックの下に、関連するサブトピックを書きます。思いつくままに、どんどん枝別れするようにキーワードになる単語を書きます。

❺枝を描く時には、滑らかで美しい線になるように心がけます。

❻書き加える単語は、順序性か論理性をもつようにします。

❼枝や単語に色を付けます。

❽枝の単語の前後に、記号やマーク（絵文字）を入れます。

❾枝の上の単語を強調したい時は、枝にイメージ（絵）を描きます。

❿一固まりの枝を強調したい時は、全体を囲む線を描いたり、色を付けたりします。

⓫全体を見回して、もっとワクワクするように、誇張やユーモアを表現するアクセントを付けます。

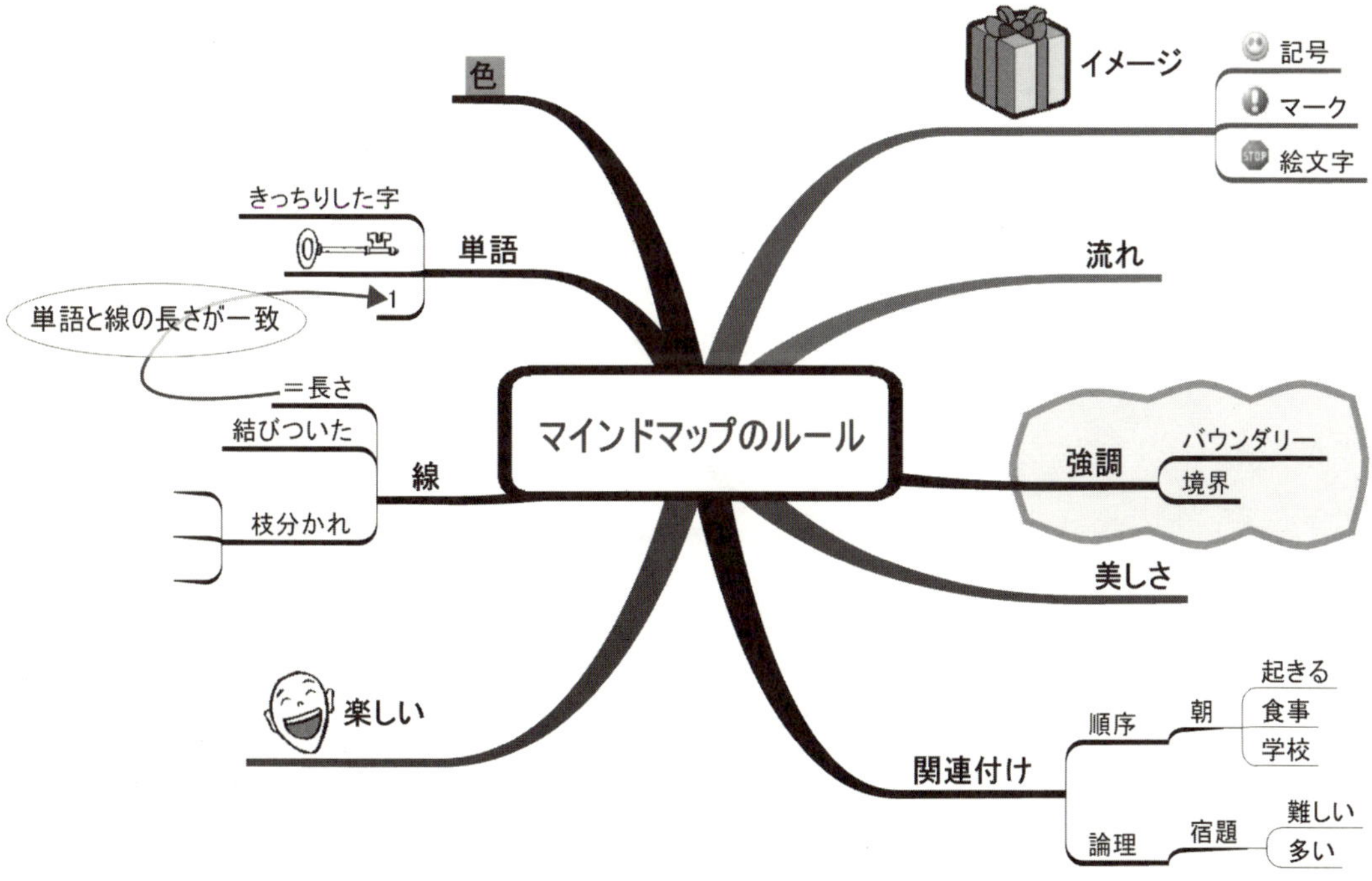

考えをまとめる

マインドマップの一番の特徴である、「考えをまとめる」という使い方の例を挙げてみましょう。なお、この本は、理解しやすいように文章を「枝」にしている箇所が多くあります。マインドマップの基本ルールでは、枝にはキーワードだけを書きます。しかし、実際のビジネスでの利用例を見ると、枝を文章にすることが多いようです。

家を建てる

家を建てようとすると、考えることがかなり多く、どこから手をつけて良いのか分かりません。そこで、取り敢えず住宅展示場に行ったり、不動産情報雑誌を見たりします。しかし、場当たり的に家を建てたりマンションを購入したりするのは、大きな後悔の元です。そこで、マインドマップで自分の家を建てる計画を立ててみましょう。家を建てるに当たって何を考える必要があるのか、大きな枝を描きましょう。

- どんな家に住みたいか?
- どうやって建てるか
- 予算　お金の工面
- 家族の意見
- 家の周辺の条件
- 住み続けたとして将来は?
- 本当に今が家を買うタイミングか?

太い枝に書く要素が決まったら、その枝（カテゴリー）に関連するキーワードを書きます。例えば「周辺」という枝には、

枝にキーワードを書き込む

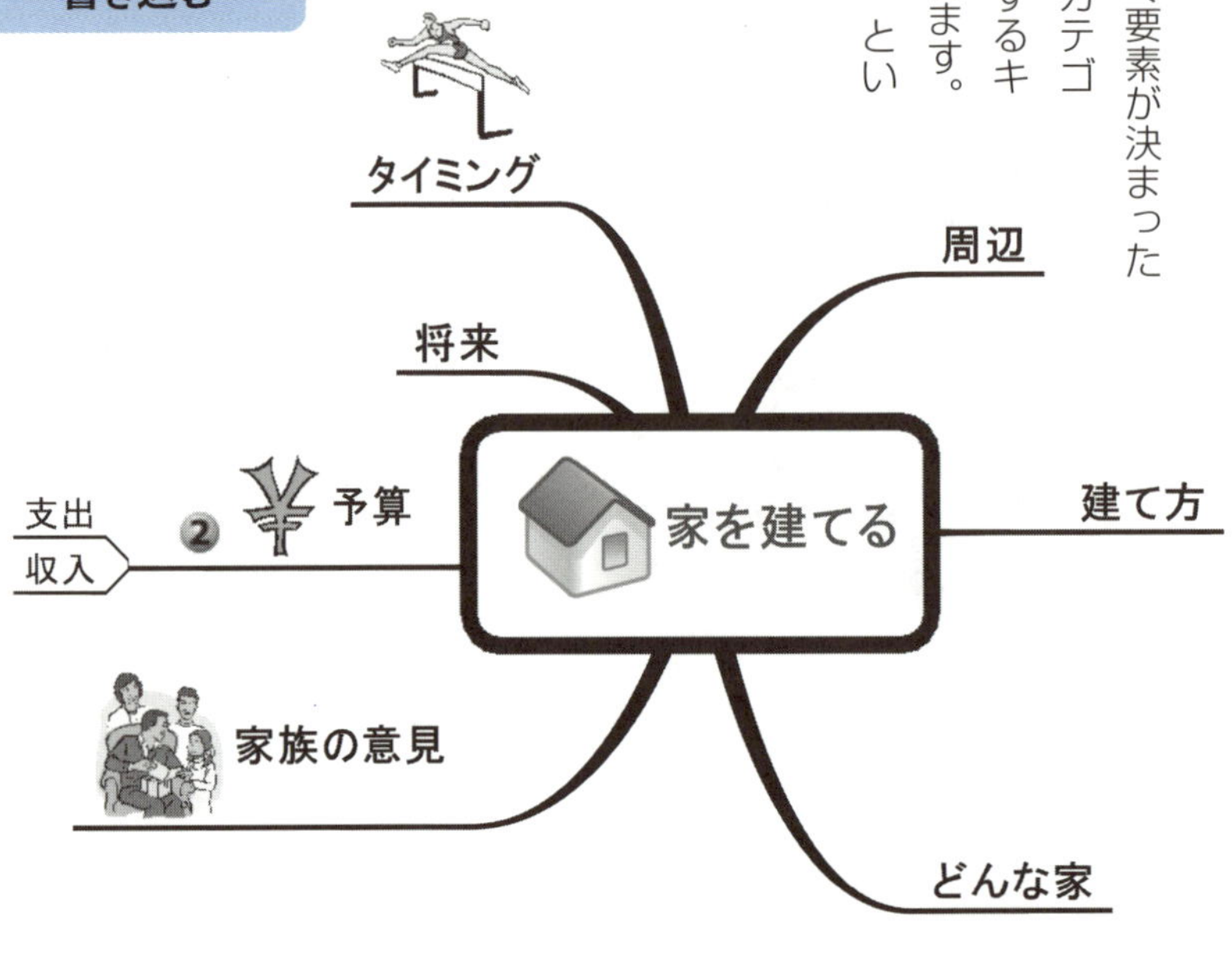

タイミング
周辺
将来
予算
2
支出
収入
家を建てる
建て方
家族の意見
どんな家

●風景
●雰囲気→隣
●通勤時間
●周りの環境

というキーワードを書きます。記入したキーワードに関連付けられる新しいキーワードが、次々に浮かんでくるでしょう。

　新しい家の隣にどのような人が住むのか、あらかじめ分かっていると楽です。しかし実際にはそんなことはないので「リスク要因」と捉えて、リスクのシンボルを書いておきます。「周りの環境」にぶら下がるキーワードには、都会、田舎、学校、ショッピング→スーパーマーケットが思い浮かびます。実際に住んでみて初めて、学校が遠かったり、ショッピングに不便だったりすると分かることは珍しくありません。そうならないように、調査する項目をあらかじめマインドマップにしておくと、何が分かっていて、何がリスクで、何を調査しなければならないかが、自然に頭に入ります。

　予算については、住宅ローンの組み方や毎月いくら払えるのかなど、収支計画を書きます。最後に、本当に今が家を建てるタイミングなのか、マップを見ながら考えます。書いたキーワードの中には良いものもあり、不安なものもあるはずです。このマップを家族に示しながら、家族からの要望や不満をさらに書き込むと良いでしょう。

　書き出したキーワードを全体的に眺めることで、より確実な決断を下すことができるはずです。できあがったマップがしっくりこないなら、もう一度書き直してみましょう。良いマップは一回ではできません。

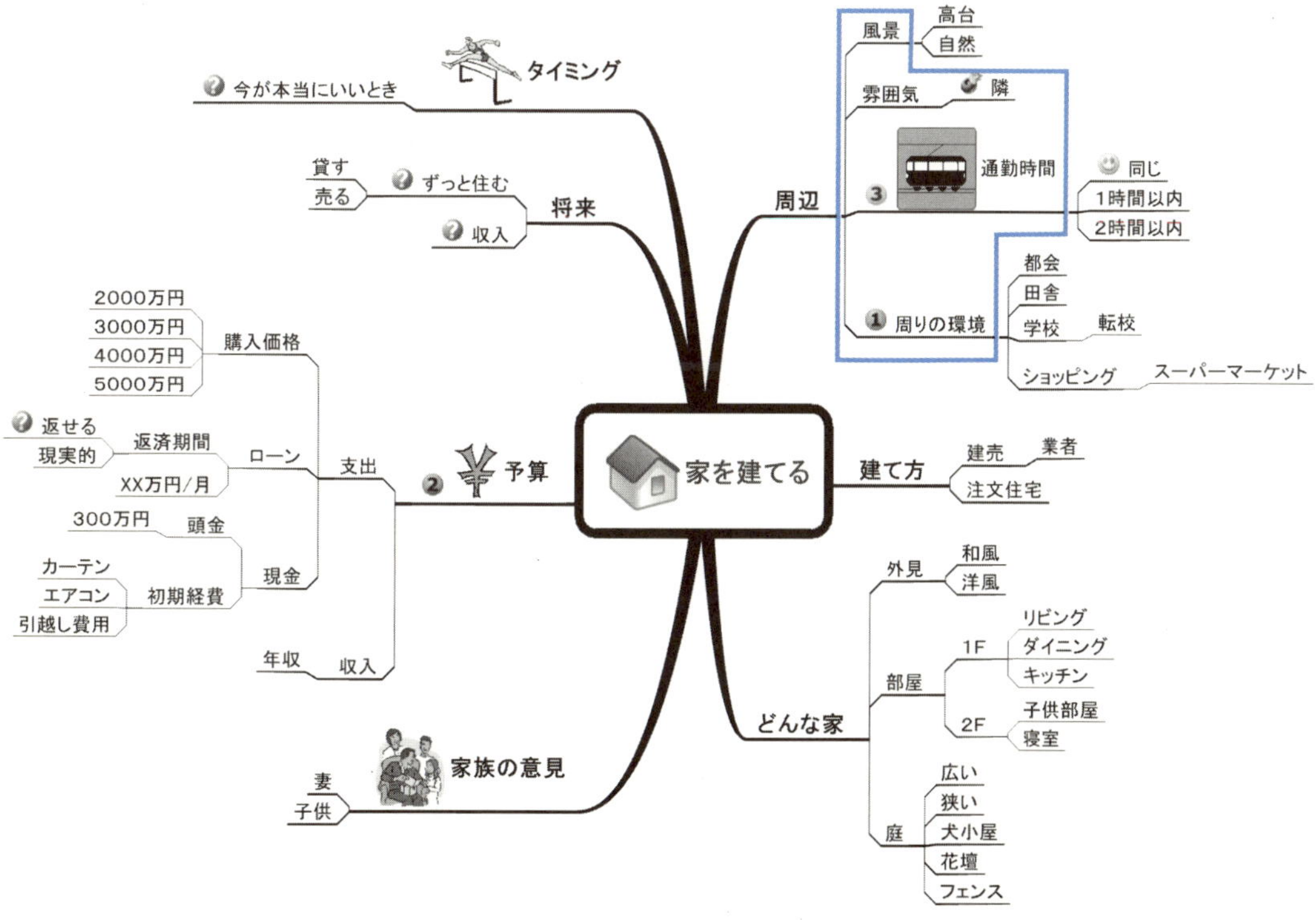

進路を決める

子供のいる家庭なら、高校進学は悩みの種の一つでしょう。高校を決める要素を、マップの枝として書き込みます。

- ●高校の選択
- ●子供の学力レベル
- ●これからの行動計画
- ●学力の補強

というキーワードが思い浮かびます。それともう一つ、その高校に行った結果どうなりたいか（ゴール）も書きましょう。

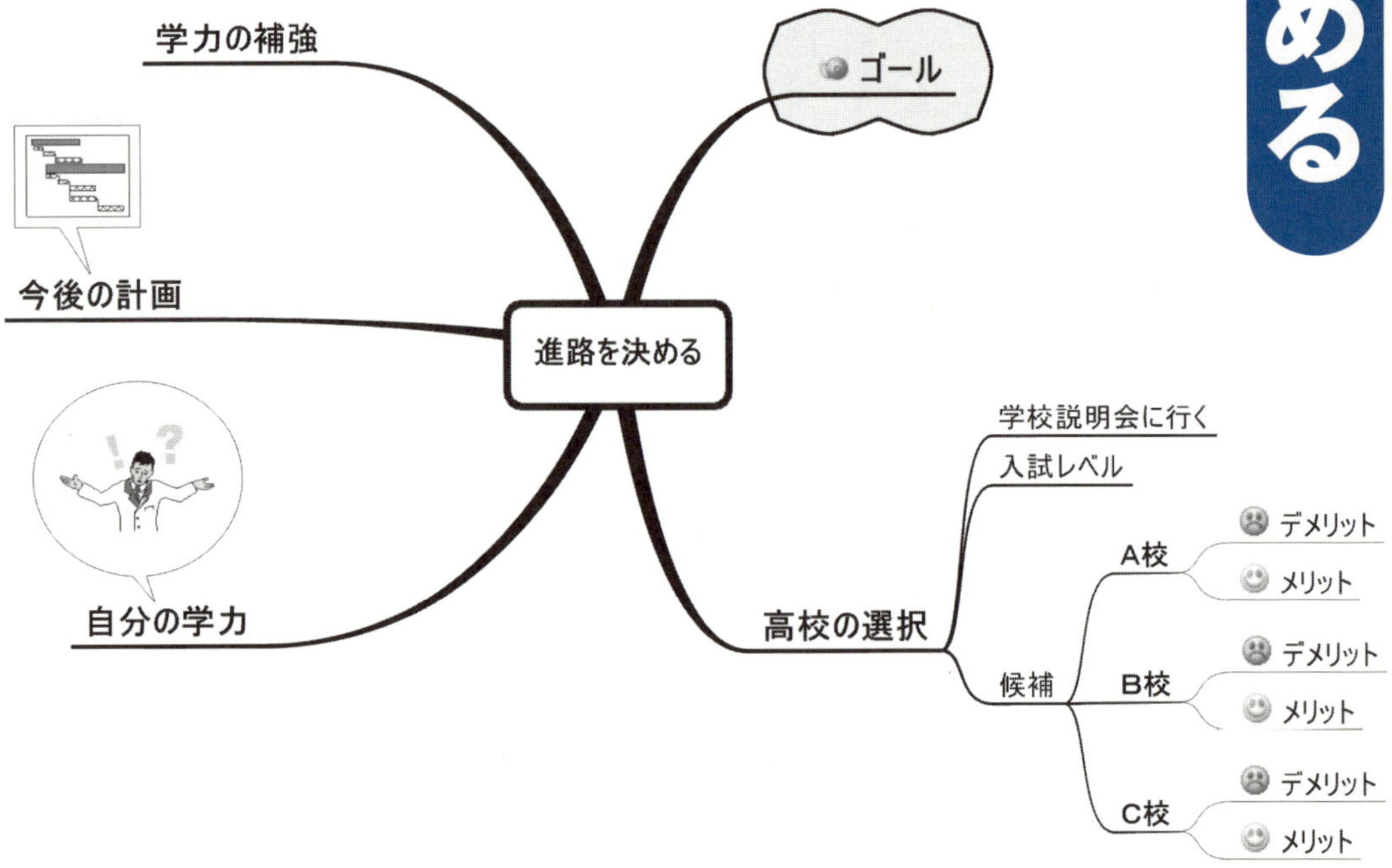
進路を決める
ゴール
学力の補強
今後の計画
自分の学力
高校の選択
学校説明会に行く
入試レベル
候補
A校
デメリット
メリット
B校
デメリット
メリット
C校
デメリット
メリット

進路選択の要素を枝にする

次に、最初の枝に関連するキーワードを挙げましょう。「高校の選択」の下には、

- 学校説明会に行く
- 入試レベル
- 候補（になる高校）

という枝を書き、さらにその下に関連するキーワードを加えます。候補になる高校については、メリット、デメリットの分析をします。ここで、学校の雰囲気を忘れないように、説明会や文化祭、体育祭などに行った時の感想を書き込んでおきます。マインドマップの特徴である色やシンボルを一緒に書いておくと、さらに生き生きとしたマップになります。

こうやってマップを作ると、することがずいぶん多いのに気づきます。

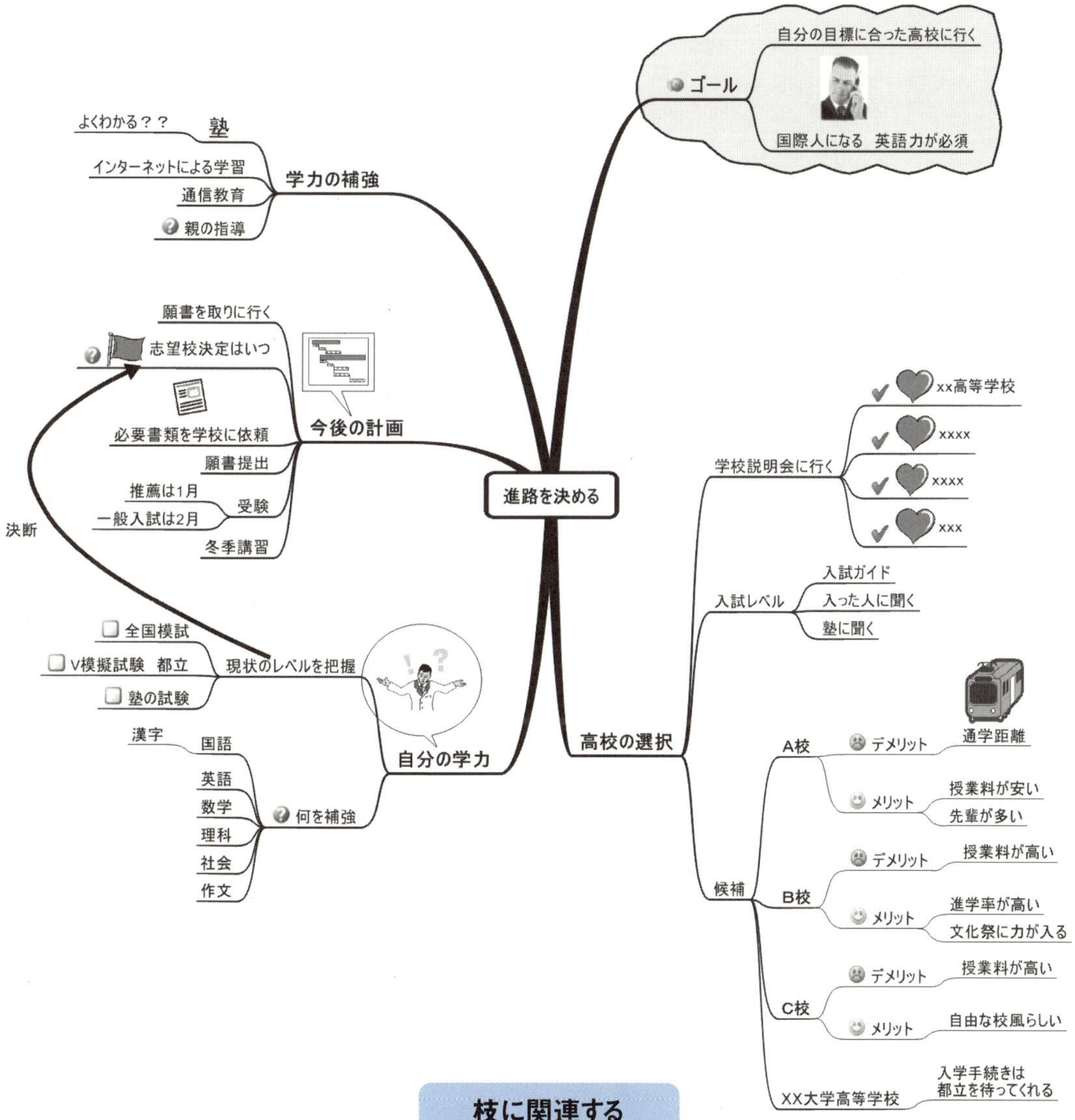

枝に関連する
キーワードを書き込む

図解する技術

マインドマップを実際にビジネスで使うと、図解する技術として非常に優れていることが分かります。もちろん「アイデア出し」にも使えますが、ビジネスマンは一日中アイデアを考えているわけではないので、いかに日々のビジネスシーンでマインドマップを効果的に使えるかが勝負の鍵です。

全体を鳥瞰する

クーラー新製品の企画

マインドマップには、全体を鳥瞰できるという特徴があります。同じ情報でも、ノートにキーワードをだらだら書いていると、お互いの関連が見えにくいのですが、「クーラー新製品の企画」マップを作ってみると、全体のバランスが一目瞭然で、どんな要素が抜けているか、どの要素とどの要素が関連をもっているかが非常に理解しやすいのです。

最初の太い枝には、次のキーワードが並んでいます。

- マーケット分析
- 流行調査
- 課題と対策
- 競合分析
- 天気動向
- 景気動向
- 開発計画

これらのキーワードに対して思いつくことを、枝としてぶら下げます。調査すべきこと、課題になりそうなことが簡単に思いつくはずです。キーワードの前に、1、2、3の番号を振っています。これは、優先順位を表しています。すべての調査を一度にはできないので、優先的に処理したいことを強調しているのです。

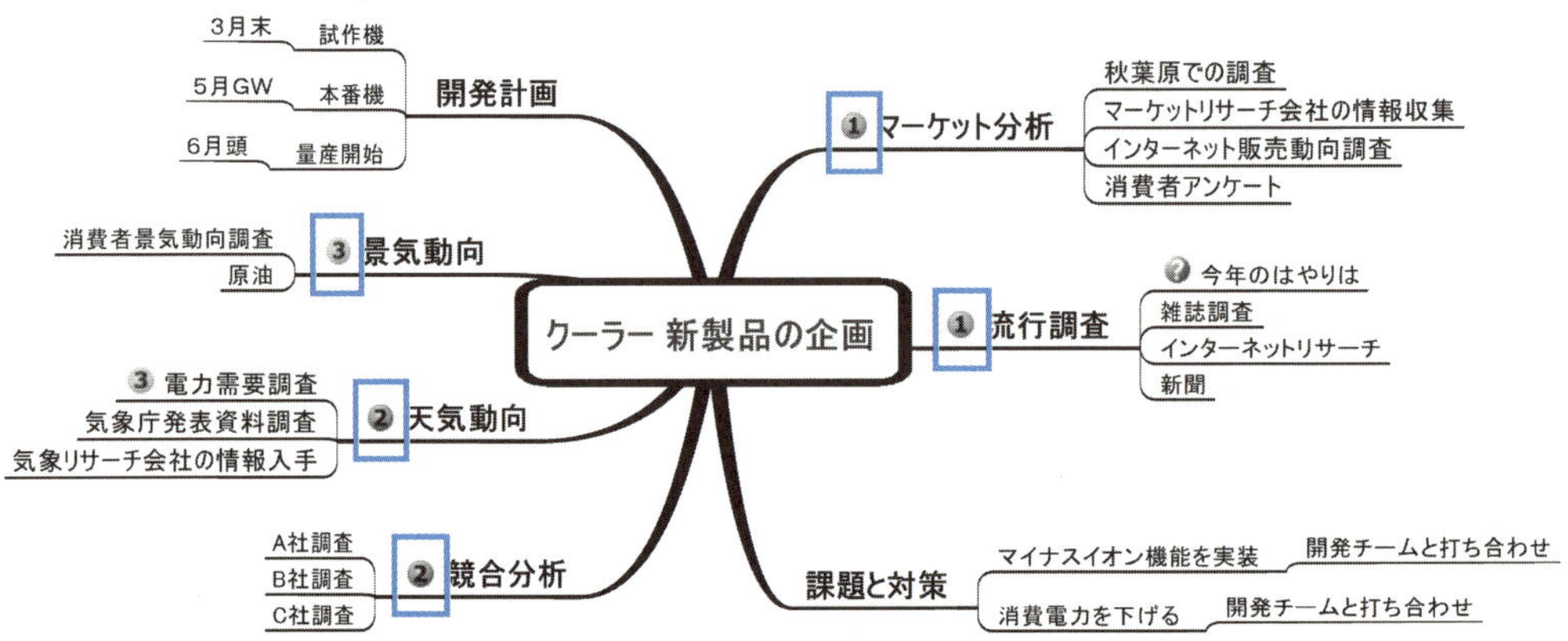
クーラー 新製品の企画
1 マーケット分析
秋葉原での調査
マーケットリサーチ会社の情報収集
インターネット販売動向調査
消費者アンケート
1 流行調査
今年のはやりは
雑誌調査
インターネットリサーチ
新聞
課題と対策
マイナスイオン機能を実装
開発チームと打ち合わせ
消費電力を下げる
開発チームと打ち合わせ
2 競合分析
A社調査
B社調査
C社調査
2 天気動向
3 電力需要調査
気象庁発表資料調査
気象リサーチ会社の情報入手
3 景気動向
消費者景気動向調査
原油
開発計画
試作機
3月末
本番機
5月GW
量産開始
6月頭

イメージで考える

クーラー新製品の企画

マインドマップの特徴には、色とイメージ（絵）も挙げられます。最初のマップには単にキーワードだけを入れましたが、次のマップではキーワードに色を付けたり、イメージを貼り付けたりしています。マーケット分析にはグラフの絵を付けて、天気動向にはお日様の絵を貼り付けています。このように色とイメージを使うだけで、マップが生き生きとして、関連するキーワードがさらに浮かびます。ここで使われているのは、なるべく誰でも直感的に分かるイメージです。なぜなら、新製品企画のマップなので、他の人に見せて理解してもらう必要があるからです。

マインドマップの基本ルールは、枝の細分化です。しかし、離れた末端の枝同士が関係することがよくあります。そういう時は、矢印線で結んでおきましょう。

色やイメージで直感的にする

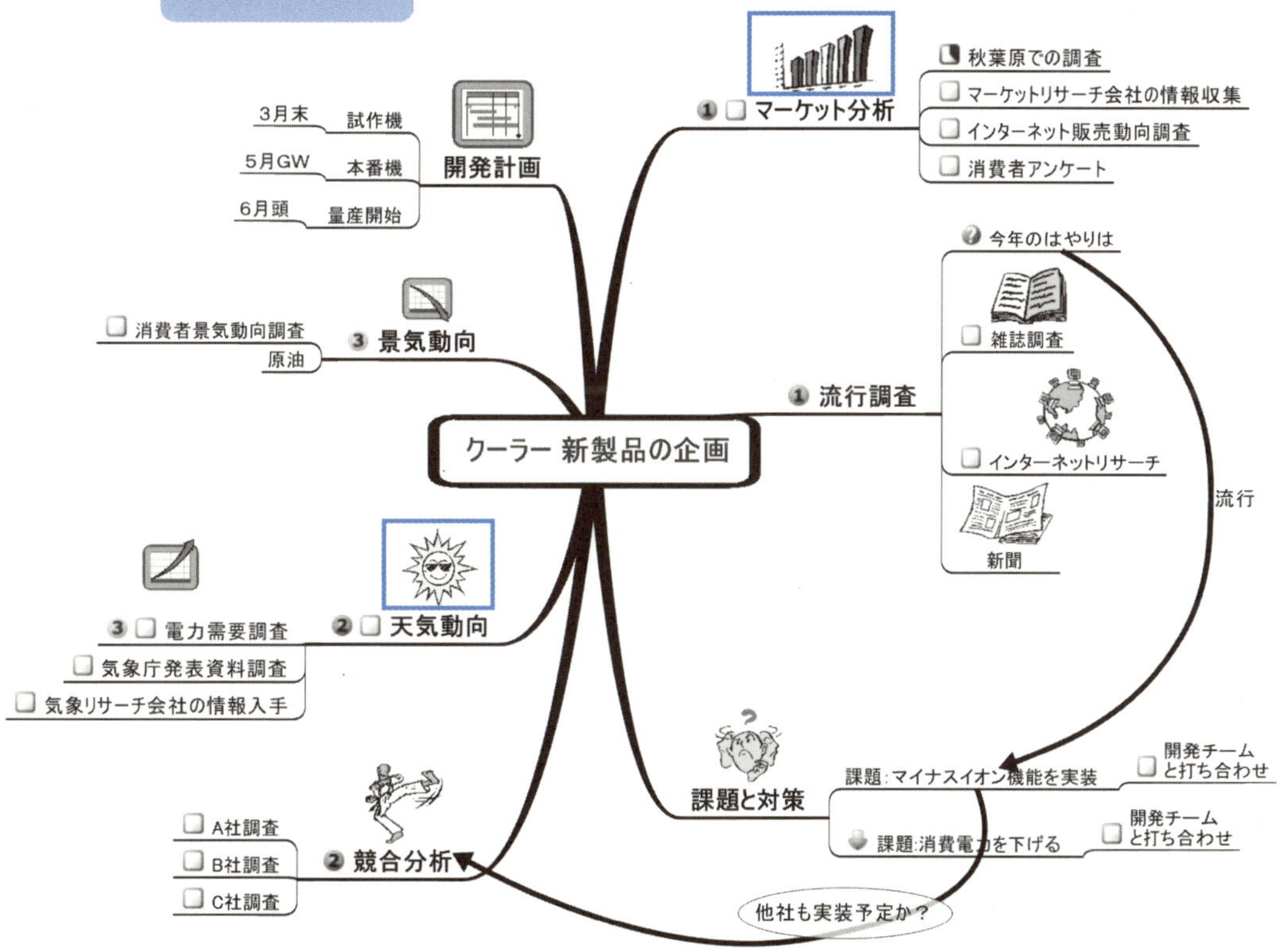

クーラー 新製品の企画
1 マーケット分析
秋葉原での調査
マーケットリサーチ会社の情報収集
インターネット販売動向調査
消費者アンケート
1 流行調査
今年のはやりは
雑誌調査
インターネットリサーチ
新聞
流行
課題と対策
課題：マイナスイオン機能を実装
開発チームと打ち合わせ
課題：消費電力を下げる
開発チームと打ち合わせ
他社も実装予定か？
2 競合分析
A社調査
B社調査
C社調査
2 天気動向
3 電力需要調査
気象庁発表資料調査
気象リサーチ会社の情報入手
3 景気動向
消費者景気動向調査
原油
開発計画
3月末
試作機
5月GW
本番機
6月頭
量産開始

整理・集約する

他人のマインドマップを見ると「なんてすごいのだろう、私には書けそうもない」と感じてしまいますが、心配は要りません。マインドマップは、最初からすごいマップを作る必要はなく、思い付いたキーワードをどんどん書いて、情報を整理・集約する時にとても役に立ちます。マインドマップの作り方には、

●上から分解する方法
●末端から集約（統合）する方法

の二通りがあります。ビジネスでは、どちらも併用して使います。

分解は、何かカテゴリーを決めて、それに関連するものをぶら下げることです。例えば「会社で朝一にすること」というカテゴリーを作れば、その下には、

●コーヒーを飲む
●その日のTODOリストを作る
●伝票整理をする

などの作業が紐付けられます。カテゴリーの階層をいくつも作って複雑なマップにすることができます。ただし、複雑なマップを見ると疲れるのでやめましょう。

下から集約（統合）する方法は、車の例で考えれば簡単です。街で見かける車は、共通する特徴を捉えることができます。一つにはメーカーで分類できますし、ほかには、二輪車、四輪車、自家用車、スポーツ車などのカテゴリーに分類できます。アイデアを出す時は、下から集約する感じになります。

整理されていないマップ

「夏バテしない方法」を考えてみましょう。夏バテを防ぐ方法をランダムに思い付くまま書きます。かなりの数が出ます。しかし、まとまりのない枝だらけのマップになってしまって「それじゃあ、どうしたら良いのか」と悩んでしまいます。最初は、こういう混沌とした状態でも構いません。これを集約して整理したらどうなるでしょうか。

集約されたマップ(1)

次に、枝を少しまとめて同じカテゴリーに分類してみましょう。

まず、なぜ「夏バテしない方法」を考えないといけないのか、問題になっている事柄について書いてある枝を集めて「何が問題か」という枝にまとめます。「何が問題か」という枝には、

●暑い日が続き、食欲がなくなる
●仕事の能率が上がらない
●クーラーをかけて寝ると体がだるい
●通勤電車の冷房があまり効かないので疲れる

などの枝を集めます。こうすると、自分が問題だと捉えていることが明確になって、そのためにどうすれば良いのかも見えやすくなります。マップの右側に「通勤対策」という枝を作って、

●出勤時刻を早めて涼しい時間

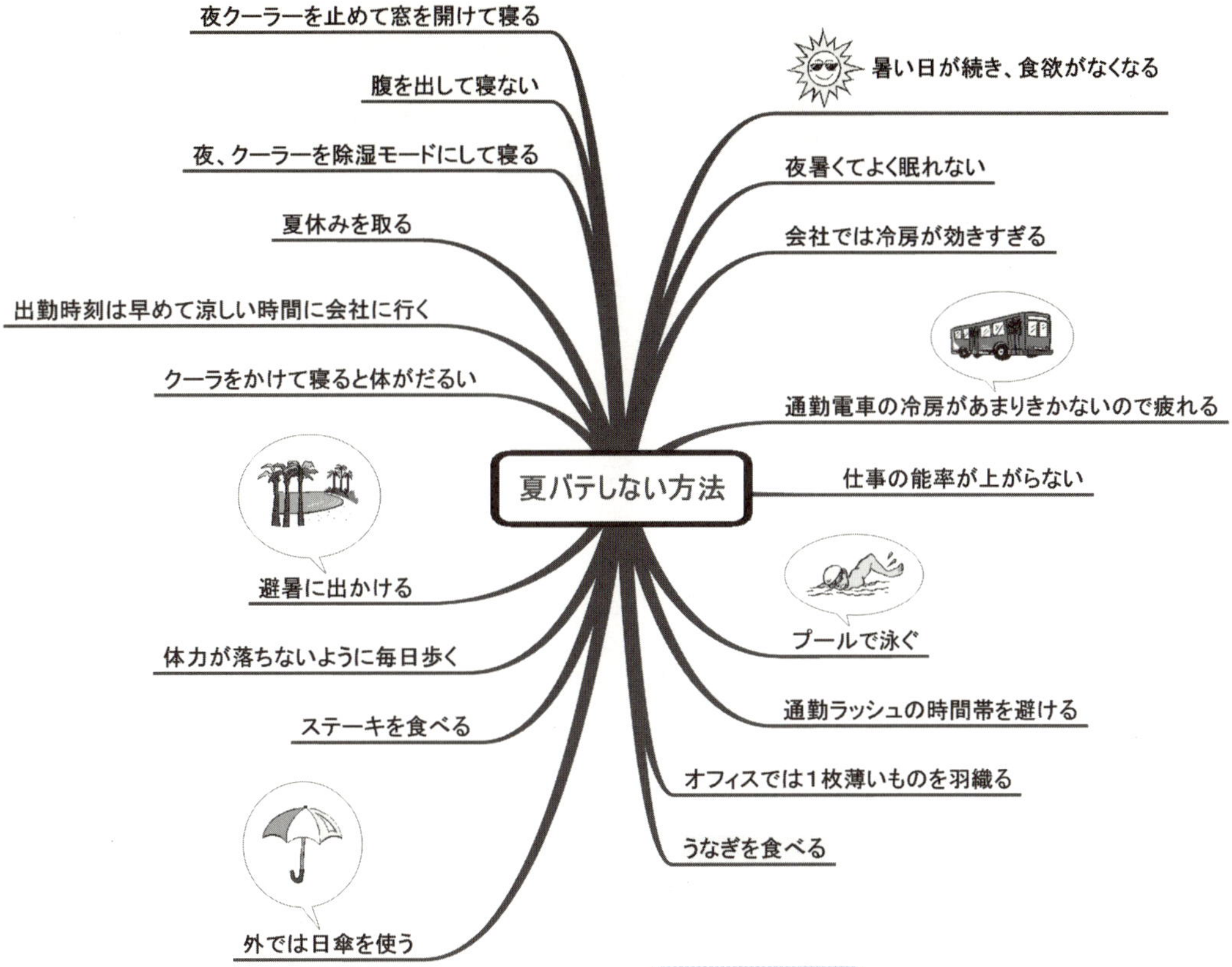
夏バテしない方法
夜クーラーを止めて窓を開けて寝る
腹を出して寝ない
夜、クーラーを除湿モードにして寝る
夏休みを取る
出勤時刻は早めて涼しい時間に会社に行く
クーラをかけて寝ると体がだるい
避暑に出かける
体力が落ちないように毎日歩く
ステーキを食べる
外では日傘を使う
暑い日が続き、食欲がなくなる
夜暑くてよく眠れない
会社では冷房が効きすぎる
通勤電車の冷房があまりきかないので疲れる
仕事の能率が上がらない
プールで泳ぐ
通勤ラッシュの時間帯を避ける
オフィスでは1枚薄いものを羽織る
うなぎを食べる

問題点を明確にする

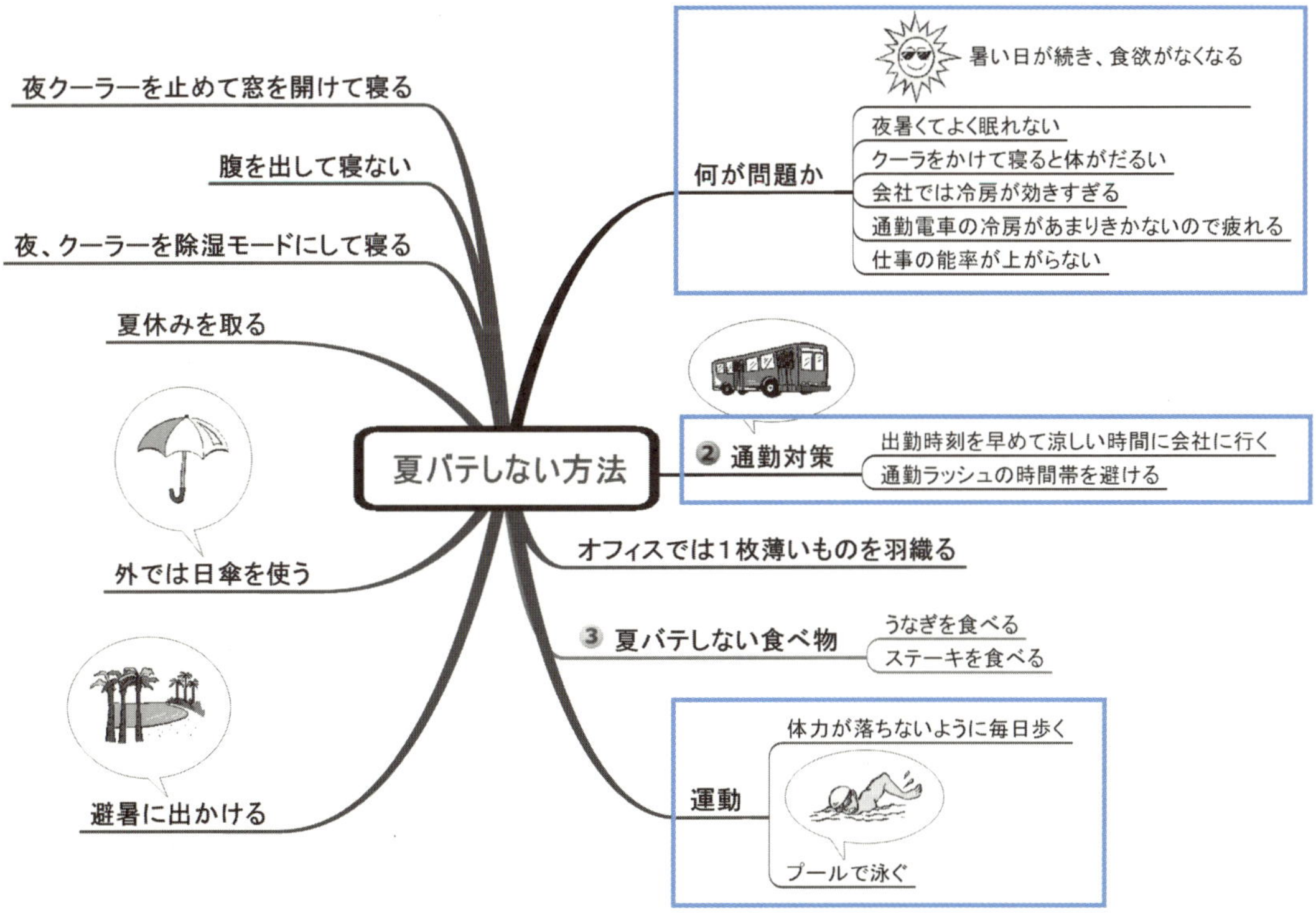
夏バテしない方法
夜クーラーを止めて窓を開けて寝る
腹を出して寝ない
夜、クーラーを除湿モードにして寝る
夏休みを取る
外では日傘を使う
避暑に出かける
何が問題か
暑い日が続き、食欲がなくなる
夜暑くてよく眠れない
クーラをかけて寝ると体がだるい
会社では冷房が効きすぎる
通勤電車の冷房があまりきかないので疲れる
仕事の能率が上がらない
2 通勤対策
出勤時刻を早めて涼しい時間に会社に行く
通勤ラッシュの時間帯を避ける
オフィスでは1枚薄いものを羽織る
3 夏バテしない食べ物
うなぎを食べる
ステーキを食べる
運動
体力が落ちないように毎日歩く
プールで泳ぐ

に会社に行く
●通勤ラッシュの時間帯を避ける
という枝を集めます。同様に「運動」という枝を作って、その下に、
●体力が落ちないように毎日歩く
●プールで泳ぐ
という二つの枝を集めます。
こうやって、いくつかの枝を一つのカテゴリーに分類すると、理解がしやすくなり、すっきりした感じになります。もう少し整理を進めましょう。

集約されたマップ(2)

ほかにもまとめられる枝がありそうなので、さらに分類してみます。最初の枝になるカテゴリー名は、
●背景
●通勤対策
●Office対策
●夏バテしない食べ物
●体力対策
●睡眠対策
にしました。二つのマップを比較すると、カテゴリー名を変更していることが分かります。
●「何が問題か」→「背景」
●「運動」→「体力対策」
このようにカテゴリー名を変更する理由は、カテゴリーにぶら下がっている枝を最も象徴的に表すカテゴリー名を付けておく方が、連想する言葉が出やすいのと、マップを見た時に頭の整理がしやすいからです。例えば、Office対策というカテゴリーを作った途端に、「クールビズ運動」を思い出したりします。

カテゴリー名を変更する

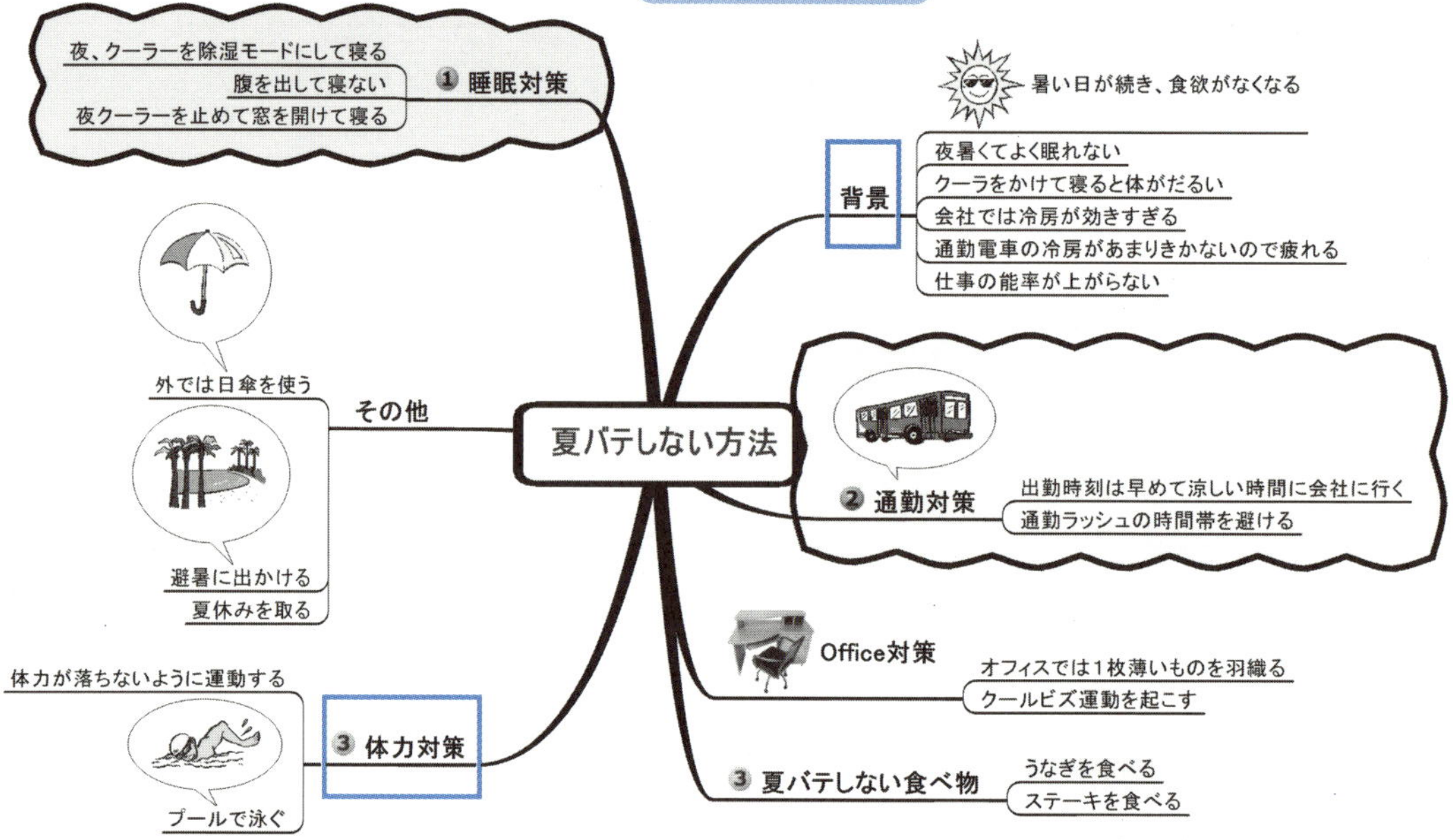

COLUMN

仕事の生産性を上げる

マインドマップで図解する技術を使えば、仕事の生産性を確実に上げることができます。図解する技術は世の中にいろいろあり、すべてにおいてマインドマップがパーフェクトとは言えませんが、多くのビジネスシーンで有効であることは間違いありません。

一度書いた使用済みのマップを捨ててしまうのは、あまりにも惜しいことです。そのマップを書くために自分の時間を使い、他人のノウハウもたくさん入っているでしょう。そうしたマップをこつこつ貯めておいて、同じような課題・問題に直面した時に、過去に書いたマップを引っ張り出して再利用することこそ、ビジネス上のこつなのです。マインドマップは、新しく書くことに意味があるのではなくて、過去に書いた優れたマップを有効活用できるよう、すぐに取り出せるようにしておくことに意味があります。著者はすでに千枚以上のマップを書きましたが、全部を整理し、即使えるようにしています。

自分を発見する

自己啓発セミナーに参加したら、マインドマップでセミナーの内容をまとめることができます。IASラーニンググループCEOのブライアン・マーティン氏のリーダーシップセミナーの印象が非常に強かったので、著者がどのようにマップを書いたか説明しましょう。

こんな時に使える

自己啓発セミナーに参加した理由

なぜセミナーに参加したかの理由をマップにしてみました。当時はプロジェクトをうまく進めるためのコミュニケーションに強い興味があり、その類のセミナーへ参加しようかという考えがありました。ただし、自己啓発系のセミナーが役に立った試しがないという強い信念があったので、参加をすぐに決めたわけではありません。決め手になったのは、主催者と知り合いだったこと、インストラクターが面白そうだったこと、人脈が増えれば良いという意識でした。

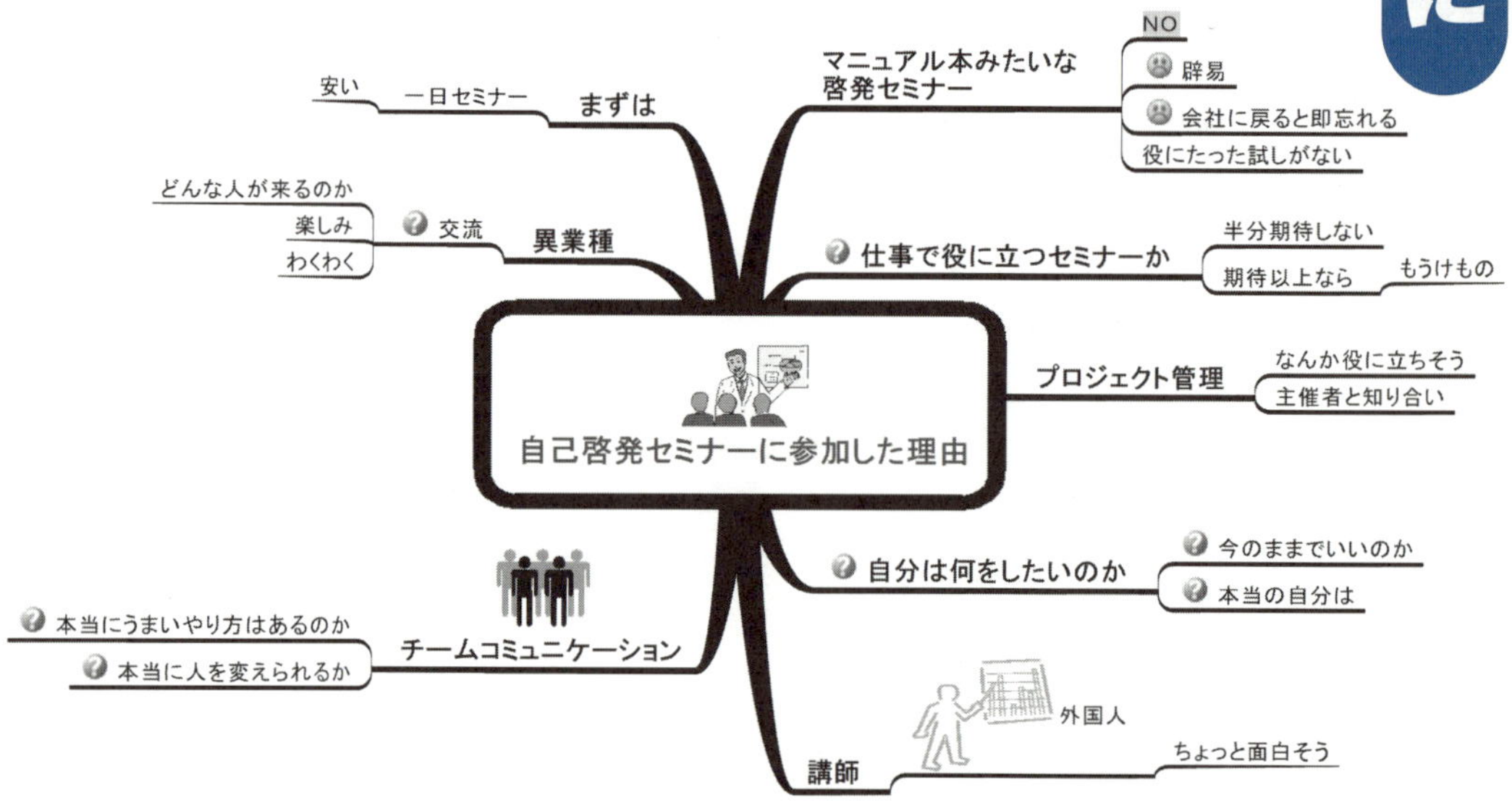

自己啓発セミナーが役に立たない理由

自己啓発セミナーがあまり役に立たないと感じる理由は、マップにできます。どのセミナーに参加しても良いことを言ってくれるのですが、一週間も経つと忘れることがほとんどで、虚しい気分になります。しかし、自分のビジョン（どうなりたいのか）を真剣に考えていないから、どんなセミナーも効果がないのかもしれません。それならば、ビジョンを明確にするセミナーに出ても良いし、そこで学んだことを日々忘れないテクニックを身につけられれば最高です。

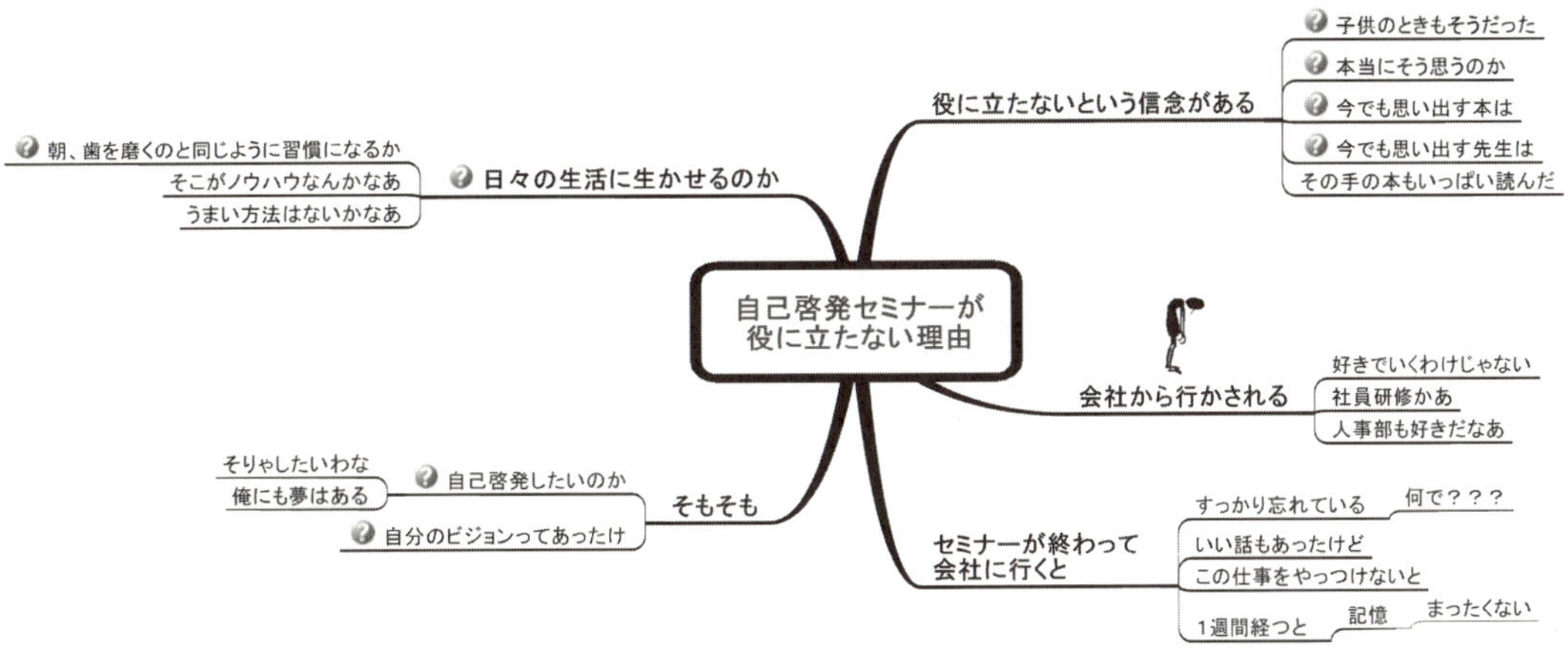

自己啓発セミナーが役に立たない理由
役に立たないという信念がある
子供のときもそうだった
本当にそう思うのか
今でも思い出す本は
今でも思い出す先生は
その手の本もいっぱい読んだ
会社から行かされる
好きでいくわけじゃない
社員研修かあ
人事部も好きだなあ
セミナーが終わって会社に行くと
すっかり忘れている
何で？？？
いい話もあったけど
この仕事をやっつけないと
1週間経つと
記憶
まったくない
そもそも
自己啓発したいのか
そりゃしたいわな
俺にも夢はある
自分のビジョンってあったけ
日々の生活に生かせるのか
朝、歯を磨くのと同じように習慣になるか
そこがノウハウなんかなあ
うまい方法はないかなあ

COLUMN

机の前に貼って毎日見る

自己啓発セミナーのマインドマップは、我ながら良いマップができたと喜び、マップをどう活用するかを考えました。著者は、このマップを会社の机の前に今でも貼っています。コピーして一部は手帳に挟んであります。このマップは実に不思議です。セミナーを受けたのは随分前なのに、マップを見ただけで、その時のセミナーの瞬間を生き生きと思い出せます。マインドマップ以外にこんなことができる手法は、まずないでしょう。そのセミナーをリアルに思い出すことによって、気持ちを入れ替えることができます。マインドマップをモチベーションアップの即効ツールとして使えると気が付いた時は、非常な驚きでした。

セミナーレポート完成マップ

まず、最終的にできあがったマインドマップを示しておきます。これをどうやって作成したのか、順を追って説明しましょう。

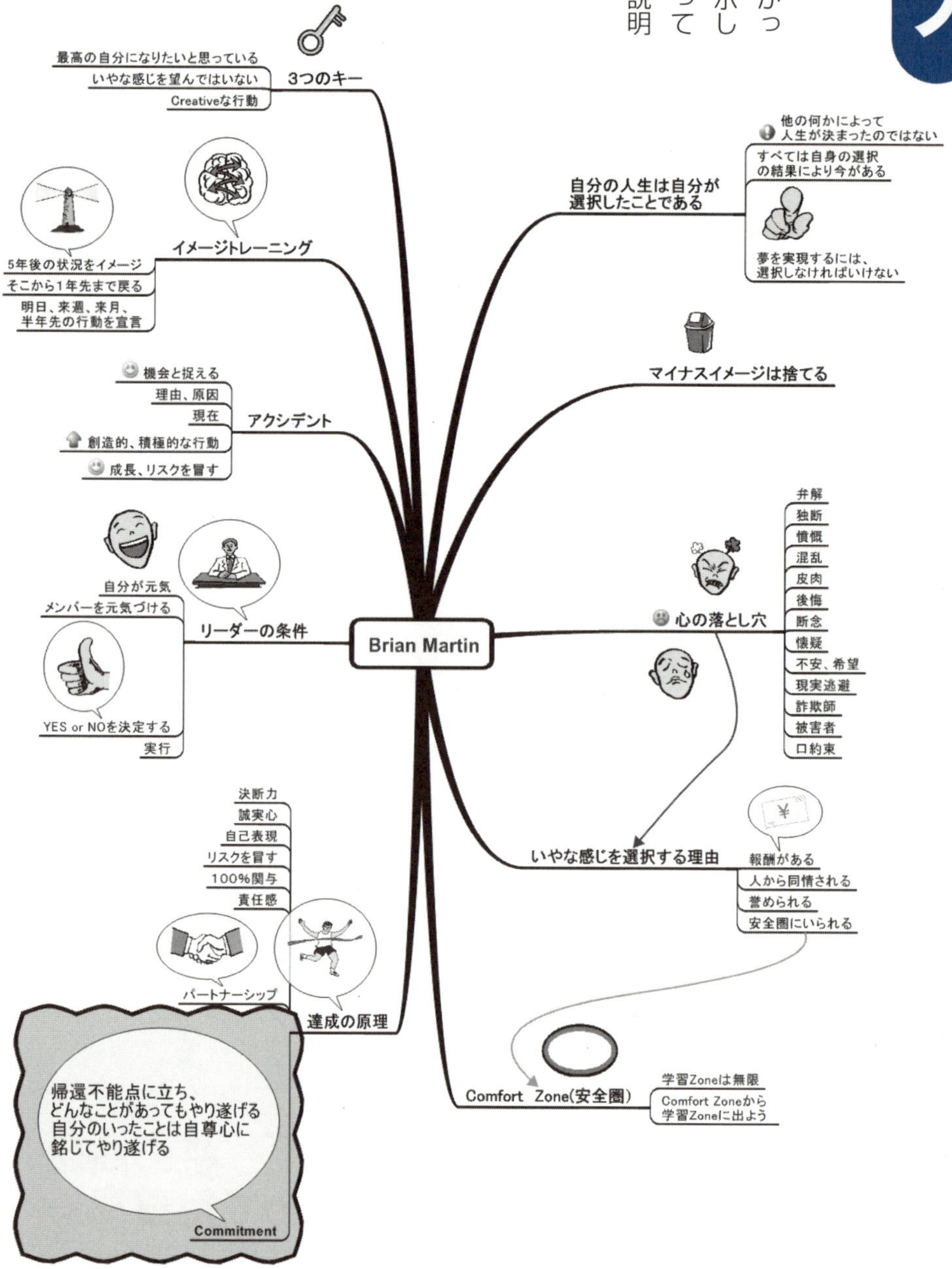

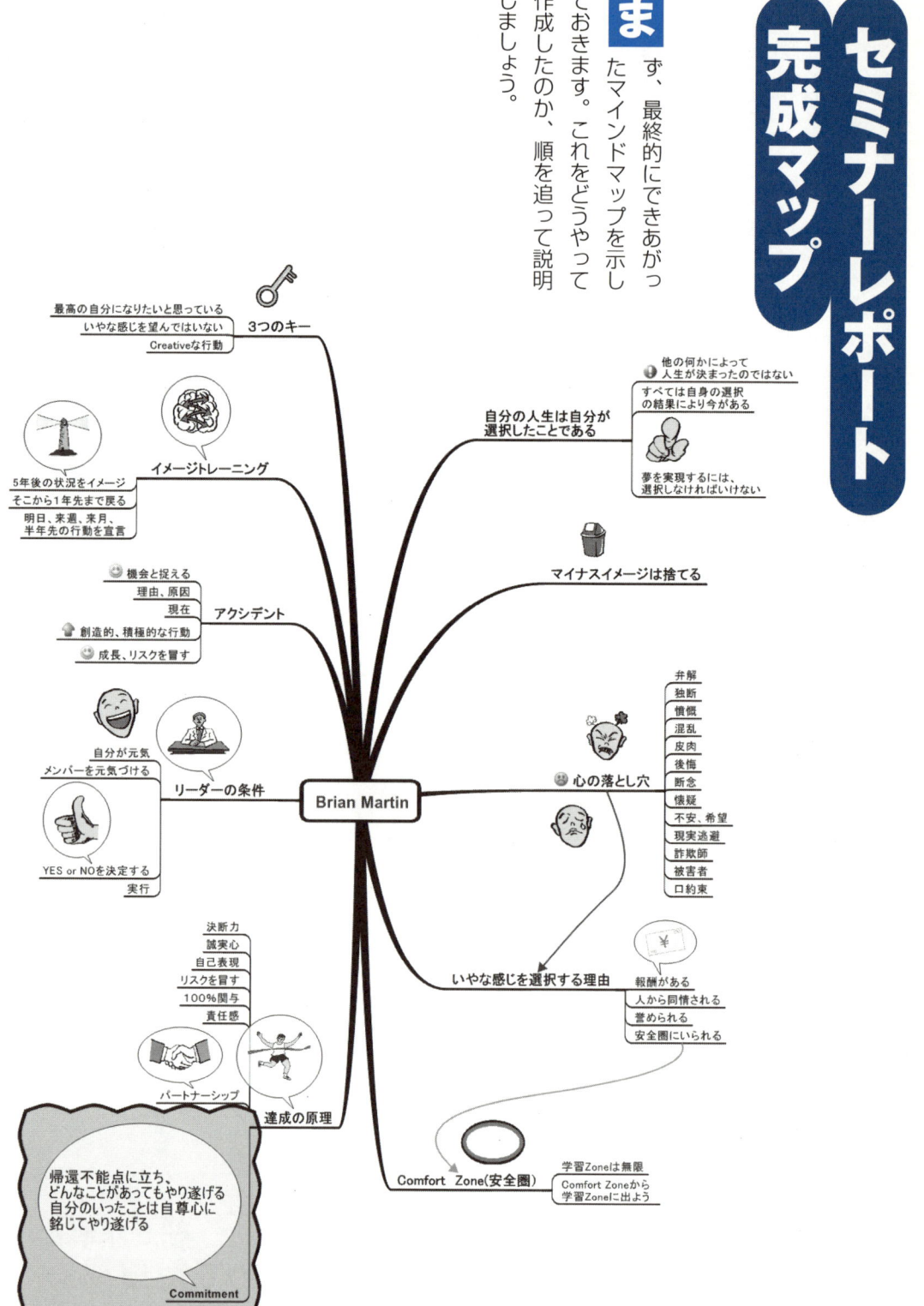

セミナーに参加しながらマップを作成

セミナーに参加していると、講師の話を聞くほかに参加者の演習もたくさんあるので、落ち着いてマップを書く余裕はありません。講師が話をしている時に断片的なマップにします。セミナー参加中に書いたマップの断面を見ると、真ん中から線が伸びていません。というのは、セミナー中、太い枝のグループでノートに走り書きをしているからです。セミナーのテキストに印刷してあることを逐一書くのは無駄です。ある程度の言葉をマップに書いておいて、残りはテキストを見れば分かるのです。それよりも、講師の言葉で印象深いものをマップに追加しておいたほうが良いでしょう。セミナーの演習は一番興奮しますが、これは頭の中にマインドマップを記録したつもりになって、セミナーから戻って紙に書くことにします。セミナー中は余裕がないので、キーワードを書くだけに留めておきます。

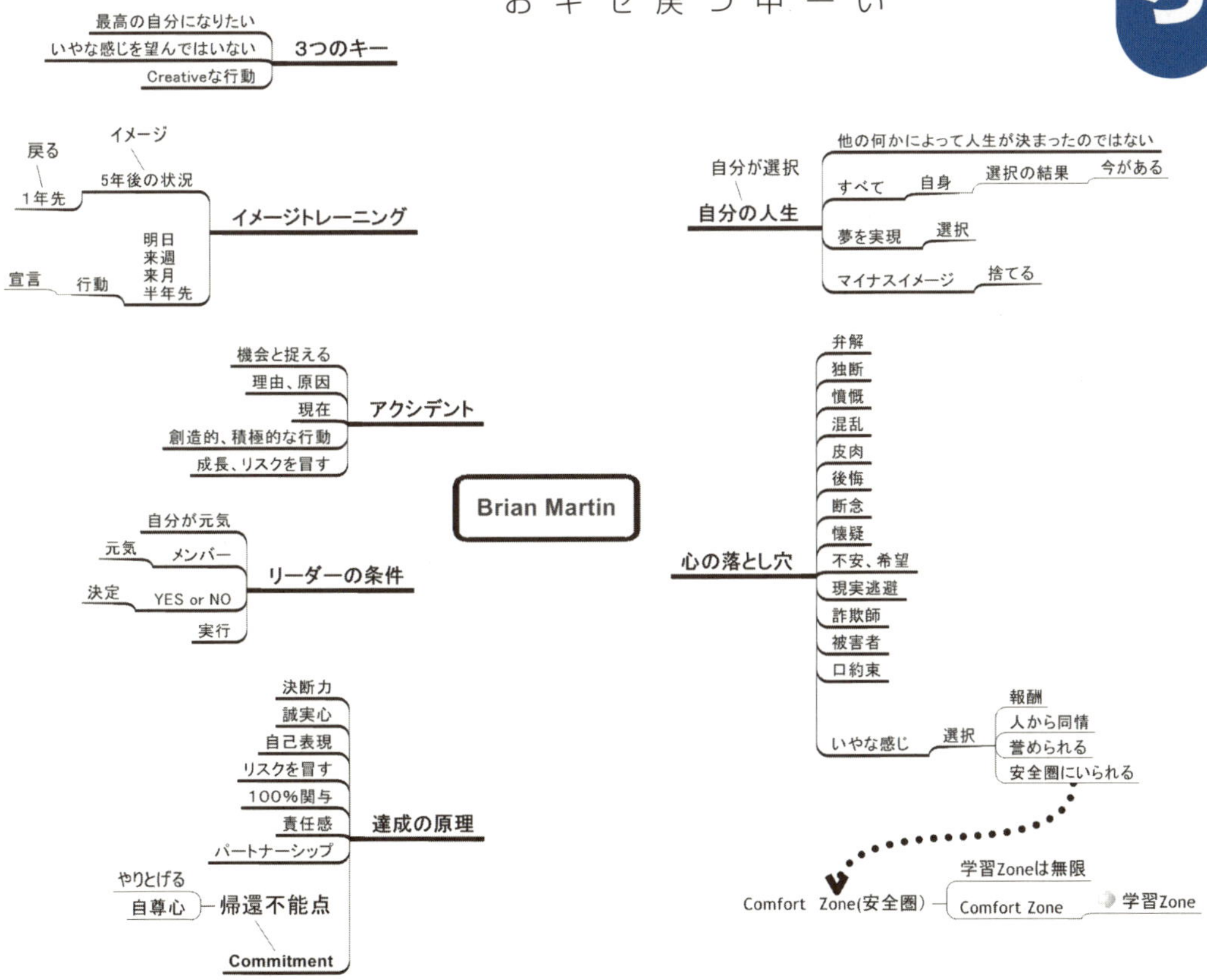

帰ってからマップを見直す

セミナーから帰ったら、その日の内にマインドマップを完成させておくのがこつです。そうでないと、セミナーで何に興奮していたのかすぐ忘れてしまいますので、なるべく時間が経たない内にマインドマップを完成させましょう。マップをリアルに書くこつは、いくつかあります。

- セミナールームに初めて入った時の部屋の雰囲気を思い出す。
- 講師が話していた声の調子、抑揚、感情をリアルに思い出す。
- どの話の時に、自分の体にどういう変化が起きたかを思い出す（例えば胸が熱くなった、顔が紅潮した、体全体が軽くなった、眠気が吹っ飛んだ、体が前のめりになったなど）。
- 他の参加者の表情、声の調子で特に印象が強烈だったところを思い出す。
- 講師が使った小道具の中で、強く印象に残ったものは何か。

色をつけて強調する・文章を洗練する

まず、一枚の白い紙を用意し、セミナー中に書きとめておいた枝を書き込みます。ここでは、真ん中のタイトルから線が伸びるようにします。次いで、強調したいキーワードには色を付けます。この時、セミナー中に記録したキーワードを連結して文

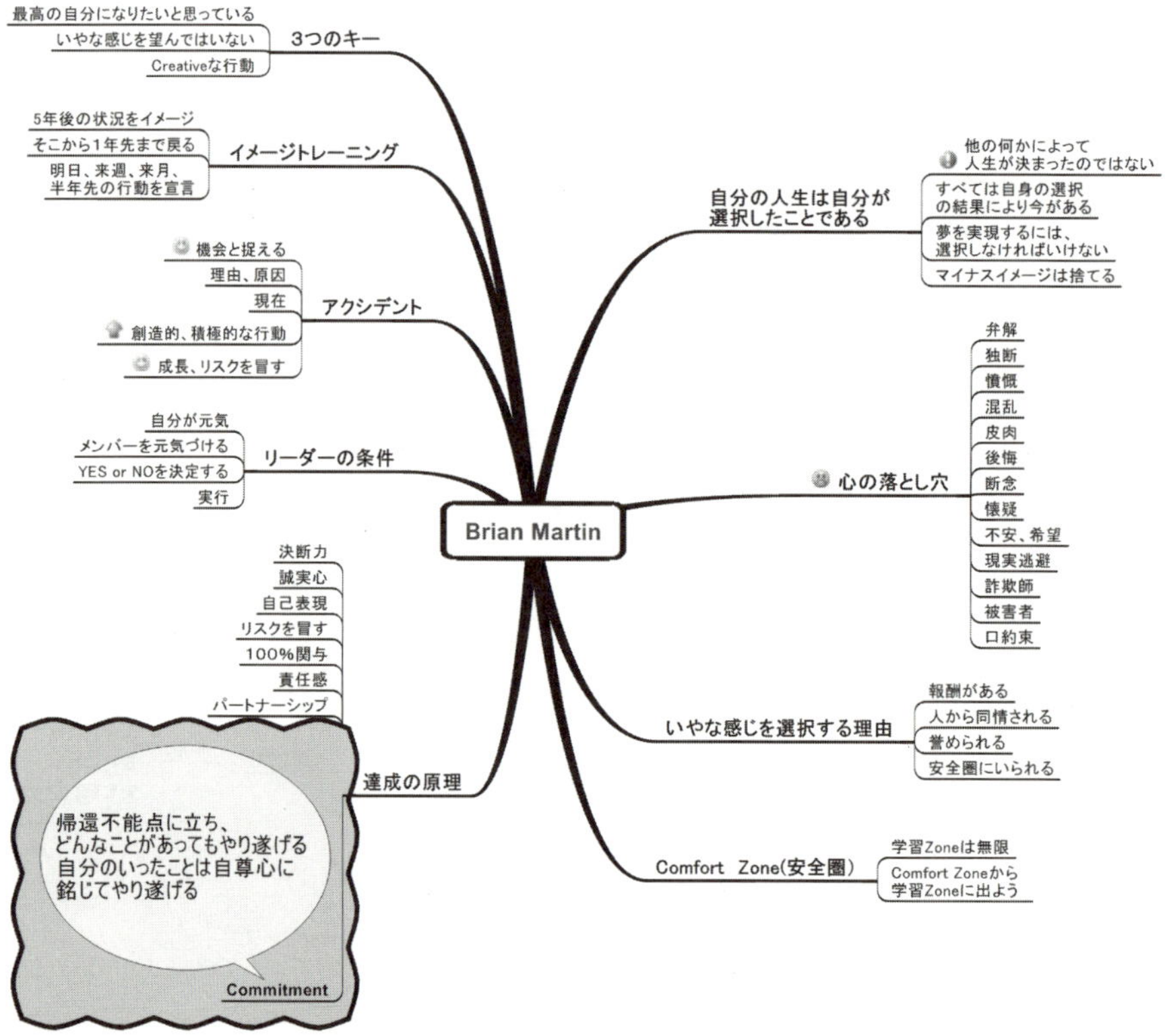
Brian Martin
3つのキー
最高の自分になりたいと思っている
いやな感じを望んではいない
Creativeな行動
イメージトレーニング
5年後の状況をイメージ
そこから1年先まで戻る
明日、来週、来月、半年先の行動を宣言
アクシデント
機会と捉える
理由、原因
現在
創造的、積極的な行動
成長、リスクを冒す
リーダーの条件
自分が元気
メンバーを元気づける
YES or NOを決定する
実行
達成の原理
決断力
誠実心
自己表現
リスクを冒す
100%関与
責任感
パートナーシップ
帰還不能点に立ち、どんなことがあってもやり遂げる 自分のいったことは自尊心に銘じてやり遂げる
Commitment
自分の人生は自分が選択したことである
他の何かによって人生が決まったのではない
すべては自身の選択の結果により今がある
夢を実現するには、選択しなければいけない
マイナスイメージは捨てる
心の落とし穴
弁解
独断
憤慨
混乱
皮肉
後悔
断念
懐疑
不安、希望
現実逃避
詐欺師
被害者
口約束
いやな感じを選択する理由
報酬がある
人から同情される
誉められる
安全圏にいられる
Comfort Zone(安全圏)
学習Zoneは無限
Comfort Zoneから学習Zoneに出よう

章にします。全体のバランスを見ながら一番ぴったりのキーワードや文章を書きます。マインドマップの基本ルールでは、キーワードだけを書くことになっていますが、日本語は助詞の使い方で意味合いがかなり変わるので、文章を枝に入れることも多くあります。セミナーの演習で特に印象に残ったことがあれば、それもキーワードに追加します。

配置を変更し、絵を描く

　テキストや枝に色を付けるのが済んだら、次はイメージ（絵）をそれぞれの枝に加えます。全部の枝に絵を描くわけではなく、キーワードのイメージを強調したいところだけにします。このマップは自己啓発セミナーの記録なので、自分だけに分かる絵で良いでしょう。また、枝の文字列の位置がしっくりとしなかったので、一部移動しています。

●マイナスイメージを捨てる
●Comfort Zone（安全圏）

という二つの枝は第一階層に移しました。この二つは、どうしても目立つようにしたかったのです。

　ここでは、色を付けてから絵を描くと説明していますが、順番は重要でありません。絵を描く時には、イメージを増強するようなものにするのが良いでしょう。後で見た時に思い出しやすくなります。

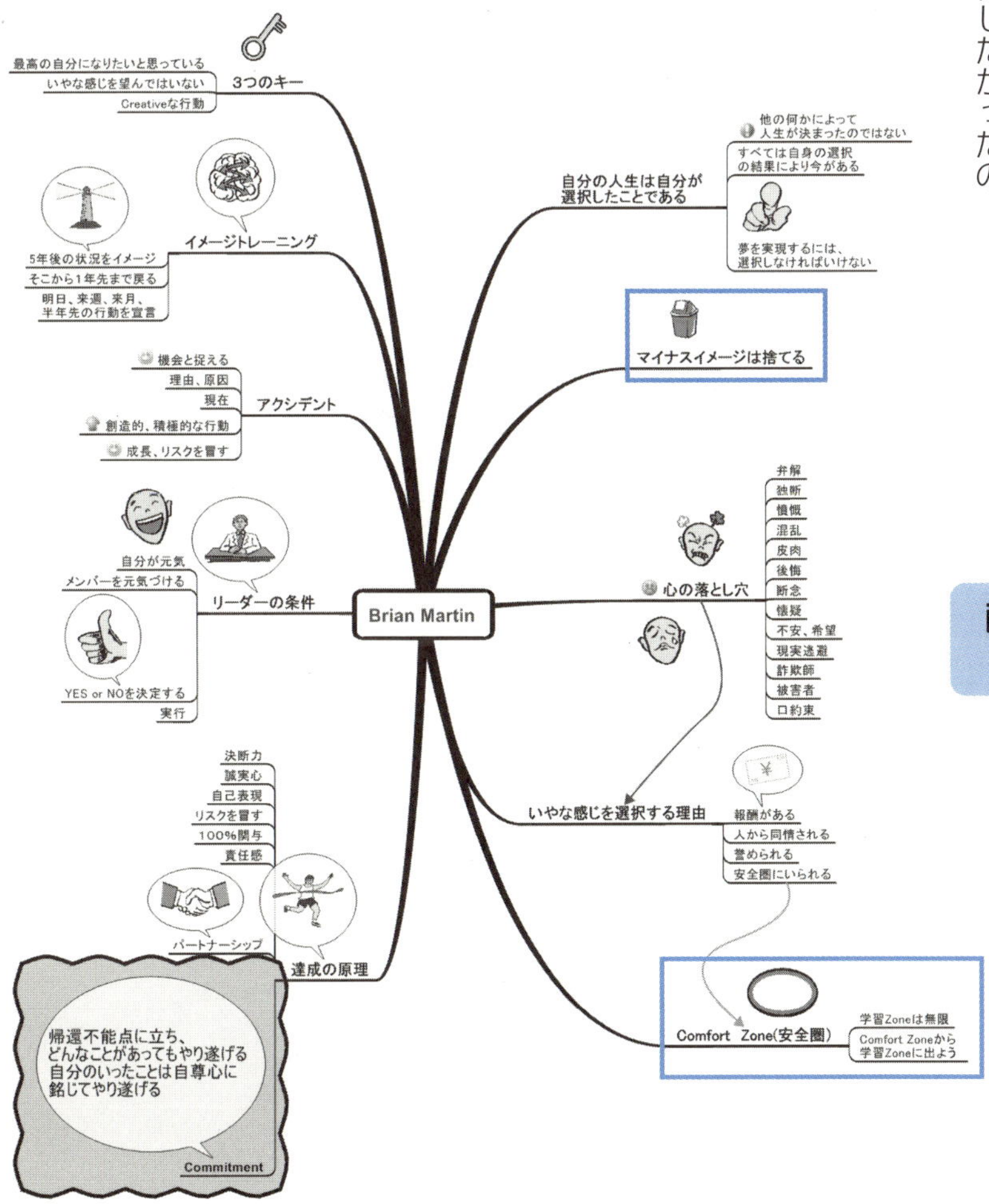

配置を変更し
絵を描く

一人でアイデアを考える

**マインドマップは、仕事でもプライベートでも、
一人でアイデアを出す時に使われるのが一般的です。
その例を示しましょう。**

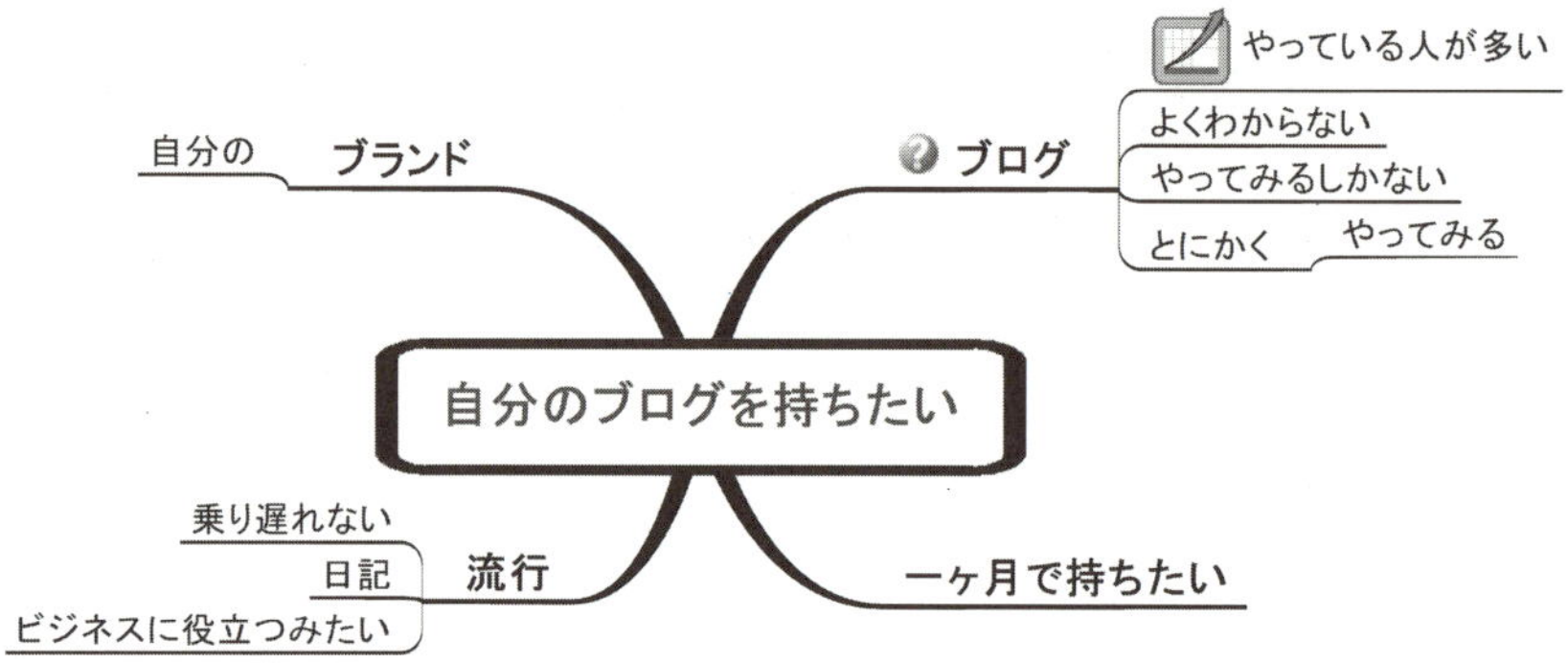

1 実現したいことを決めてマップの真ん中に書く

さて、一つテーマを決めて、アイデア出しをやってみましょう。「自分のブログをもちたい」というテーマを真ん中に置きます。

2 実現したらワクワクすることをマップに付け足す

初めてブログを試みる人は、ブログがどんなものか良く分かっていません。しかし、試してみたいからには、ブログでどんな気分になるか、どこがワクワクするのかをマップに書いておくことには意味があります。本当の自分の気持ちを確かめることにもなります。実現するとワクワクしそうなことをマップに書き出してみました。

その中でも、

- お金になる
- 自分のブランドを作れる
- ビジネスに役立つ

という点に興味が引かれることも分かりました。

3 実現するのに必要なものをキーワードで書く

次に、ブログを作るために必要なことを洗い出します。マップの左上に「実現するのは」という枝を作り、その下に次の三つの枝を作りました。

- 概略を理解する
- ブログを書くツールを手に入れる
- 書き方を学ぶ

これらの枝の下に、さらに思いつくことを書き込みます。

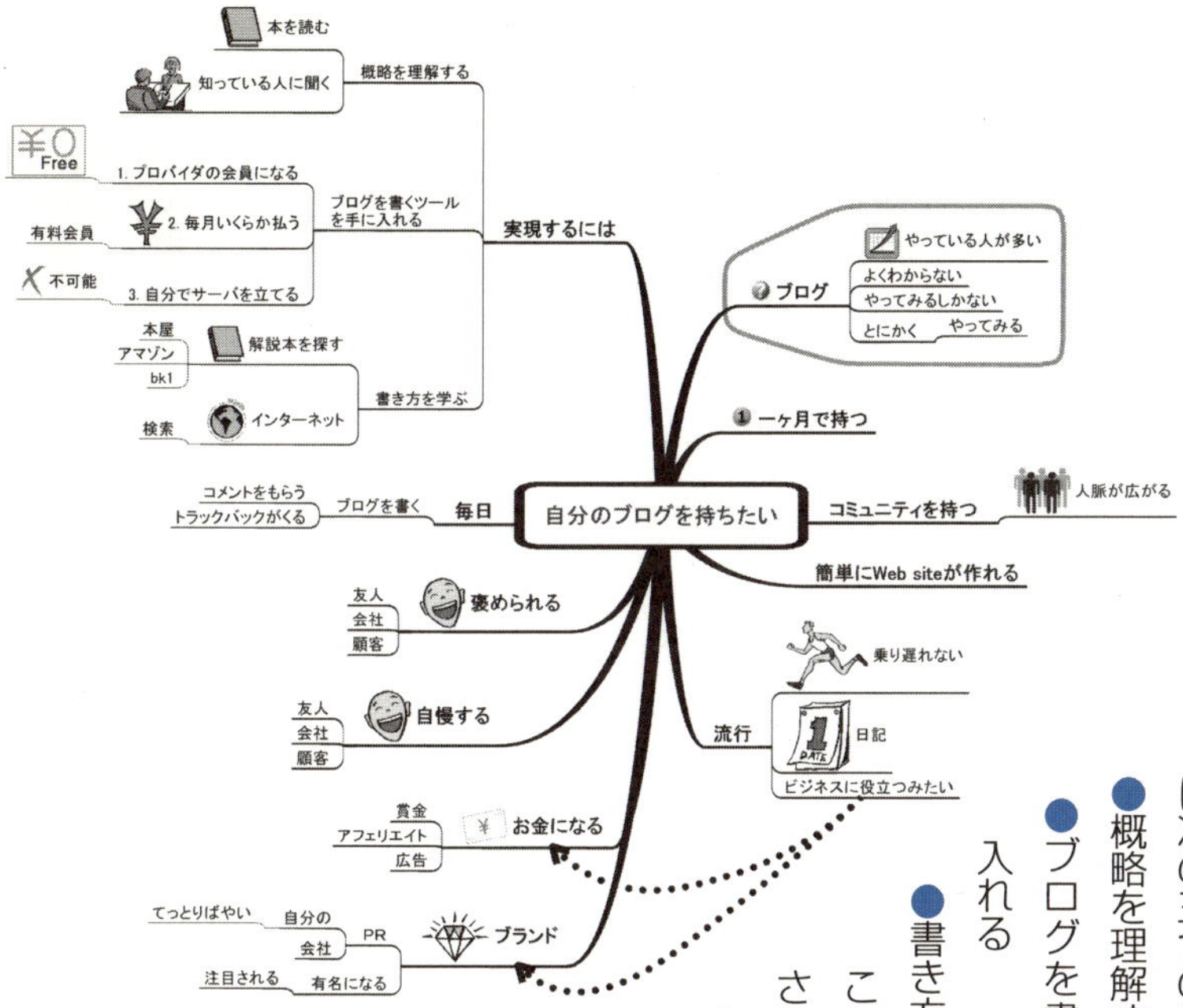

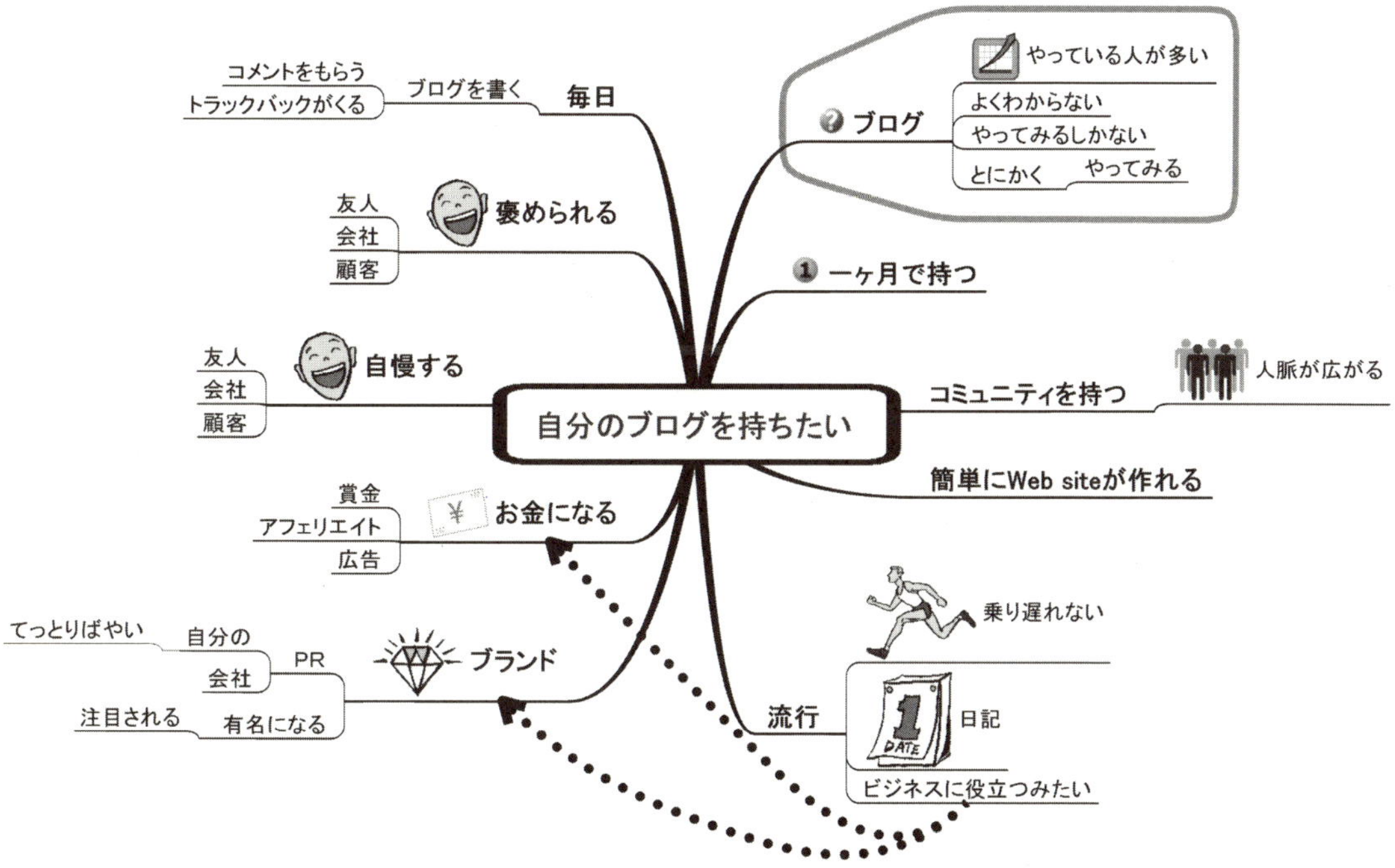

全体を眺める 4

ここまでにできあがったマップの全体を眺めてみます。何かしっくりとしません。何となく整理されていない印象を受けます。

バランスを考えて集約する

そこで、いくつかの枝を集めて集約（統合）することを考えてみましょう。集約したマップは、真ん中のタイトルから出る最初の枝を、次の四つに絞り込みました。

- ブログ
- 目標
- 目的
- 何が得られる
- 実現するには

どうでしょうか。すっきりした感じがしませんか。このマッ

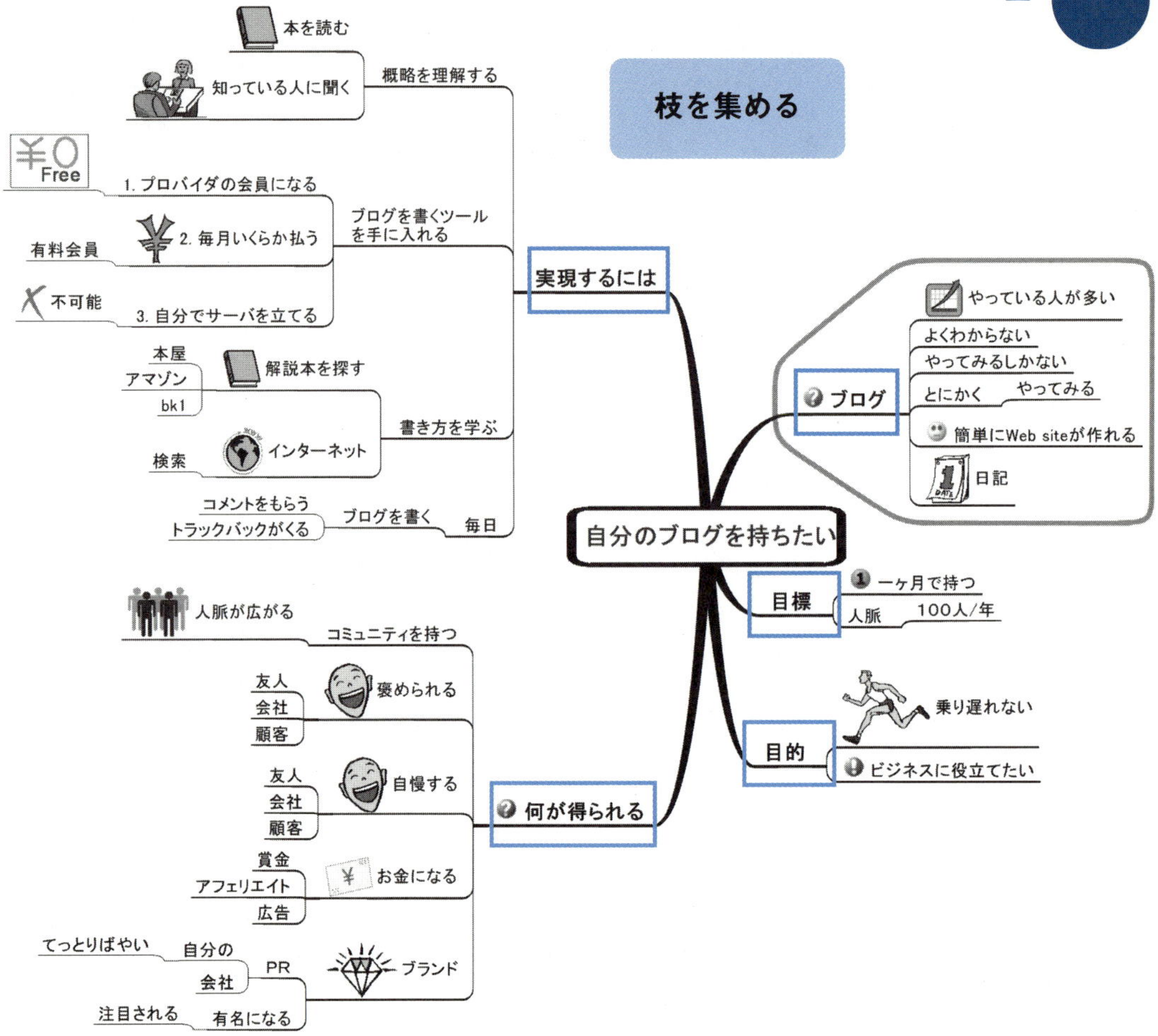

枝を集める
自分のブログを持ちたい
実現するには
概略を理解する
本を読む
知っている人に聞く
ブログを書くツールを手に入れる
1. プロバイダの会員になる
Free
2. 毎月いくらか払う
有料会員
3. 自分でサーバを立てる
不可能
書き方を学ぶ
解説本を探す
本屋
アマゾン
bk1
インターネット
検索
毎日
ブログを書く
コメントをもらう
トラックバックがくる
ブログ
やっている人が多い
よくわからない
やってみるしかない
とにかく
やってみる
簡単にWeb siteが作れる
日記
目標
一ヶ月で持つ
人脈
100人/年
目的
乗り遅れない
ビジネスに役立てたい
何が得られる
コミュニティを持つ
人脈が広がる
褒められる
友人
会社
顧客
自慢する
友人
会社
顧客
お金になる
賞金
アフェリエイト
広告
ブランド
PR
自分の
てっとりばやい
会社
有名になる
注目される

プで初めて、自分のアウトカム（あるべき姿）が明確になったように感じます。

マイルストーンを設定する

次は、マップにマイルストーンを書き加えます。「マイルストーン」とは、ある作業がいつまでに終わるべきか（期限）を表します。つまり、時間を意識した計画です。まず「実現するには」という枝を「計画」に変えます。その下の枝には三つありましたが、「公開する日」を加えて四つにしています。

- 概略を理解する
- ブログを書くツールを手に入れる
- 書き方を学ぶ
- 公開する日（ブログをインターネットに公開する日）

この四つの枝は、それぞれが作業ですので、いつまでに完了するかの日付を入れます。これで立派なブログ作成プロジェクトマップの完成です。

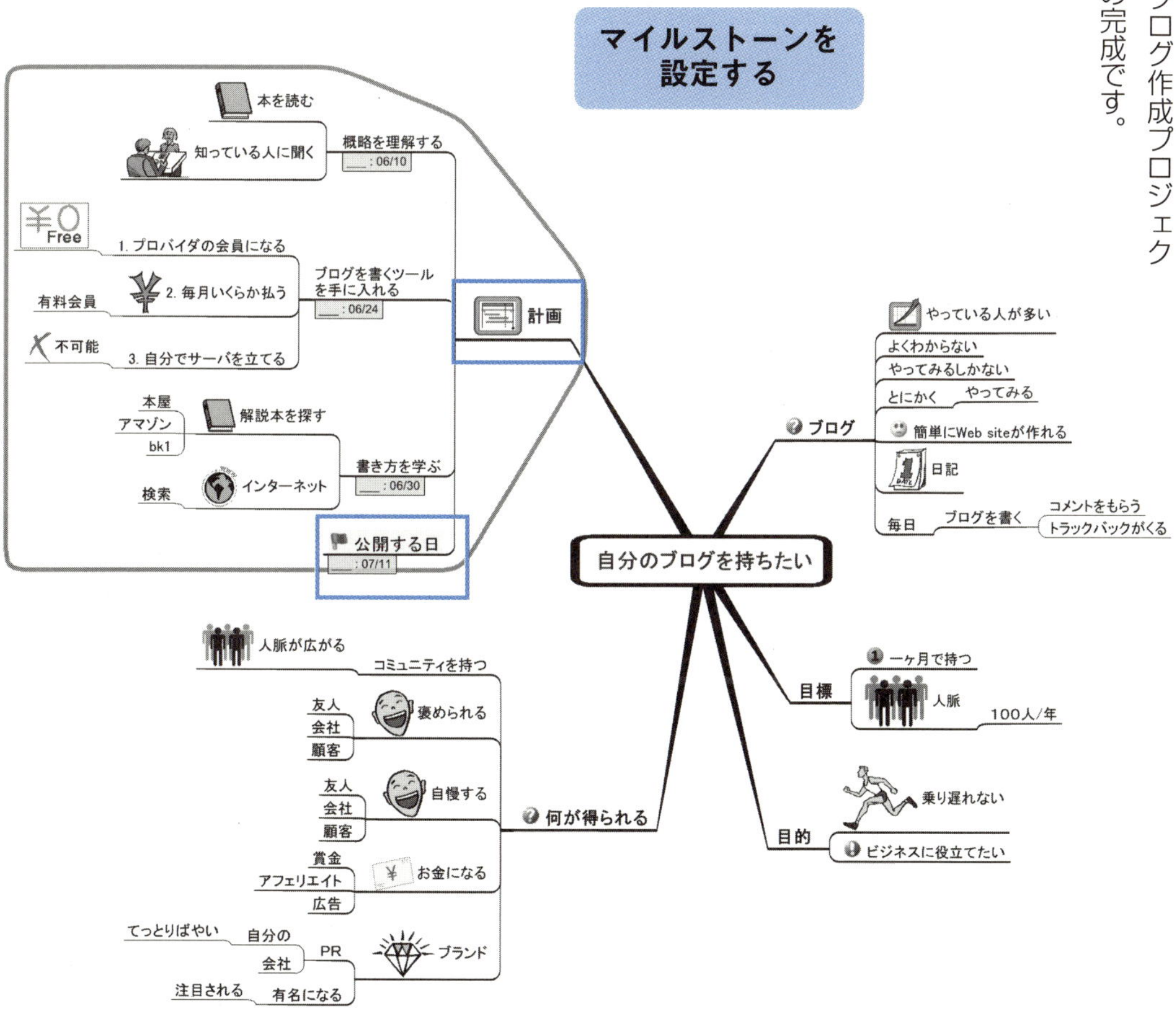

ワクワクしなかったらマップを書き直す 5

ワクワク要素の追加

ここでもう一度、マップの全体を眺めてみましょう。ちょっと目標が貧弱です。もう少しモチベーションが上がるようなワクワクするキーワードを追加してみましょう。目標に次の四つの枝を追加してみました。

- 日本で一番有名なブログにする
- 一年以内に雑誌に載る
- 有名人と対談する
- 百万円稼ぐ

これでブログができた時の成功イメージが豊かになります。マインドマップはワクワクするようなマップにならないと面白くありません。

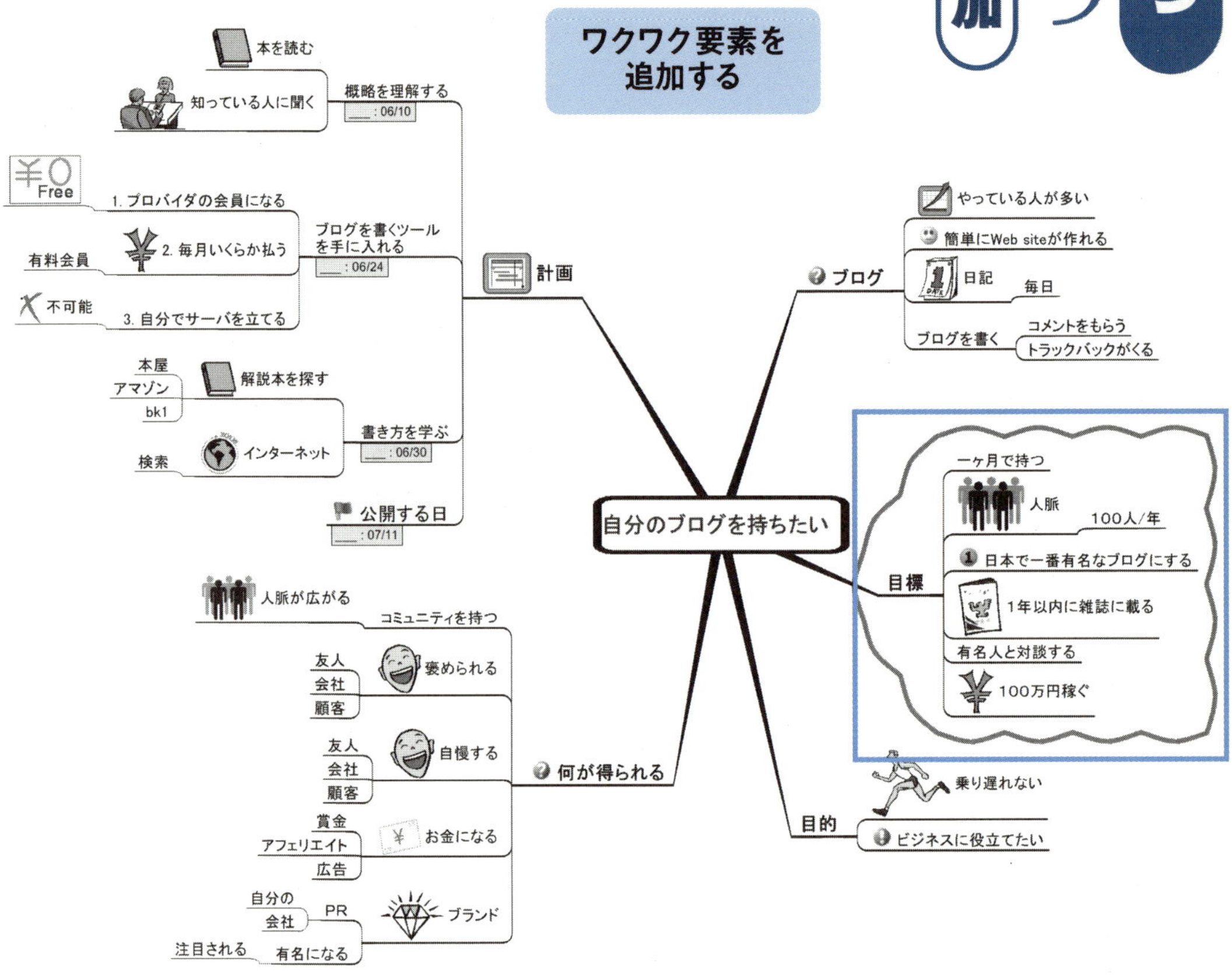

COLUMN

何かテーマを決め、それに対してアイデア出しをマインドマップで行うのは、実に当たり前に聞こえますが、実際は大きな落とし穴があります。アイデアを出すだけのネタが頭にないと、どうにもならないからです。ゼロからアイデアは出てきません。そこで、日頃の情報集め（ネタ集め）が重要になります。著者が日頃、ネタをどこから拾ってきているかを、マップにまとめてみました。新聞、インターネット、本などの情報源は一般的ですが、質の良い情報は、多くの場合人に直接会って聞きます。そういう意味では、人脈を増やすのが実に重要です。試しに自分の情報源マップを書いてみましょう。どこかに偏っていませんか。

ネタ探し

日ごろ気付いたことをマップで書いておく「ネタ帳」

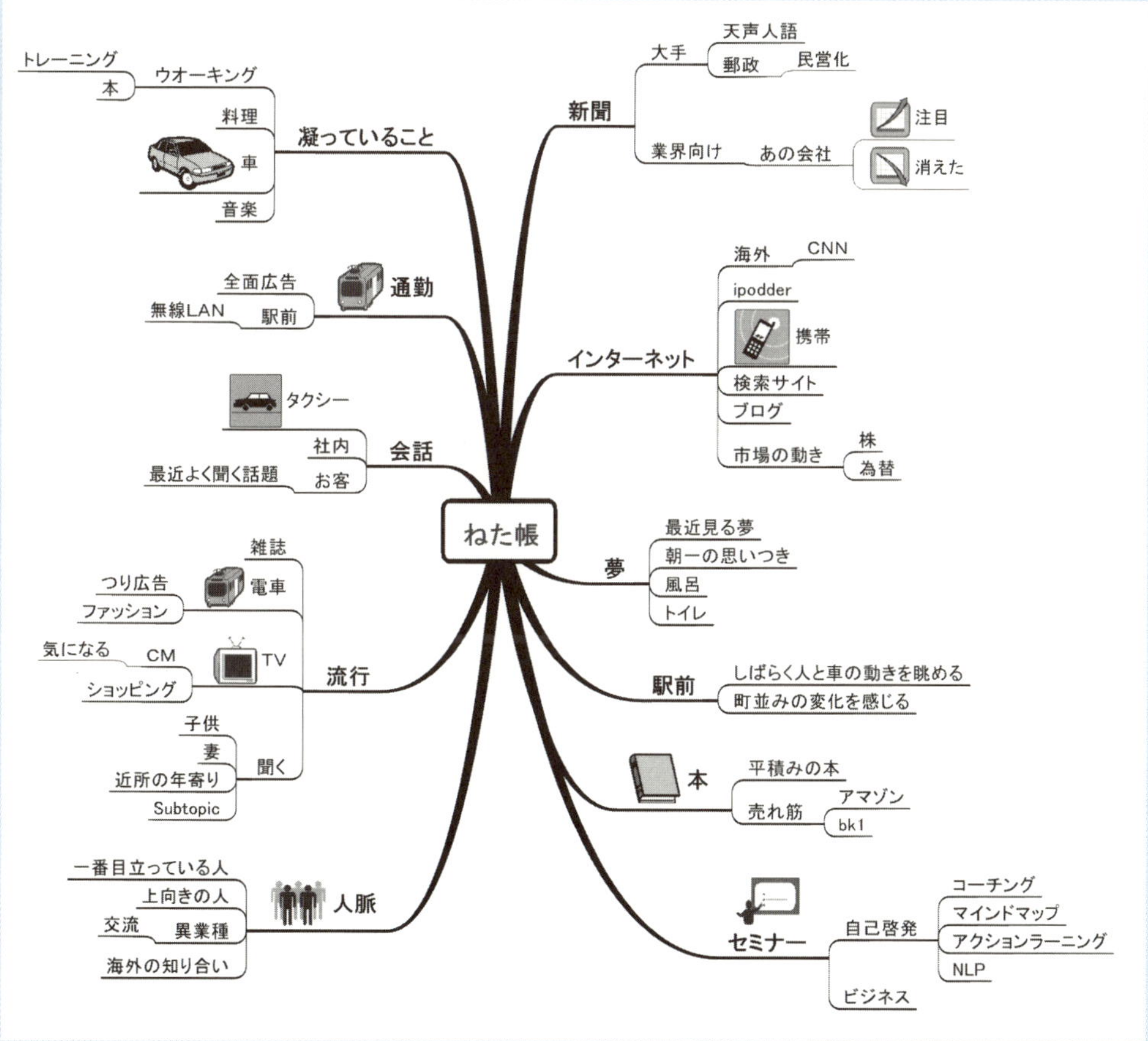

ねた帳
新聞
大手
天声人語
郵政
民営化
業界向け
あの会社
注目
消えた
インターネット
海外
CNN
ipodder
携帯
検索サイト
ブログ
市場の動き
株
為替
夢
最近見る夢
朝一の思いつき
風呂
トイレ
駅前
しばらく人と車の動きを眺める
町並みの変化を感じる
本
平積みの本
売れ筋
アマゾン
bk1
セミナー
自己啓発
コーチング
マインドマップ
アクションラーニング
NLP
ビジネス
凝っていること
ウオーキング
トレーニング
本
料理
車
音楽
通勤
全面広告
駅前
無線LAN
会話
タクシー
社内
お客
最近よく聞く話題
流行
雑誌
電車
つり広告
ファッション
TV
CM
気になる
ショッピング
聞く
子供
妻
近所の年寄り
Subtopic
人脈
一番目立っている人
上向きの人
異業種
交流
海外の知り合い

ビジネスの現場で使う

多くのビジネスマンにとっては、日頃の仕事でマインドマップが十分活用できてこそ、マインドマップを使う意味があります。いくつかのビジネスシーンを考えてみましょう。

TODOリストを作る

するべきことをマップにするTODOリストの作成

TODOリストの作成は、多くの人が毎日行っています。ノートに箇条書きしたり、ポストイットを使ったりしている人が多いでしょう。それでは、マインドマップでTODOリストを作ってみましょう。まず、TODOリストの基本要素を書き出します。

- 雑用
- 電子メール
- 電話
- Meeting
- 資料作成

この五つのカテゴリーを決め、その下に仕事を書きます。

納期を設定する

するべき仕事が決まったら、いつまでに行うか（納期）を枝に書きます。

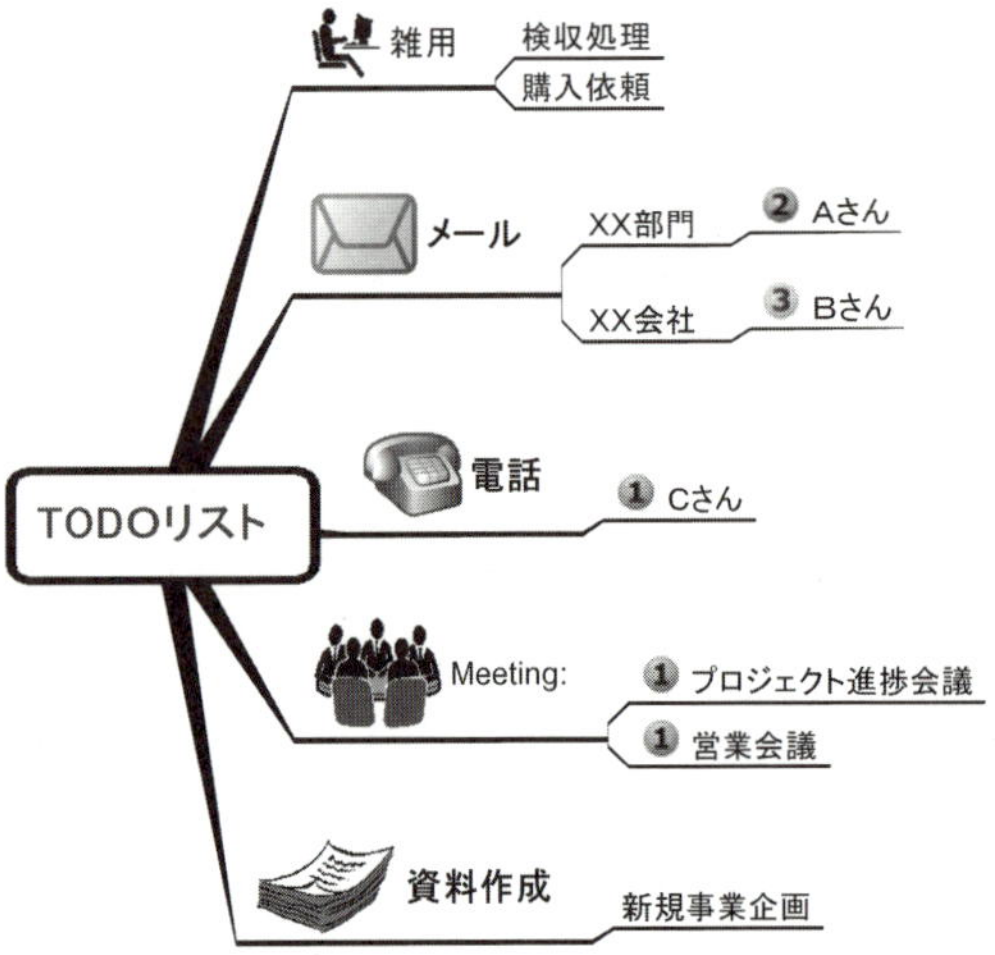

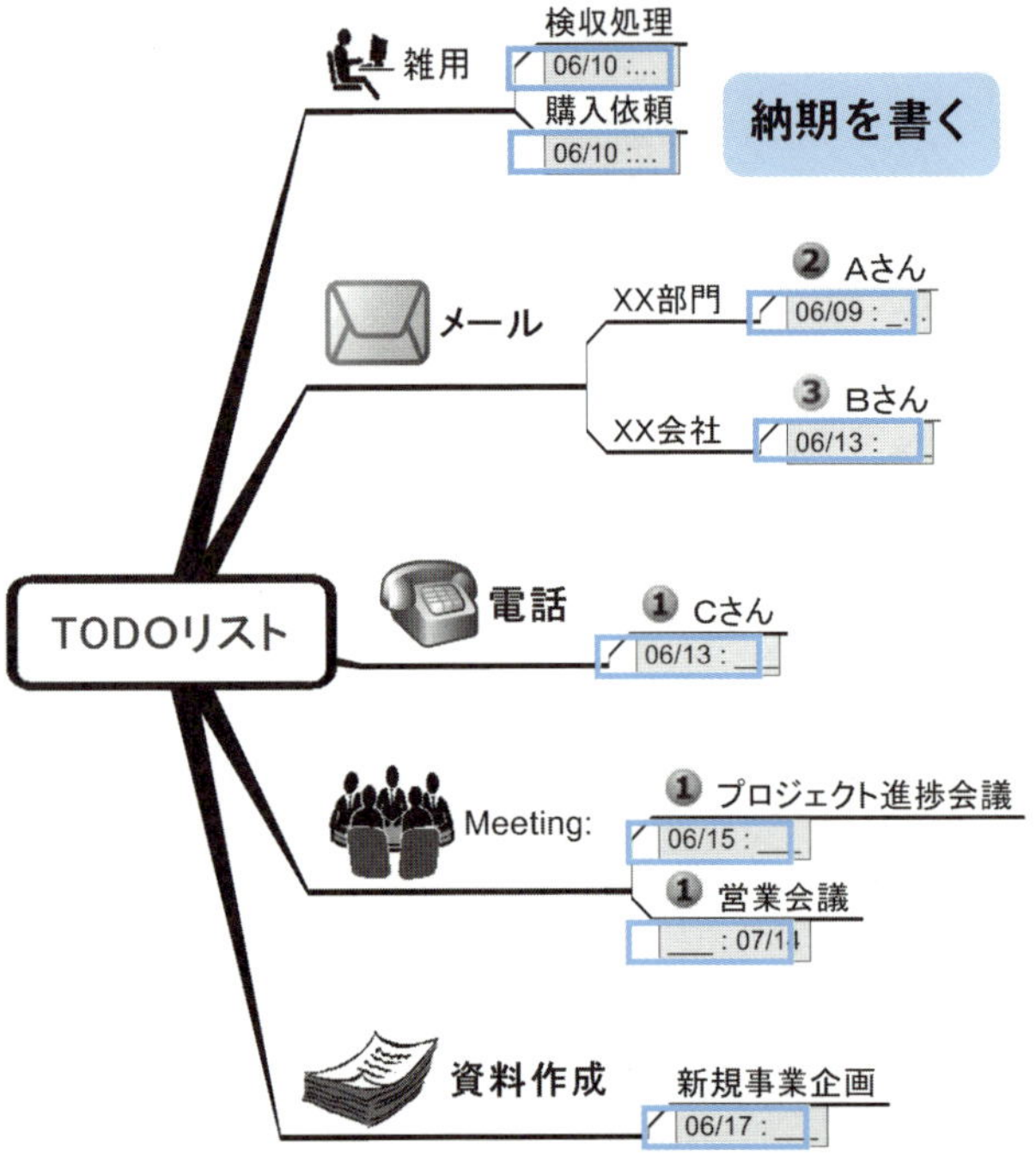

関連する作業を洗い出す

納期が設定できたら、もう少し作業をブレークダウン（分解）する必要があることに気付きました。もちろん、最初から作業を詳細にできれば一番良いのですが、なかなかそうはできません。後から気づいた段階で、必要な作業を追加するのに問題はありません。Cさんへの電話で「手ごわい」、「要件をまとめる」のコメントを付けるのも、マインドマップでは自然な書き方です。

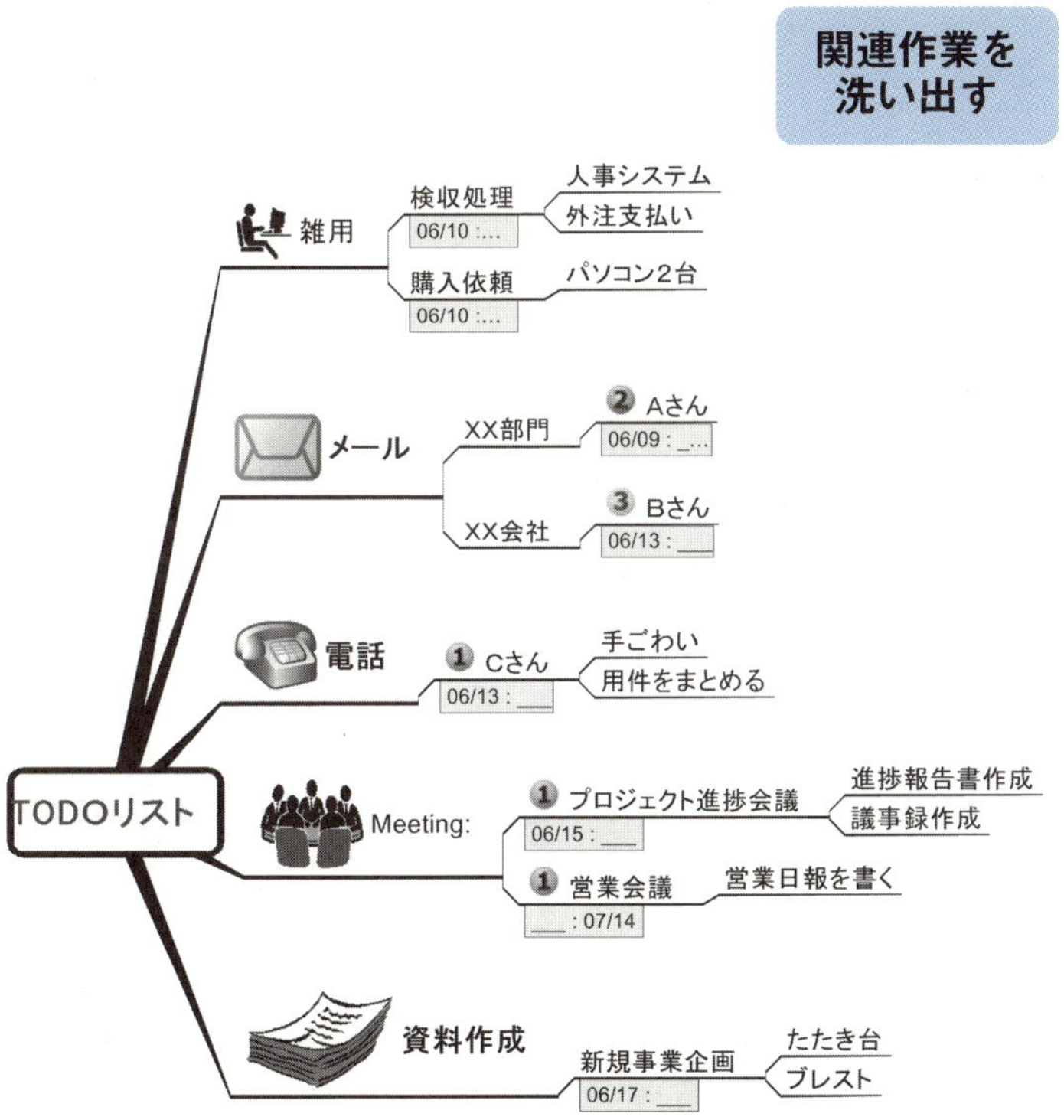

進捗を管理する

作業の洗い出しが終わったら、進捗を管理します。枝の上にマークを置き、それがどれだけ塗り潰されているかで進捗を表現しています。数字で五〇％と書くよりも、シンボルで表現するほうが直感的です。一〇〇％終わったものはマークを入れます。作業が終わった枝を消さずに残しておくと、「やり遂げた」という満足感が得られます。

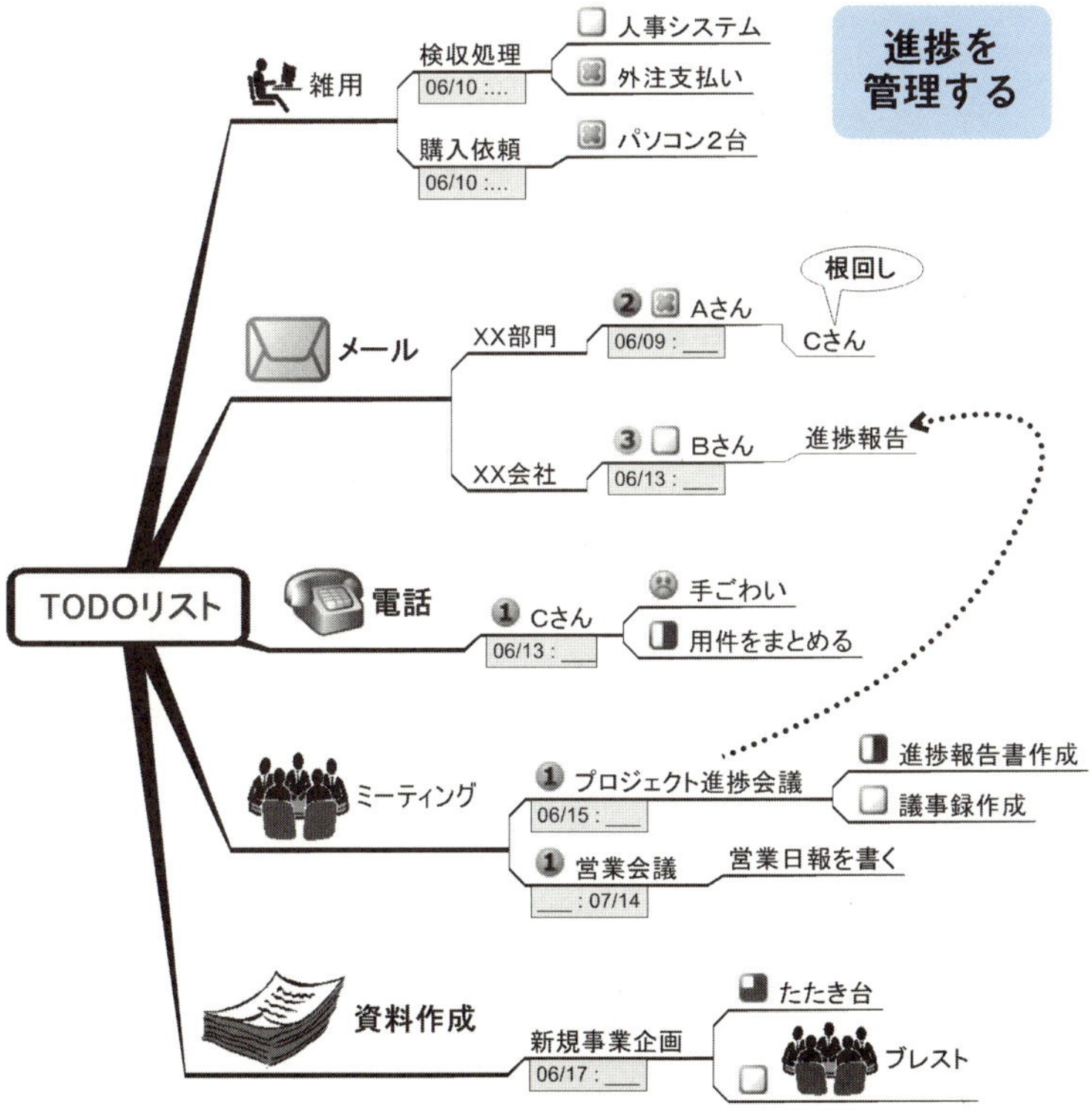

ブレインストーミングで企画を考える

企画立案は、どんな会社でも行っています。誰かが叩き台を作り、それをみんなで議論するという手順でしょう。

さて、新しいユニットバスの企画を考えてみることにします。メーカーは、いつも自社製品の企画を考えていますから、一から企画を作るなどということはあり得ませんが、ここでは一から作ってみましょう。

企画案を自分でまとめる

自分が企画担当者だとして、マップを書いてみます。基本要素として、

- 製品のライフサイクル
- 課題
- 顧客の志向
- ターゲット客
- 競合分析
- 価格
- 景気動向
- 今年のテーマ

を列挙してみました。どんな製品でも当てはまる要素です。この種の製品の販売は、いかにブームを作るかで決まる面がありますから、「今年のテーマ」が重

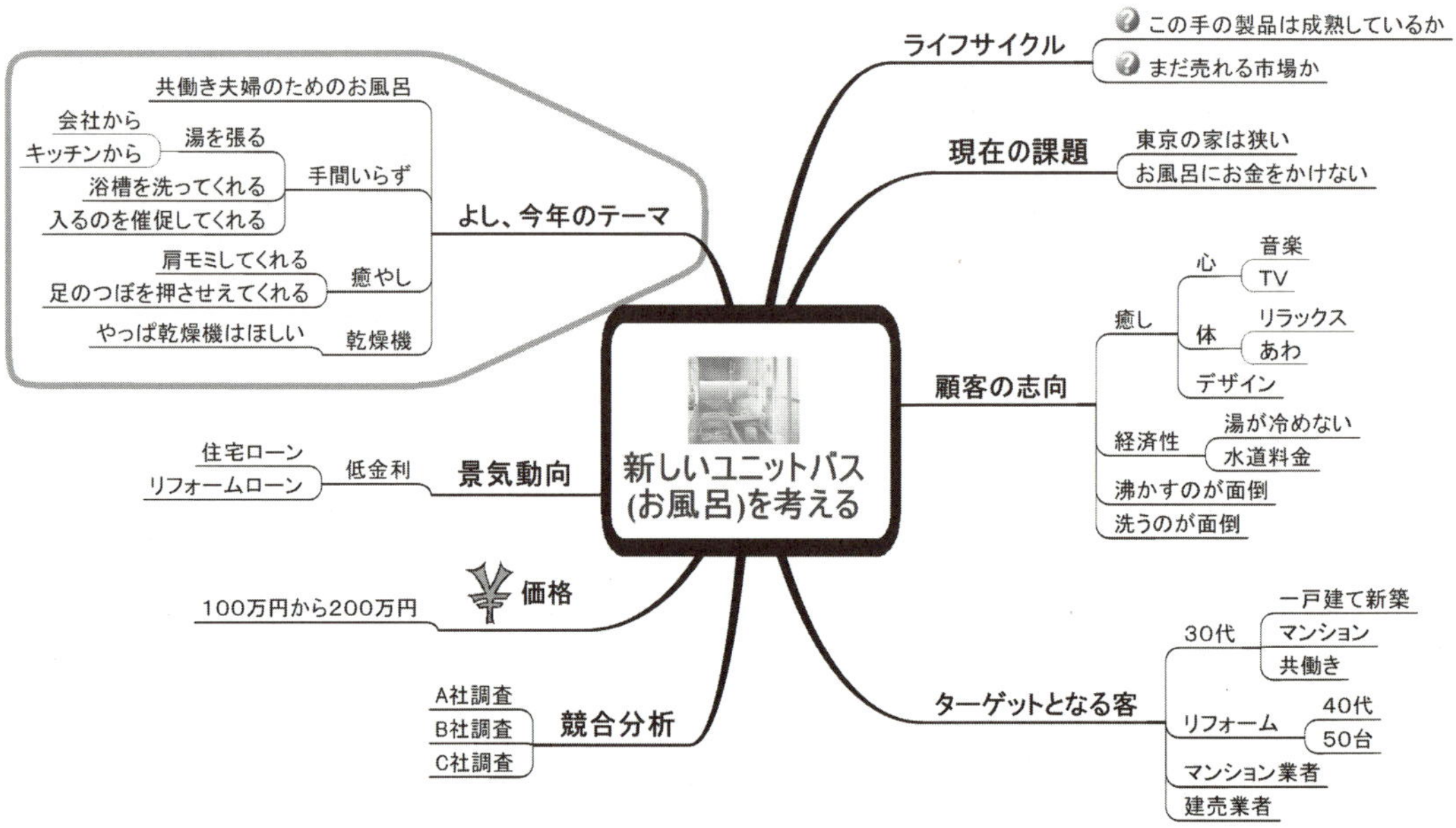

新しいユニットバス(お風呂)を考える
ライフサイクル
この手の製品は成熟しているか
まだ売れる市場か
現在の課題
東京の家は狭い
お風呂にお金をかけない
顧客の志向
癒し
心
音楽
TV
体
リラックス
あわ
デザイン
経済性
湯が冷めない
水道料金
沸かすのが面倒
洗うのが面倒
ターゲットとなる客
30代
一戸建て新築
マンション
共働き
リフォーム
40代
50台
マンション業者
建売業者
よし、今年のテーマ
共働き夫婦のためのお風呂
手間いらず
湯を張る
会社から
キッチンから
浴槽を洗ってくれる
入るのを催促してくれる
癒やし
肩モミしてくれる
足のつぼを押させえてくれる
乾燥機
やっぱ乾燥機はほしい
景気動向
低金利
住宅ローン
リフォームローン
価格
100万円から200万円
競合分析
A社調査
B社調査
C社調査

要です。そこで、枝のグループ全体を枠で囲ってあります。コンセプトは、「共働き夫婦のためのお風呂」です。経済的には余裕があるけれど、家にいる時間が少ない夫婦にとって快適なお風呂は何だろうと考えながら、マップを書きます。「手間いらず」に重点を置くか「癒し」に重点を置くかで悩むでしょう。

マップを参加者に説明する

他の社員に見せながら会議をすることを想定すると、このままのマップで皆に見せるにはためらいがあります。マップは、自分の頭の整理にはなりますが、他人に見せるようにはなっていません。他人に説明するために、自分が強調したい枝を右側にもってきました。さらに、「現在の課題」の枝を削除しました。「顧客の志向」という枝は、「共働き夫婦の志向」に変えました。こうすると、「共働き夫婦のためお風呂」というイメージを他の社員に強調することになります。

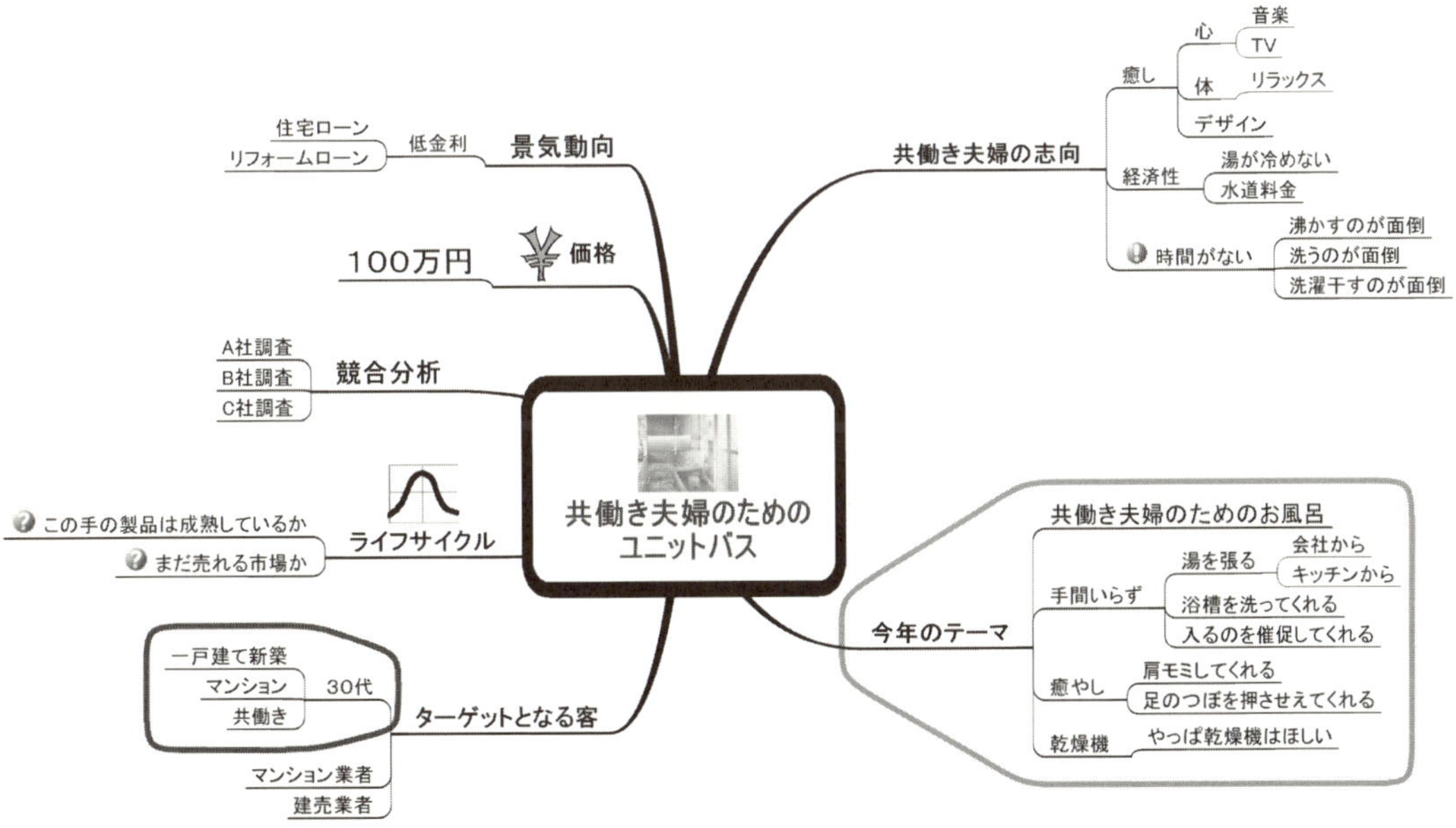

強調するポイントを右に移す

メンバーの意見をマップに追加する

マップを他のメンバーに見せながらブレインストーミングをします。メンバーの意見は、そのマップに書き込みます。「共働き夫婦のためのお風呂」は「イメージがわかない」「インパクトがない」という意見が出ましたが、マップにはそのまま載せています。一方、「共働き」と言っても一括りにはできず、子供のいる夫婦と子供のいない夫婦があるとの意見が出たので、枝を細分化しました。

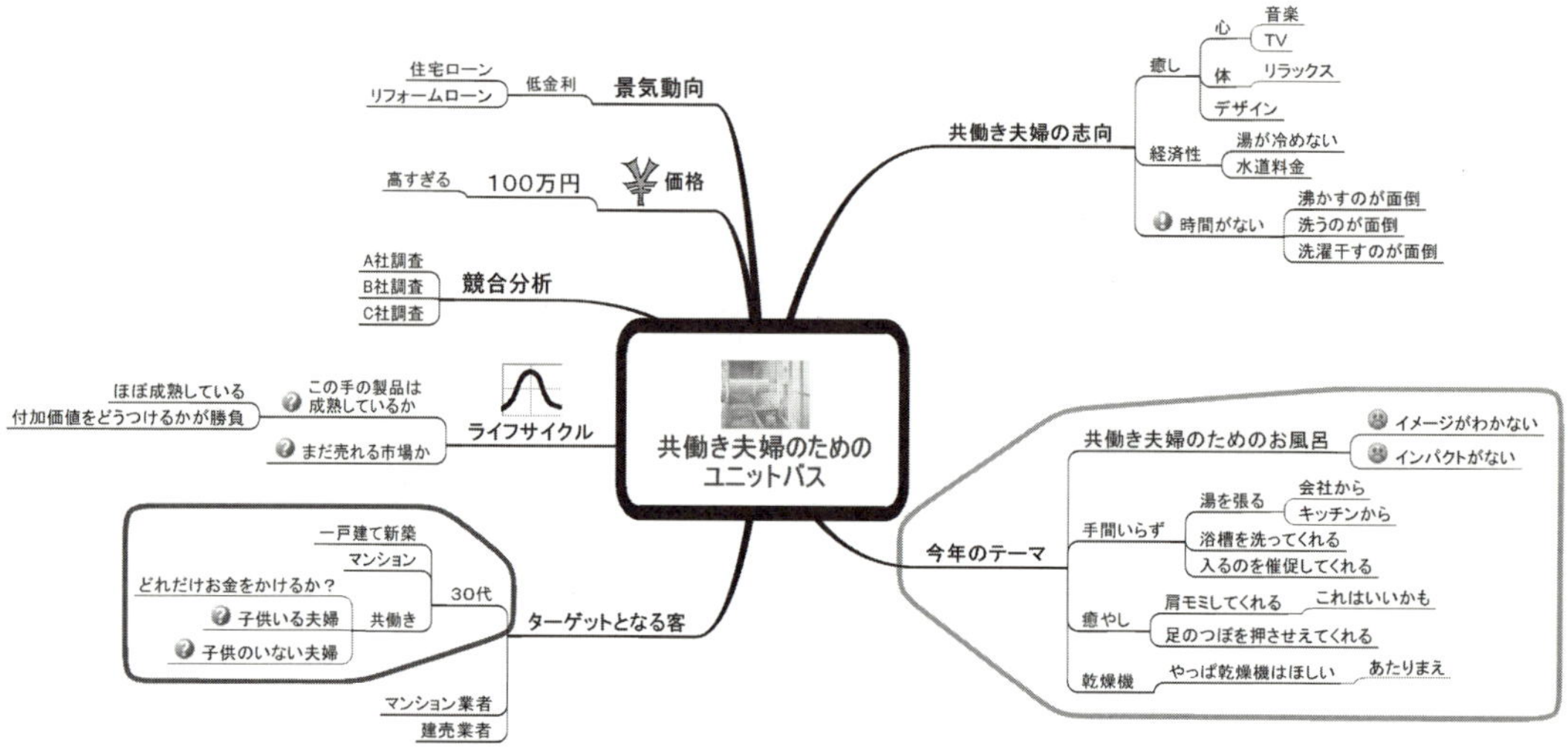
共働き夫婦のための
ユニットバス
景気動向
低金利
住宅ローン
リフォームローン
価格
100万円
高すぎる
競合分析
A社調査
B社調査
C社調査
ライフサイクル
この手の製品は
成熟しているか
ほぼ成熟している
付加価値をどうつけるかが勝負
まだ売れる市場か
ターゲットとなる客
30代
一戸建て新築
マンション
共働き
どれだけお金をかけるか？
子供いる夫婦
子供のいない夫婦
マンション業者
建売業者
共働き夫婦の志向
癒し
心
音楽
TV
体
リラックス
デザイン
経済性
湯が冷めない
水道料金
時間がない
沸かすのが面倒
洗うのが面倒
洗濯干すのが面倒
今年のテーマ
共働き夫婦のためのお風呂
イメージがわかない
インパクトがない
手間いらず
湯を張る
会社から
キッチンから
浴槽を洗ってくれる
入るのを催促してくれる
癒やし
肩モミしてくれる
これはいいかも
足のつぼを押させえてくれる
乾燥機
やっぱ乾燥機はほしい
あたりまえ

メンバーの意見を加える

COLUMN

会議の成功法

さらに議論が進み、子供のいる夫婦と子供のいない夫婦では、どんな需要がありそうか意見を出してもらって書き込みます。このようにブレインストーミングを続けると、枝は詳細化され、マップは複雑になる傾向にあります。そのため、マップがあまり複雑にならないよう、適度に枝を整理する必要があります。枝に文章を入れている箇所もありますが、実際の場面ではキーワードだけで意味を共有できることも多いでしょう。枝にキーワードだけを書くのか、文章を書くのかは悩むところですが、会社でマップを共有する場合は、文章を適度に入れたほうが良いでしょう。

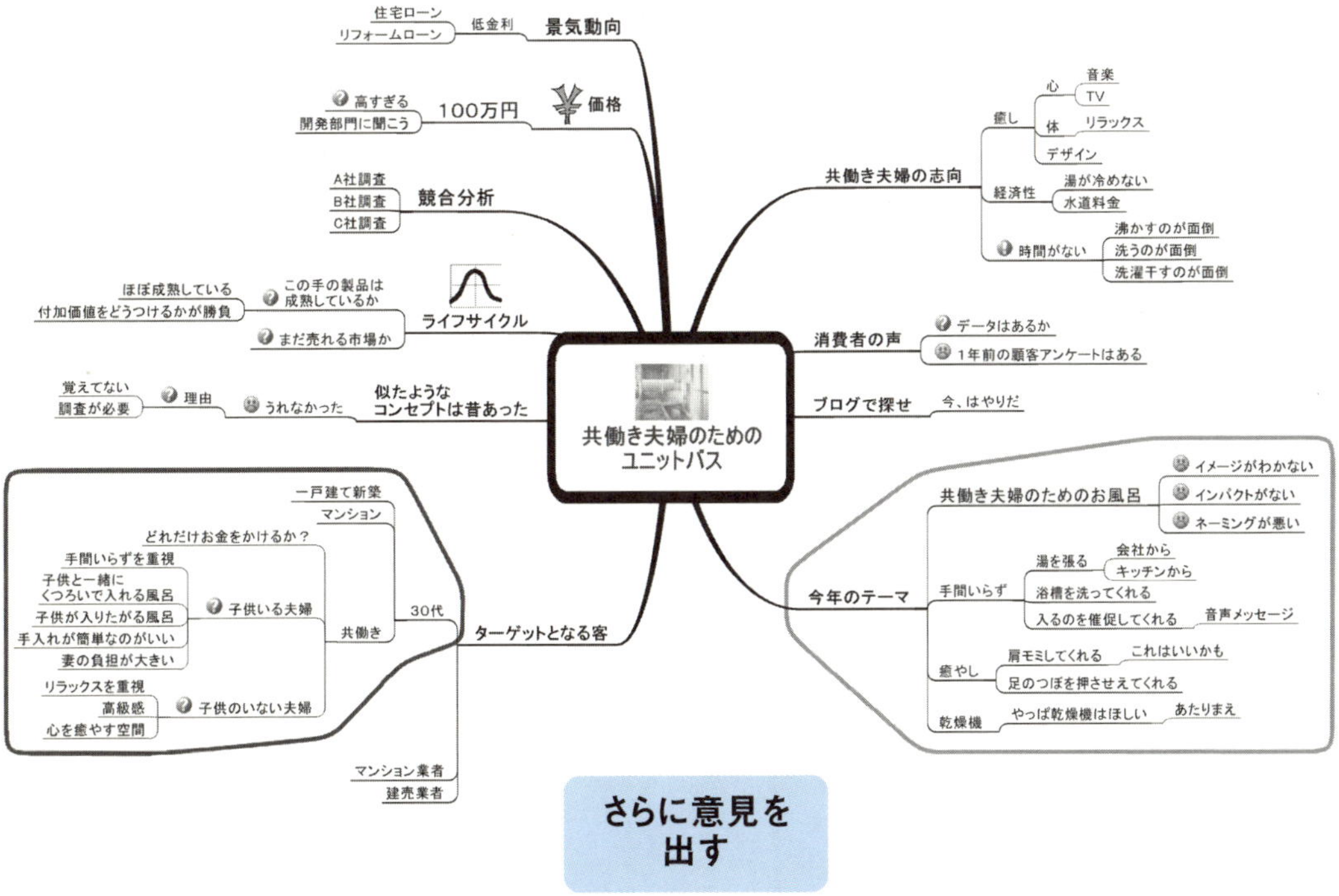

共働き夫婦のための
ユニットバス
景気動向
低金利
住宅ローン
リフォームローン
価格
100万円
高すぎる
開発部門に聞こう
競合分析
A社調査
B社調査
C社調査
ライフサイクル
この手の製品は
成熟しているか
ほぼ成熟している
付加価値をどうつけるかが勝負
まだ売れる市場か
似たような
コンセプトは昔あった
うれなかった
理由
覚えてない
調査が必要
ターゲットとなる客
30代
一戸建て新築
マンション
共働き
どれだけお金をかけるか？
子供いる夫婦
手間いらずを重視
子供と一緒に
くつろいで入れる風呂
子供が入りたがる風呂
手入れが簡単なのがいい
妻の負担が大きい
子供のいない夫婦
リラックスを重視
高級感
心を癒やす空間
マンション業者
建売業者
共働き夫婦の志向
癒し
心
音楽
TV
体
リラックス
デザイン
経済性
湯が冷めない
水道料金
時間がない
沸かすのが面倒
洗うのが面倒
洗濯干すのが面倒
消費者の声
データはあるか
1年前の顧客アンケートはある
ブログで探せ
今、はやりだ
今年のテーマ
共働き夫婦のためのお風呂
イメージがわかない
インパクトがない
ネーミングが悪い
手間いらず
湯を張る
会社から
キッチンから
浴槽を洗ってくれる
入るのを催促してくれる
音声メッセージ
癒やし
肩モミしてくれる
これはいいかも
足のつぼを押させえてくれる
乾燥機
やっぱ乾燥機はほしい
あたりまえ

さらに意見を出す

マインドマップを使えば会議が必ず成功するというものではありません。会議をうまく運営するには、ファシリテーション（グループ活動・会議が円滑に行われるよう、中立的な立場から行う支援）、コーチング（具体的なゴール・目標をもっている人に質問形式で気付きを与え、ゴールに到達するように支援するテクニック）、ＮＬＰ（心理学と言語学を基に体系化したコミュニケーション心理学で、ビジネス界では人材のパフォーマンスを上げる目的で使用される）、アクションラーニング（問題をチームやグループで共有化・検討し、解決策を立案して、実際に行動するチームを育てる手法）など、別のテクニックが必要です。こうしたコミュニケーションスキルとマインドマップを併用してこそ、マインドマップの良さが発揮できます。会議中、メンバーがどんな顔をしているかじっくり観察することも必要です。

枝を整理、集約、統合する

メンバーの意見を追加した結果が、どうも整理されていません。そこで、枝を整理・集約しました。ブレインストーミングしたものの意見が収束しないので、マップの左に「課題」という枝を作って課題を列挙することにしました。実際のビジネスシーンでも一回で企画がまとまることはなく、何回か会議を行い、まとめます。この場合もマインドマップを使えば、グループメンバーの企画に対する理解のスピードは格段に速く、課題の抽出も大変楽になります。

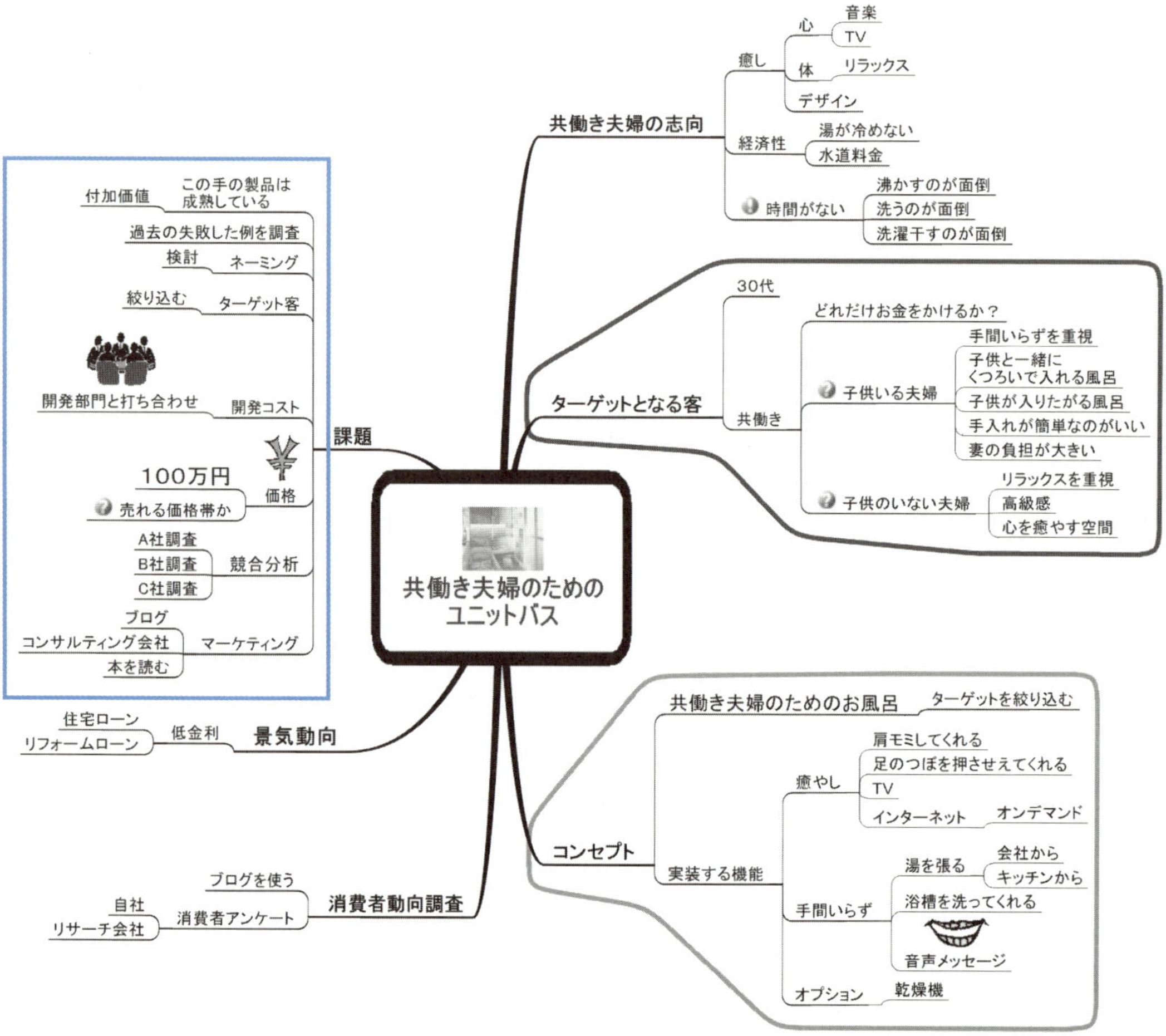

共働き夫婦のための
ユニットバス
共働き夫婦の志向
癒し
心
音楽
TV
体
リラックス
デザイン
経済性
湯が冷めない
水道料金
時間がない
沸かすのが面倒
洗うのが面倒
洗濯干すのが面倒
ターゲットとなる客
30代
共働き
どれだけお金をかけるか？
子供いる夫婦
手間いらずを重視
子供と一緒に
くつろいで入れる風呂
子供が入りたがる風呂
手入れが簡単なのがいい
妻の負担が大きい
子供のいない夫婦
リラックスを重視
高級感
心を癒やす空間
コンセプト
共働き夫婦のためのお風呂
ターゲットを絞り込む
実装する機能
癒やし
肩モミしてくれる
足のつぼを押させてくれる
TV
インターネット
オンデマンド
手間いらず
湯を張る
会社から
キッチンから
浴槽を洗ってくれる
音声メッセージ
オプション
乾燥機
課題
付加価値
この手の製品は
成熟している
過去の失敗した例を調査
検討
ネーミング
絞り込む
ターゲット客
開発部門と打ち合わせ
開発コスト
100万円
売れる価格帯か
価格
A社調査
B社調査
C社調査
競合分析
ブログ
コンサルティング会社
本を読む
マーケティング
景気動向
低金利
住宅ローン
リフォームローン
消費者動向調査
ブログを使う
消費者アンケート
自社
リサーチ会社

枝を集約
統合する

全員が納得できているか確認する

企画会議も会議なので、最後には、次回の打ち合わせまでに誰が何をするかをしっかり決めましょう。そのために、宿題になっている枝に、担当者の名前を入れておきます。

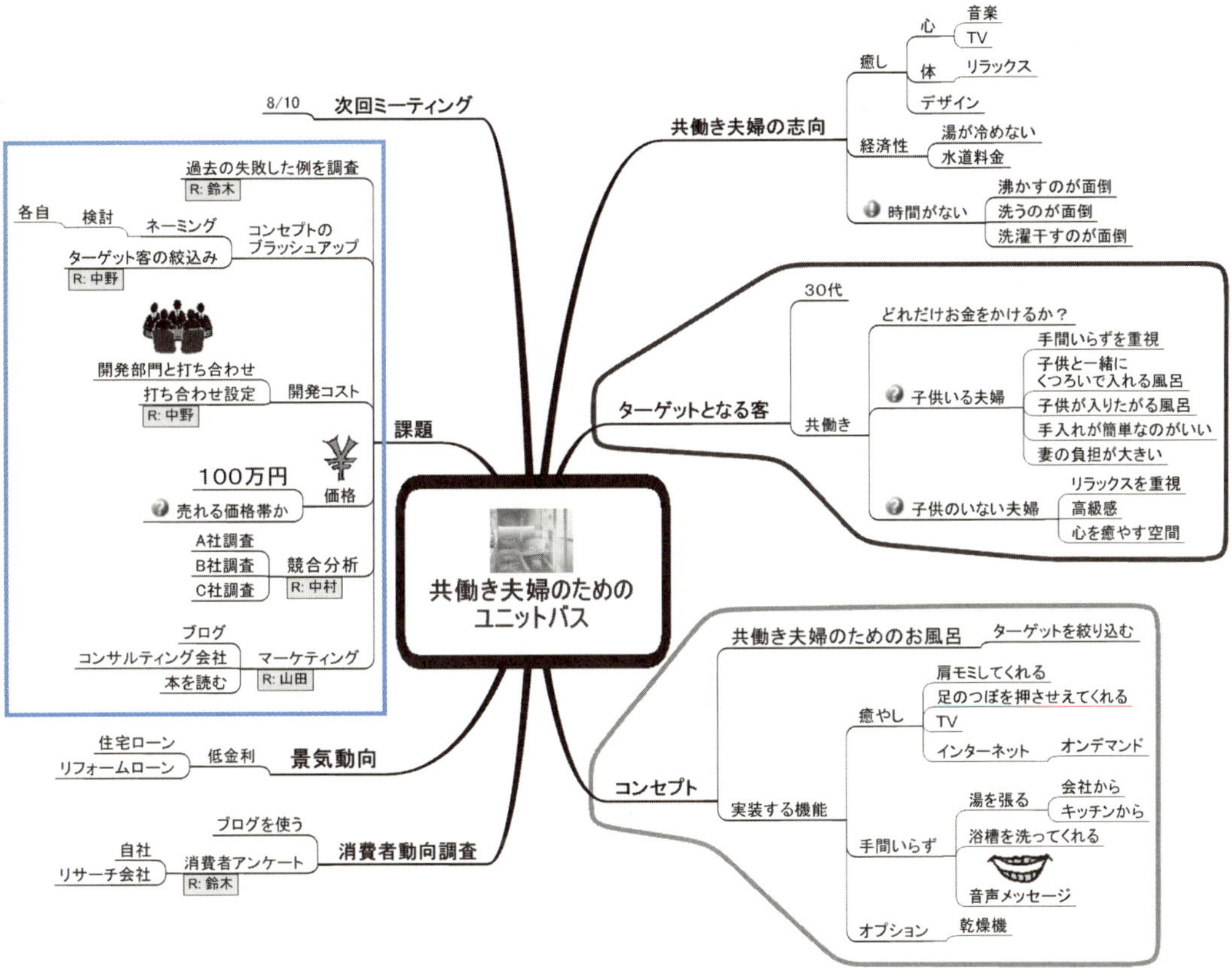

共働き夫婦のための
ユニットバス
次回ミーティング
8/10
課題
過去の失敗した例を調査
R: 鈴木
各自
検討
ネーミング
コンセプトの
ブラッシュアップ
ターゲット客の絞込み
R: 中野
開発部門と打ち合わせ
打ち合わせ設定
開発コスト
R: 中野
100万円
売れる価格帯か
価格
A社調査
B社調査
C社調査
競合分析
R: 中村
ブログ
コンサルティング会社
本を読む
マーケティング
R: 山田
景気動向
低金利
住宅ローン
リフォームローン
消費者動向調査
ブログを使う
消費者アンケート
R: 鈴木
自社
リサーチ会社
共働き夫婦の志向
癒し
心
音楽
TV
体
リラックス
デザイン
経済性
湯が冷めない
水道料金
時間がない
沸かすのが面倒
洗うのが面倒
洗濯干すのが面倒
ターゲットとなる客
30代
どれだけお金をかけるか？
共働き
子供いる夫婦
手間いらずを重視
子供と一緒に
くつろいで入れる風呂
子供が入りたがる風呂
手入れが簡単なのがいい
妻の負担が大きい
子供のいない夫婦
リラックスを重視
高級感
心を癒やす空間
コンセプト
共働き夫婦のためのお風呂
ターゲットを絞り込む
実装する機能
癒やし
肩モミしてくれる
足のつぼを押させえてくれる
TV
インターネット
オンデマンド
手間いらず
湯を張る
会社から
キッチンから
浴槽を洗ってくれる
音声メッセージ
オプション
乾燥機

宿題の担当者を明記する

議事録を作成する

マインドマップによる議事録の作成も、ビジネスでは良く使われています。ここでは、あるプロジェクト会議でマインドマップ議事録を取る方法を説明します。

議事録テンプレートを作る

議事録のテンプレートになるマップの必須項目は、

- 目的
- 参加者
- 日程
- 議題
- 今日決まったこと
- 保留事項
- 今後の予定

になるでしょう。他の要素を付け加えても構いません。

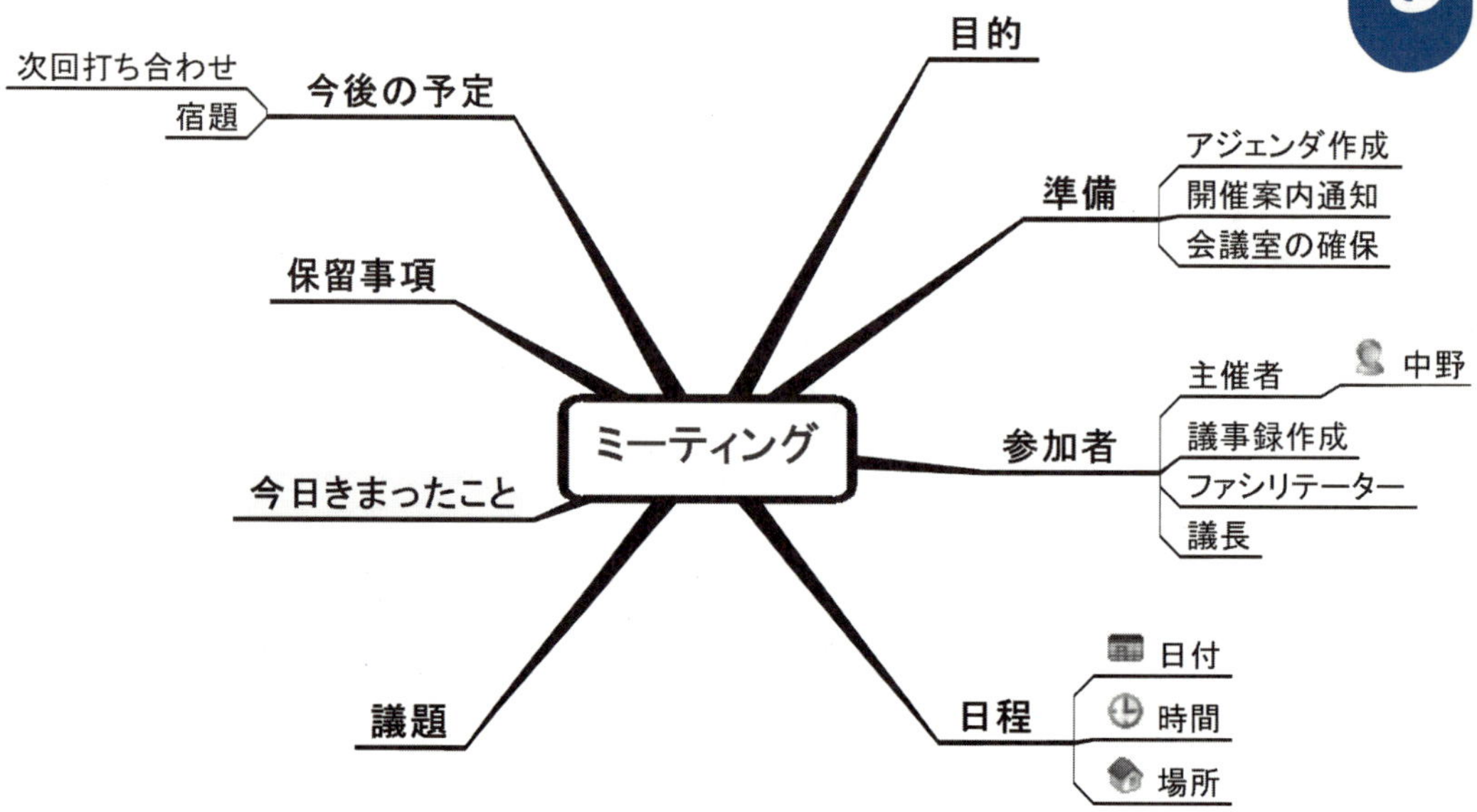
ミーティング
目的
準備
アジェンダ作成
開催案内通知
会議室の確保
参加者
主催者
中野
議事録作成
ファシリテーター
議長
日程
日付
時間
場所
議題
今日きまったこと
保留事項
今後の予定
次回打ち合わせ
宿題

議事録テンプレートで新しいマップを作る

会議が始まる前に、目的、参加者、議題を書き込んでおきます。このようにして、会議が始まると議事に集中できるようにしておきます。

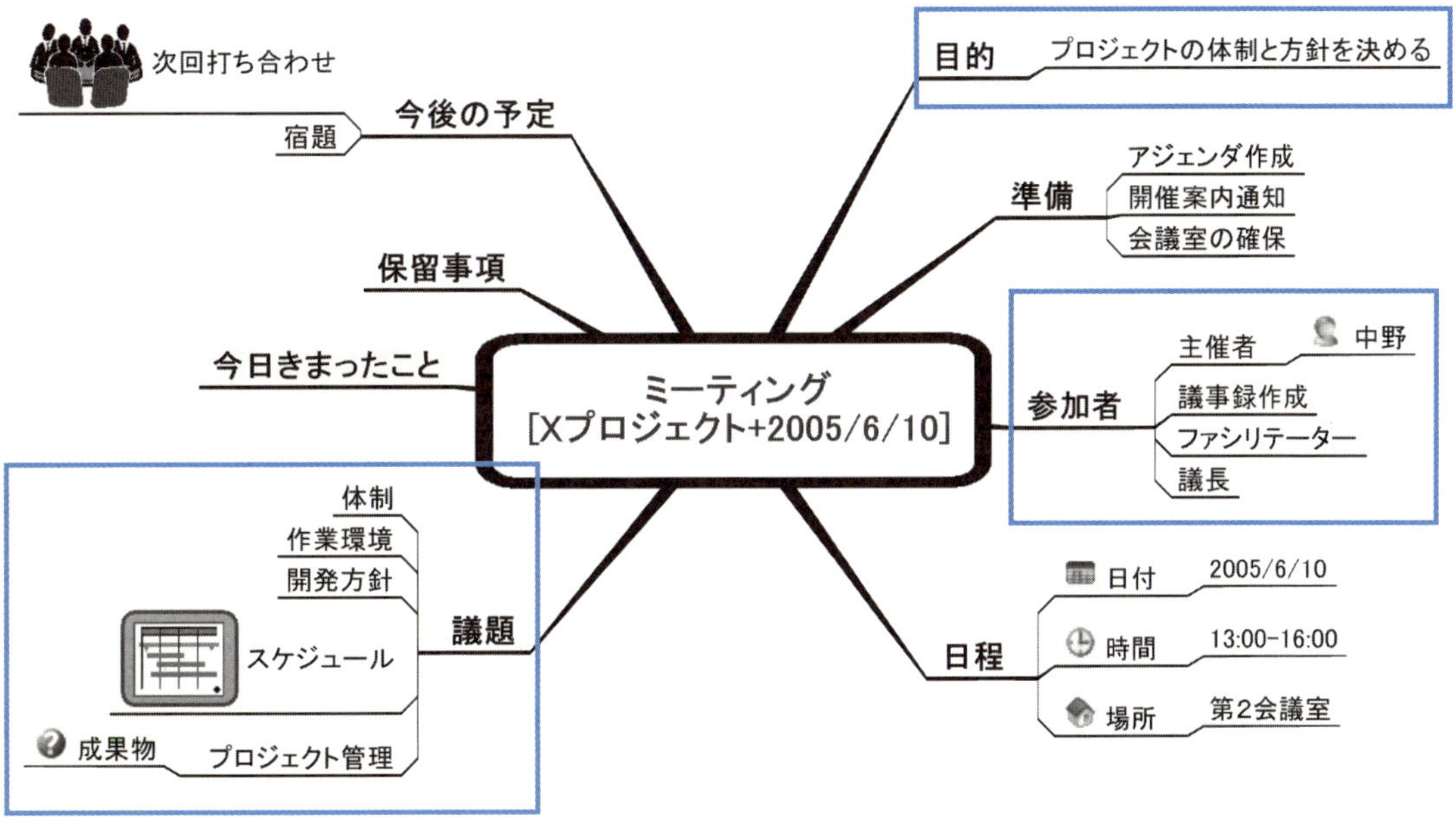

ミーティング
[Xプロジェクト+2005/6/10]
目的
プロジェクトの体制と方針を決める
準備
アジェンダ作成
開催案内通知
会議室の確保
参加者
主催者
中野
議事録作成
ファシリテーター
議長
日程
日付
2005/6/10
時間
13:00-16:00
場所
第2会議室
議題
体制
作業環境
開発方針
スケジュール
プロジェクト管理
成果物
今日きまったこと
保留事項
今後の予定
次回打ち合わせ
宿題

議事内容をリアルタイムでマップにする

会議が始まると、参加者の話を聞く必要があります。参加者の意見を聞き漏らさないように、話のポイントになるキーワードを書き込みます。

さらに会議が進むと、枝が増えます。作業環境の話が出たので「作業環境」という太い枝を作って、その下にマシン（コンピュータ）やメールの要素を書きます。会議も終盤になると、メンバーの再確認のために「今日決まったこと」の枝の下に、決まったことを記入します。

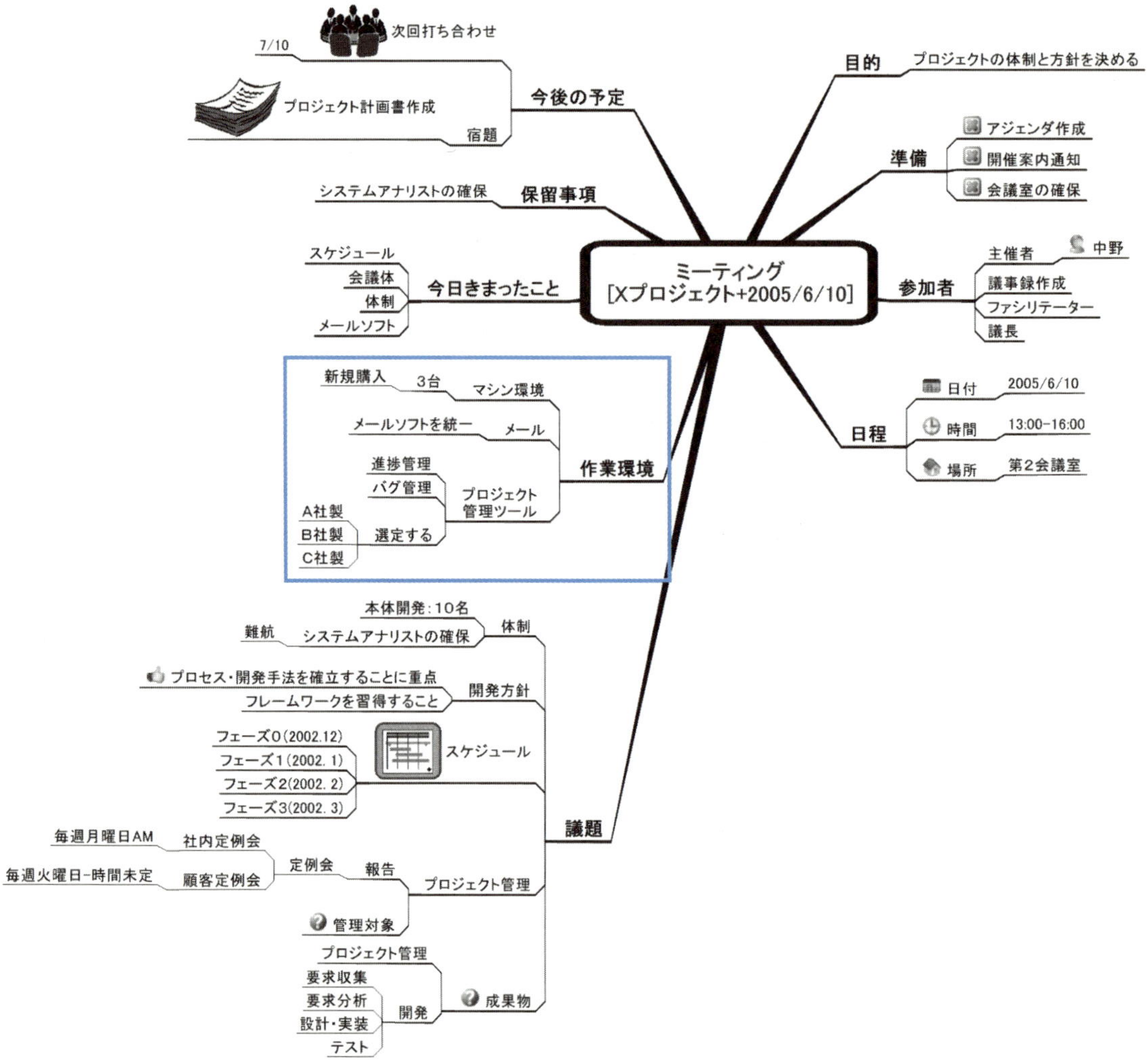
ミーティング
[Xプロジェクト+2005/6/10]
目的
プロジェクトの体制と方針を決める
準備
アジェンダ作成
開催案内通知
会議室の確保
参加者
主催者
中野
議事録作成
ファシリテーター
議長
日程
日付
2005/6/10
時間
13:00-16:00
場所
第2会議室
今後の予定
次回打ち合わせ
7/10
プロジェクト計画書作成
宿題
保留事項
システムアナリストの確保
今日きまったこと
スケジュール
会議体
体制
メールソフト
作業環境
マシン環境
3台
新規購入
メール
メールソフトを統一
プロジェクト管理ツール
進捗管理
バグ管理
選定する
A社製
B社製
C社製
議題
体制
本体開発：10名
システムアナリストの確保
難航
開発方針
プロセス・開発手法を確立することに重点
フレームワークを習得すること
スケジュール
フェーズ0（2002.12）
フェーズ1（2002. 1）
フェーズ2（2002. 2）
フェーズ3（2002. 3）
プロジェクト管理
報告
定例会
社内定例会
毎週月曜日AM
顧客定例会
毎週火曜日-時間未定
管理対象
成果物
プロジェクト管理
開発
要求収集
要求分析
設計・実装
テスト

納期・要員を設定する

会議で、課題・宿題が明確になると、その作業を誰がいつまでに行うかをきちんと決めておかないと、誰も何もしないことになります。それで、宿題になる枝の下に、作業の納期と担当者名を入れておきます。

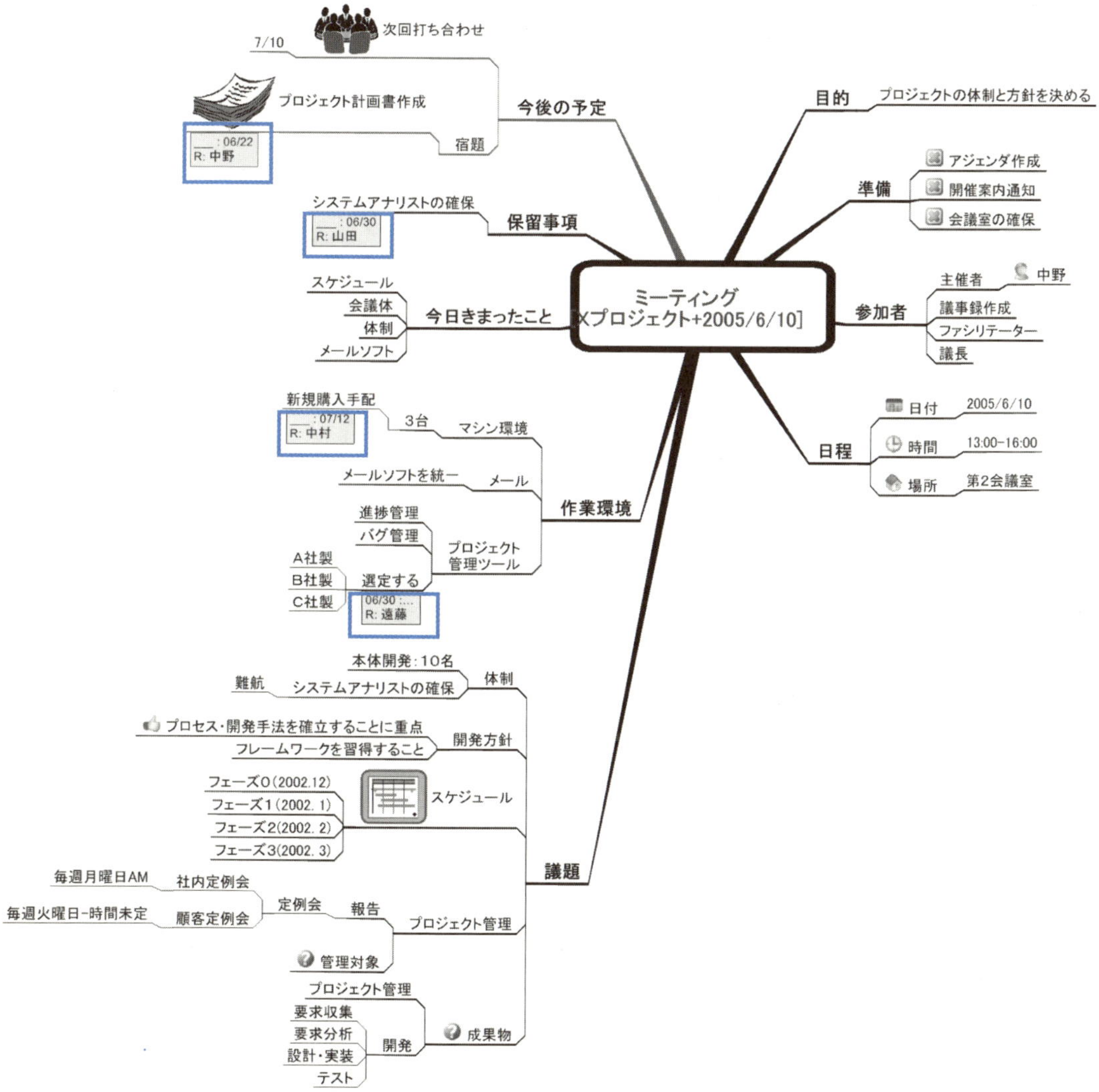

ミーティング
[Xプロジェクト+2005/6/10]
今後の予定
次回打ち合わせ
7/10
プロジェクト計画書作成
___: 06/22
R: 中野
宿題
目的
プロジェクトの体制と方針を決める
準備
アジェンダ作成
開催案内通知
会議室の確保
保留事項
システムアナリストの確保
___: 06/30
R: 山田
参加者
主催者
中野
議事録作成
ファシリテーター
議長
今日きまったこと
スケジュール
会議体
体制
メールソフト
日程
日付
2005/6/10
時間
13:00-16:00
場所
第2会議室
作業環境
マシン環境
3台
新規購入手配
___: 07/12
R: 中村
メール
メールソフトを統一
プロジェクト管理ツール
進捗管理
バグ管理
選定する
A社製
B社製
C社製
06/30 :...
R: 遠藤
議題
体制
本体開発：10名
システムアナリストの確保
難航
開発方針
プロセス・開発手法を確立することに重点
フレームワークを習得すること
スケジュール
フェーズ0(2002.12)
フェーズ1(2002. 1)
フェーズ2(2002. 2)
フェーズ3(2002. 3)
プロジェクト管理
報告
定例会
社内定例会
毎週月曜日AM
顧客定例会
毎週火曜日-時間未定
管理対象
成果物
プロジェクト管理
開発
要求収集
要求分析
設計・実装
テスト

マップを配布する

会議が終わったら、議事録作成担当者は、マインドマップを参加者に紙や電子メールで送ります。会議中に作ったマップをそのまま送っても良いのですが、少し全体を整理し、さらに分かりやすくしてから配布するのが良いでしょう。「議題」という枝に、あまりたくさんの枝がぶら下がっているので、マップの左側が重たい感じがします。そこで、「議題」という枝を取り払って、その下にある枝を直接中心のタイトルに関連付けました。また、「成果物」という枝は、「プロジェクト管理」カテゴリーの下に移動しました。このようにマップを整理することによって、他の人が見た時に分かりやすくなります。

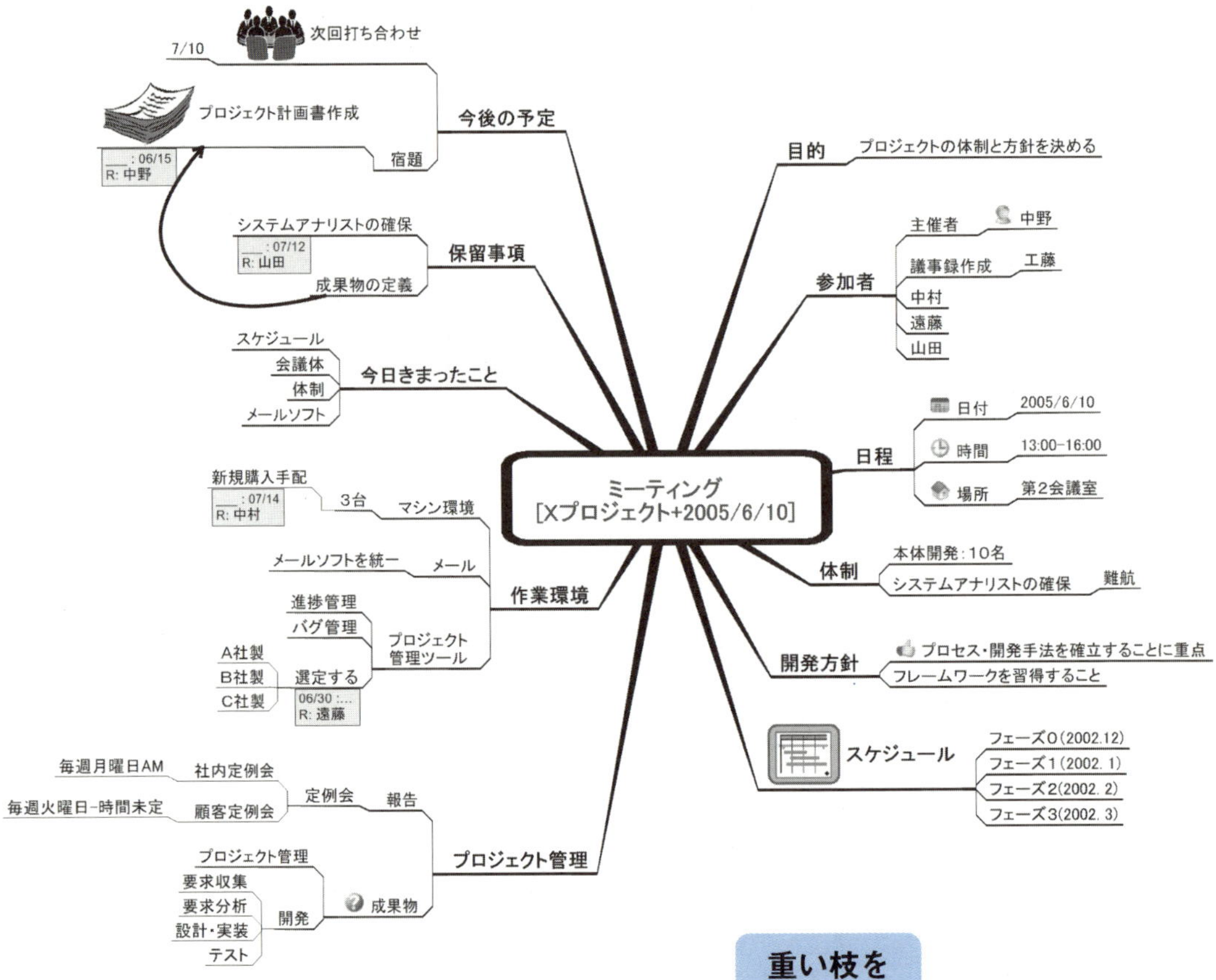
ミーティング
[Xプロジェクト+2005/6/10]
今後の予定
7/10
次回打ち合わせ
プロジェクト計画書作成
宿題
___: 06/15
R: 中野
保留事項
システムアナリストの確保
___: 07/12
R: 山田
成果物の定義
今日きまったこと
スケジュール
会議体
体制
メールソフト
作業環境
新規購入手配
___: 07/14
R: 中村
3台
マシン環境
メールソフトを統一
メール
進捗管理
バグ管理
プロジェクト
管理ツール
A社製
B社製
C社製
選定する
06/30 :...
R: 遠藤
プロジェクト管理
毎週月曜日AM
社内定例会
毎週火曜日-時間未定
顧客定例会
定例会
報告
プロジェクト管理
要求収集
要求分析
設計・実装
テスト
開発
成果物
目的
プロジェクトの体制と方針を決める
参加者
主催者
中野
議事録作成
工藤
中村
遠藤
山田
日程
日付
2005/6/10
時間
13:00-16:00
場所
第2会議室
体制
本体開発：10名
システムアナリストの確保
難航
開発方針
プロセス・開発手法を確立することに重点
フレームワークを習得すること
スケジュール
フェーズ0(2002.12)
フェーズ1(2002. 1)
フェーズ2(2002. 2)
フェーズ3(2002. 3)

重い枝を整理する

顧客との打ち合わせでメモを取る

顧客から仕事の引き合いがあれば、まずは営業マンがお客さんを訪問し、「どんなことをしたいのか」「何が欲しいのか」という要件を聞きます。これは簡単なようで、実に難しい作業です。マインドマップでお客さんの話をまとめるメリットは、次のように考えられます。

- キーワードだけを書くので、話を聞き逃す確率が低い。また、文章だと、書いている時間に顧客を待たせる。
- 顧客が辻褄の合わないことを話した時に、マップを見るとそれを見抜ける。
- 顧客の言ったことを再確認する時に、マップをちょっと見ただけで自分の言葉としてお客に伝えることができる。

但し、注意してほしいのは、どんなお客さんでもマインドマップでメモを取られるのがうれしいかということです。

事前準備：打ち合わせたい要点をマップにする

顧客の会社に行っていきなりマップをゼロから書くよりも、聞きたいポイントを枝にしてあらかじめ書いておきます。ここでは、あるＳＩ（システムインテグレーション）会社が、銀行のＡＴＭシステム構築の案件があって、打ち合わせに行くと想定しています。

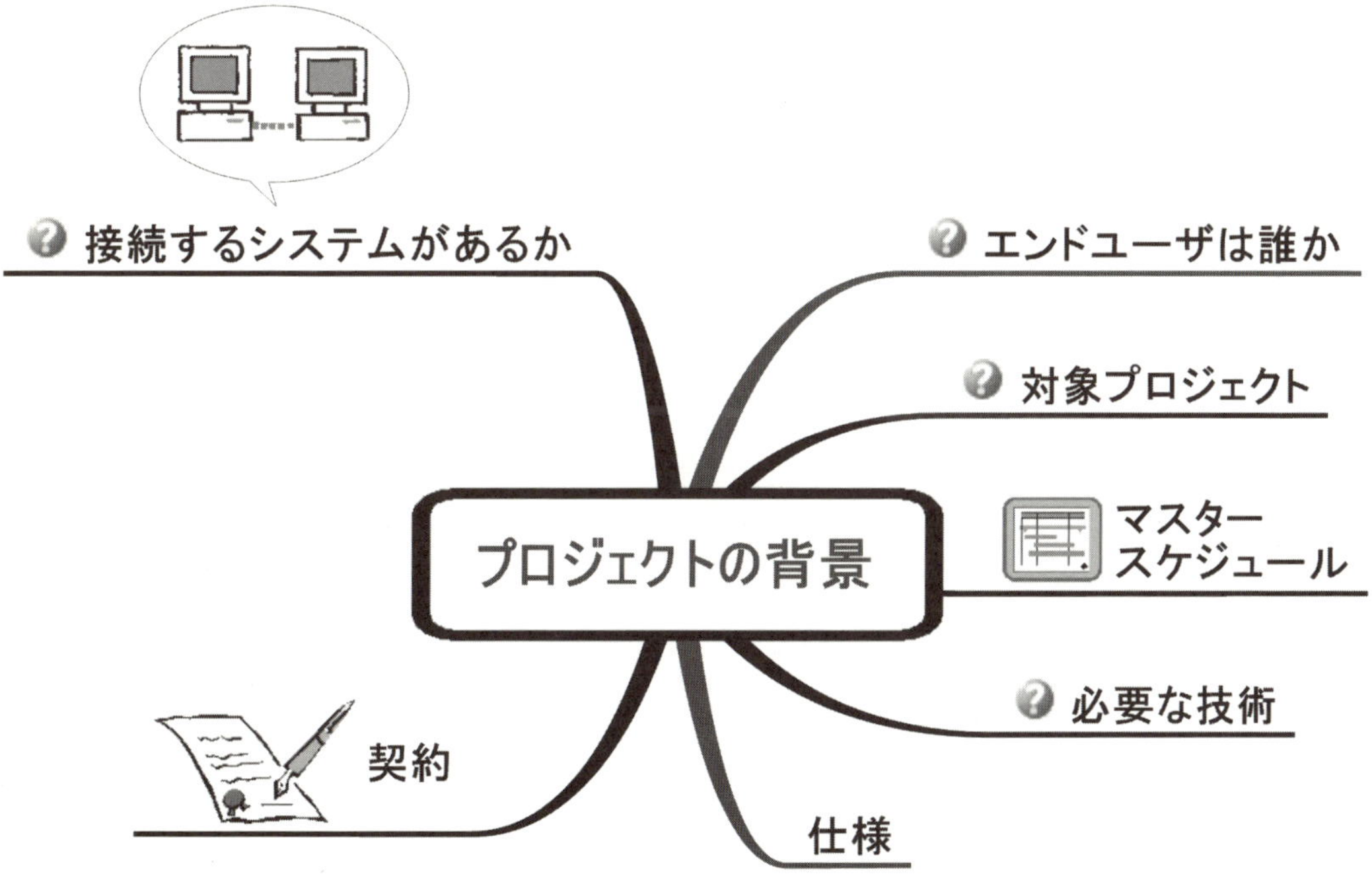

プロジェクトの背景
エンドユーザは誰か
対象プロジェクト
マスタースケジュール
必要な技術
仕様
契約
接続するシステムがあるか

マップを詳細にする

最初のマップをもう少し詳細にして、聞きたいポイントを明確にします。

顧客と話をしながら要点をマップにする

実際に顧客を訪問して話を始めると、あらかじめ作成しておいたマップにキーワードを書き込みます。

詳細にする

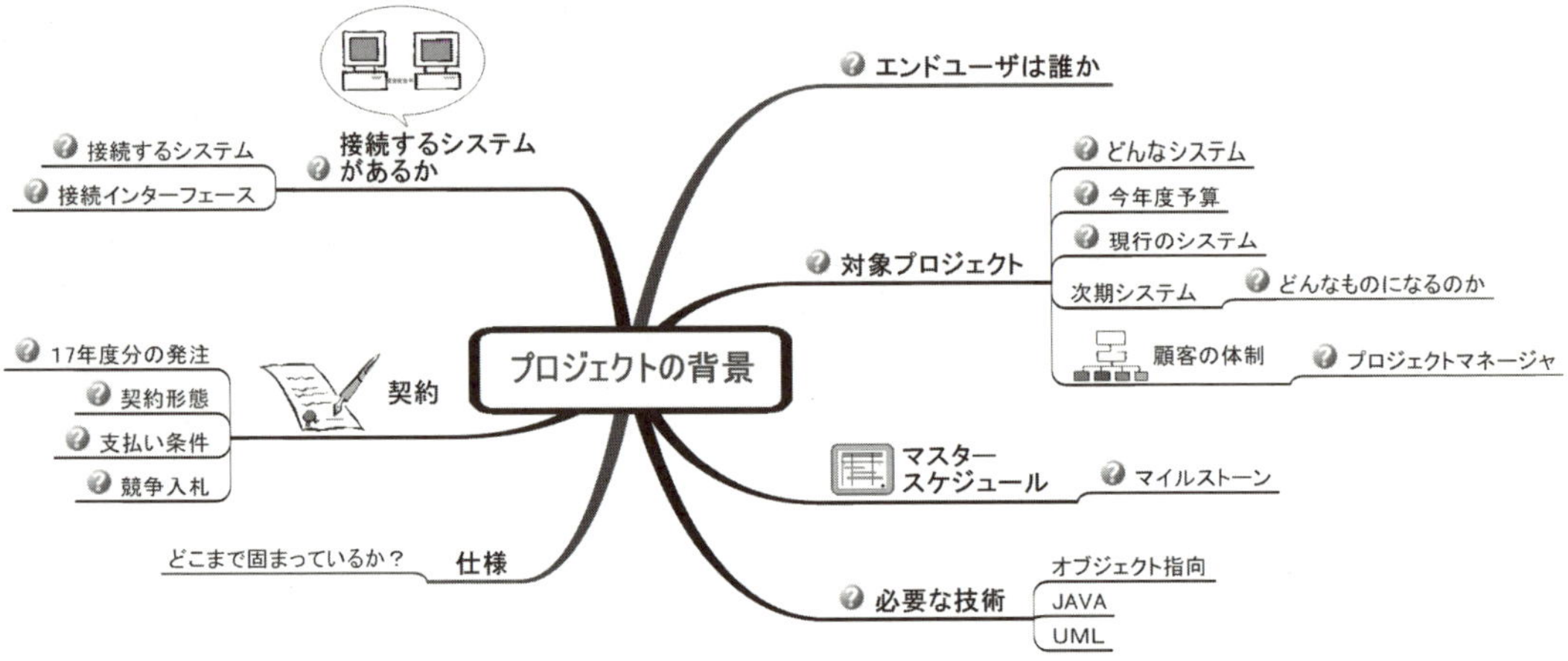

プロジェクトの背景
エンドユーザは誰か
対象プロジェクト
どんなシステム
今年度予算
現行のシステム
次期システム
どんなものになるのか
顧客の体制
プロジェクトマネージャ
マスター
スケジュール
マイルストーン
必要な技術
オブジェクト指向
JAVA
UML
接続するシステム
があるか
接続するシステム
接続インターフェース
契約
17年度分の発注
契約形態
支払い条件
競争入札
仕様
どこまで固まっているか？

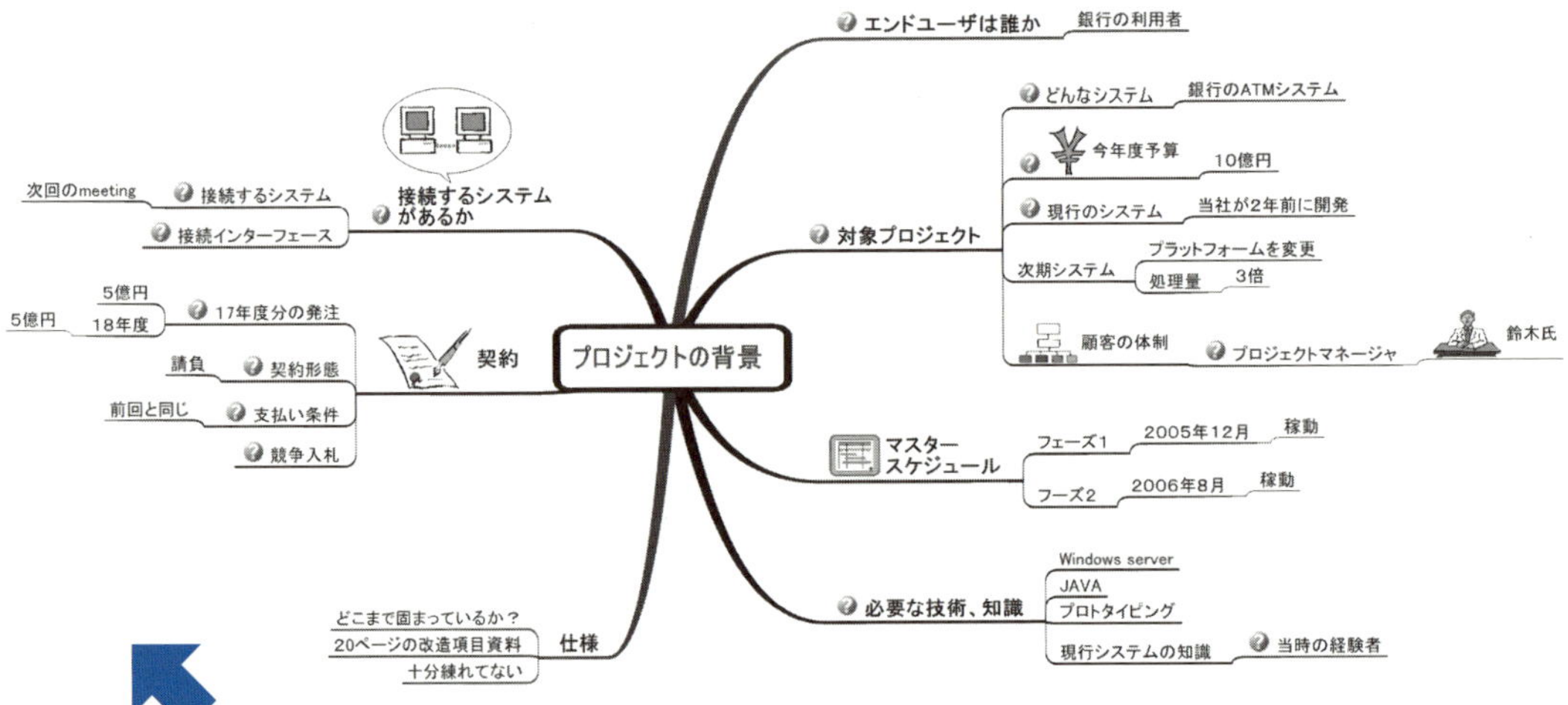

プロジェクトの背景
エンドユーザは誰か
銀行の利用者
対象プロジェクト
どんなシステム
銀行のATMシステム
今年度予算
10億円
現行のシステム
当社が2年前に開発
次期システム
プラットフォームを変更
処理量
3倍
顧客の体制
プロジェクトマネージャ
鈴木氏
マスター
スケジュール
フェーズ1
2005年12月
稼動
フーズ2
2006年8月
稼動
必要な技術、知識
Windows server
JAVA
プロトタイピング
現行システムの知識
当時の経験者
接続するシステム
があるか
次回のmeeting
接続するシステム
接続インターフェース
契約
5億円
17年度分の発注
5億円
18年度
請負
契約形態
前回と同じ
支払い条件
競争入札
仕様
どこまで固まっているか？
20ページの改造項目資料
十分練れてない

さらに要点をマップにする

時間が経つにつれて、マップの要素が増えてゆきます。

話のポイントがずれてないか確認する

顧客と話をするうちに、よく矛盾が出てきます。マップを書かずに話だけ聞いていると、見逃してしまいます。ところが、マップを書きながら話を聞くと、顧客の話に矛盾が出た時点で、すぐに分かるようになります。マップでは、矛盾がありそうな枝同士を点線で結んでいます。顧客の話では稼働開始時期が決まっているはずなのに、既存のデータの移行準備が不明であったり、接続するシステムの状況が不明なので、スケジュールに対して「無理がある」とコメントを付けています。このコメントは、顧客の前では書けないので、自分だけにわかるマークを付ければ良いでしょう。

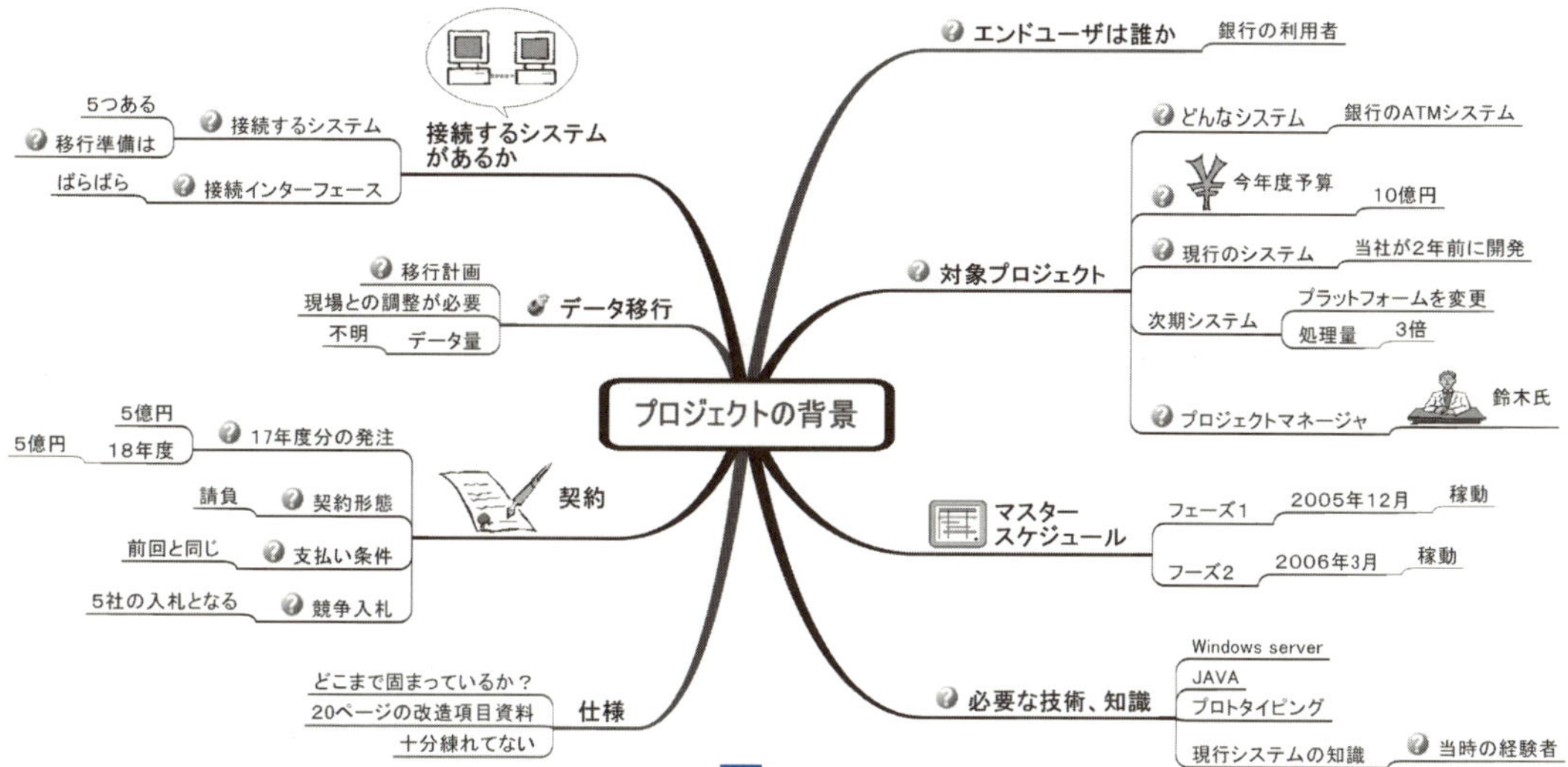

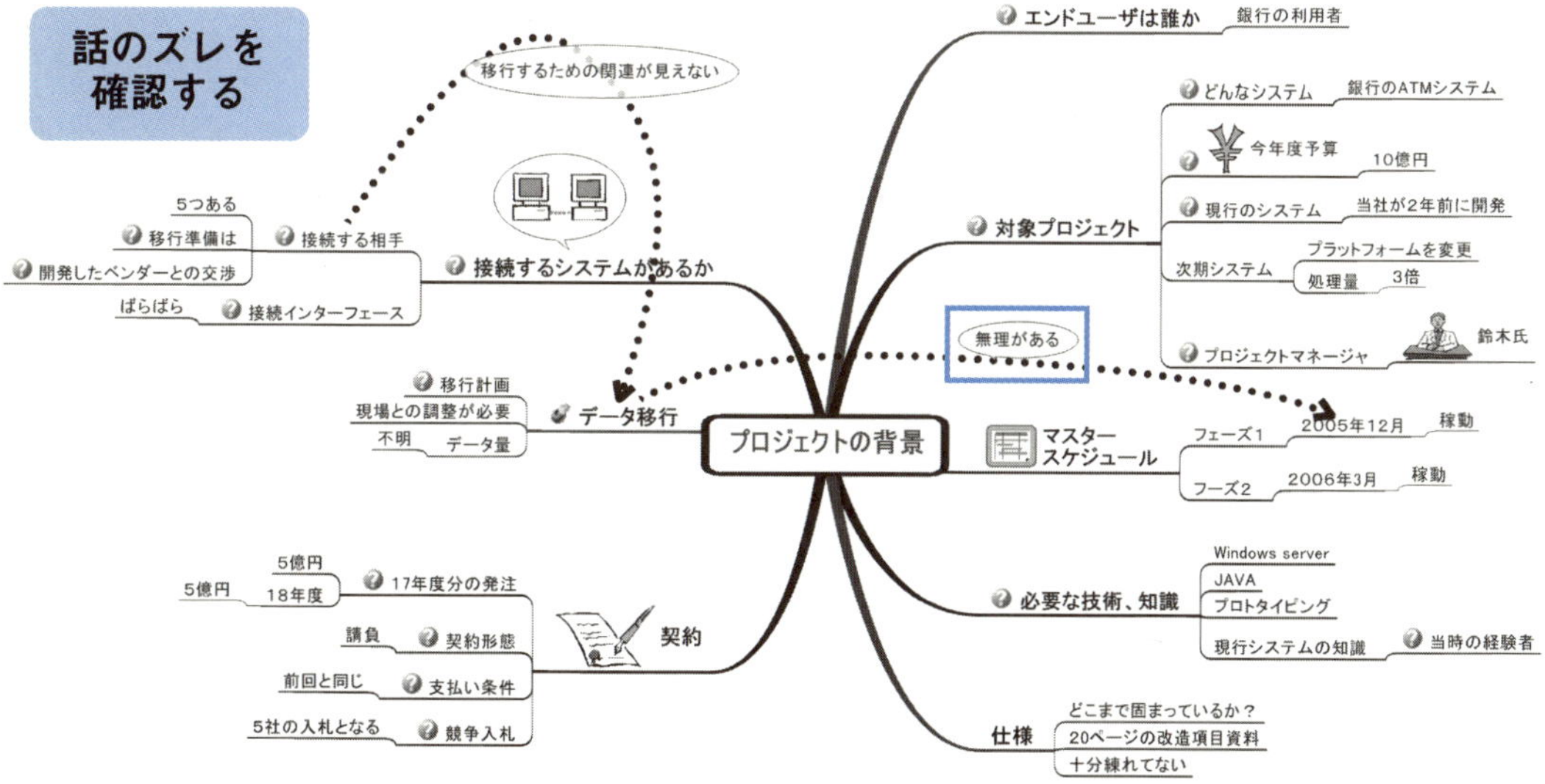

顧客と一緒にマップを確認する

打ち合わせの最後には、決まったこと・今後の課題をさらっと復習しておきましょう。課題の枝に色を付けて強調しています。色でなく、マークを付けても良いでしょう。この復習が重要です。互いに話した内容を誤解していることが多いので、マップを見ながら漏れなく確認します。

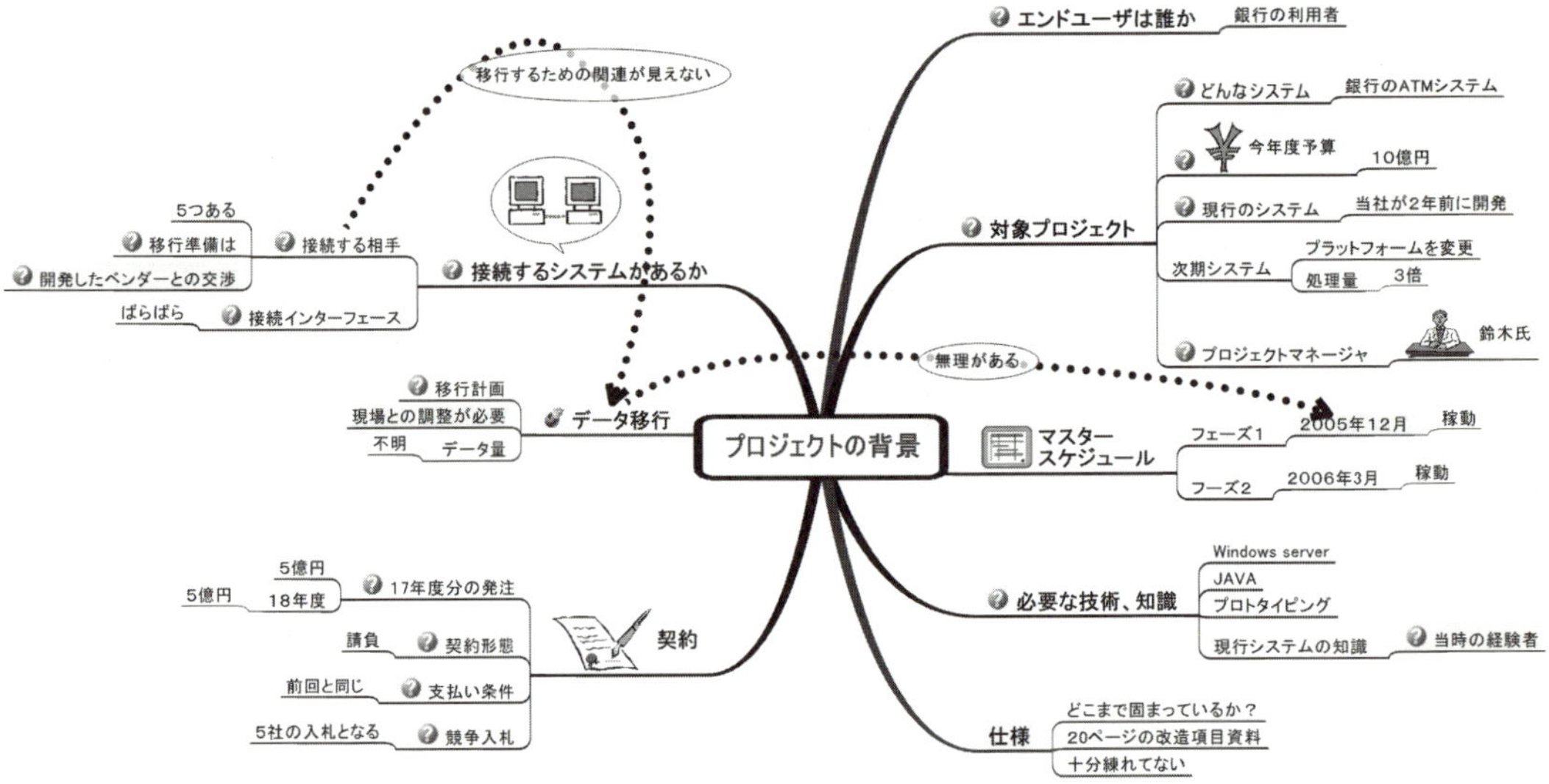
プロジェクトの背景
エンドユーザは誰か
銀行の利用者
対象プロジェクト
どんなシステム
銀行のATMシステム
今年度予算
10億円
現行のシステム
当社が2年前に開発
次期システム
プラットフォームを変更
処理量
3倍
プロジェクトマネージャ
鈴木氏
無理がある
マスタースケジュール
フェーズ1
2005年12月
稼動
フーズ2
2006年3月
稼動
必要な技術、知識
Windows server
JAVA
プロトタイピング
現行システムの知識
当時の経験者
仕様
どこまで固まっているか？
20ページの改造項目資料
十分練れてない
移行するための関連が見えない
接続するシステムがあるか
接続する相手
5つある
移行準備は
開発したベンダーとの交渉
接続インターフェース
ばらばら
データ移行
移行計画
現場との調整が必要
データ量
不明
契約
17年度分の発注
5億円
18年度
5億円
契約形態
請負
支払い条件
前回と同じ
競争入札
5社の入札となる

COLUMN

会議参加者のモチベーションを上げるこつ

マインドマップを議事録作成に勧めるのには、深い理由があります。マインドマップを使わずにホワイトボードで決まったことを書いていく時には、参加者の意見を主催者が違う言葉に変える、あるいは他の参加者の意見と一緒にして違う言葉で書くという行為がよく見られます。こうなってしまうと、「俺の意見がどこに反映されたのか」「ちゃんと意見を吸い上げてくれたのか」という疑問を抱きつつ会議

会社に帰って見直す

　会社に戻ったら、マップを見直します。客先で作成するマップは、顧客が見ても構わない情報だけを書きます。しかし会社に戻ったら、同じマップに自分の感想・意見を書き込みます。マップの左上に「リスク」「今後の予定」「受注するメリット」という枝を作って、関連するキーワードや文章を加えます。こうすることによって、そのプロジェクトを進めるべきかどうか、社内で稟議する時に役に立ちます。

見直す

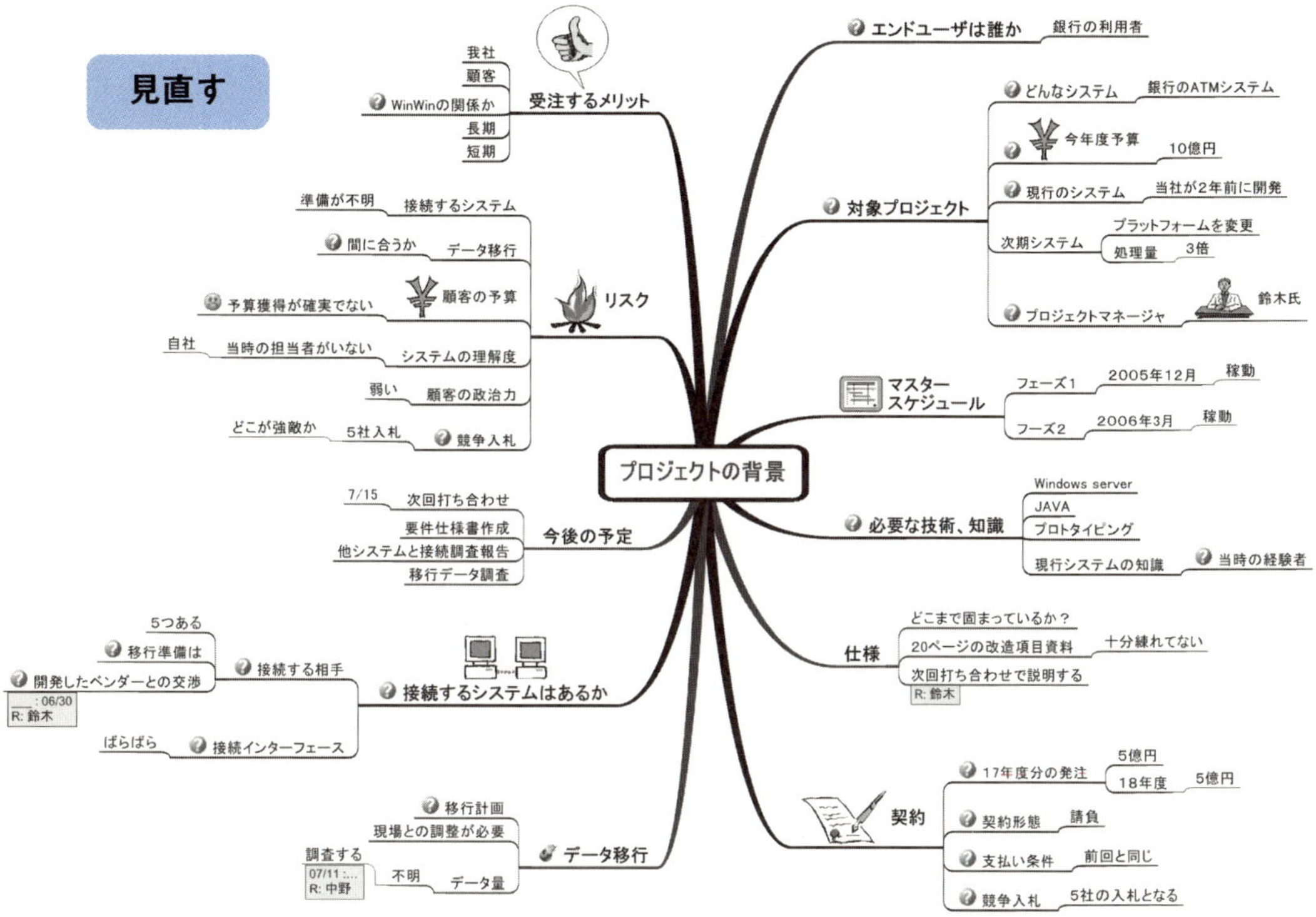

プロジェクトの背景
エンドユーザは誰か
銀行の利用者
対象プロジェクト
どんなシステム
銀行のATMシステム
今年度予算
10億円
現行のシステム
当社が2年前に開発
次期システム
プラットフォームを変更
処理量
3倍
プロジェクトマネージャ
鈴木氏
マスタースケジュール
フェーズ1
2005年12月
稼動
フーズ2
2006年3月
稼動
必要な技術、知識
Windows server
JAVA
プロトタイピング
現行システムの知識
当時の経験者
仕様
どこまで固まっているか？
20ページの改造項目資料
十分練れてない
次回打ち合わせで説明する
R: 鈴木
契約
17年度分の発注
5億円
18年度
5億円
契約形態
請負
支払い条件
前回と同じ
競争入札
5社の入札となる
受注するメリット
我社
顧客
WinWinの関係か
長期
短期
リスク
接続するシステム
準備が不明
データ移行
間に合うか
顧客の予算
予算獲得が確実でない
システムの理解度
当時の担当者がいない
自社
顧客の政治力
弱い
競争入札
5社入札
どこが強敵か
今後の予定
次回打ち合わせ
7/15
要件仕様書作成
他システムと接続調査報告
移行データ調査
接続するシステムはあるか
接続する相手
5つある
移行準備は
開発したベンダーとの交渉
___: 06/30
R: 鈴木
接続インターフェース
ばらばら
データ移行
移行計画
現場との調整が必要
データ量
不明
調査する
07/11 :...
R: 中野

終了ということになります。
　マインドマップは、参加者の意見をそのまま枝の一つとして書くことが素直にできます。そうすると参加者は、その瞬間に参加意識が高まり、自分の分身がそのマップ上にいるような気分になります。参加者の意見が全体の中で、どのように位置づけられているかも明確なので、さらに意見を出しやすくなります。マインドマップは、他の図解技術と違って、思考していく過程を見せることができるからです。参加者のそれぞれの意見がマップの枝に反映され、それが生き物のように変遷するのを参加者がリアルに見ることによって、モチベーションが非常に上がります。このようなマインドマップの使い方をするには、パソコンで動くマインドマップツールを使ってプロジェクターに映しながら会議をするのがベストです。

営業戦略を考える

ビジネスマンが自社の製品を顧客に売る時には、必ず戦略が必要です。せっかくマインドマップを知っているので、戦略マップを書きましょう。

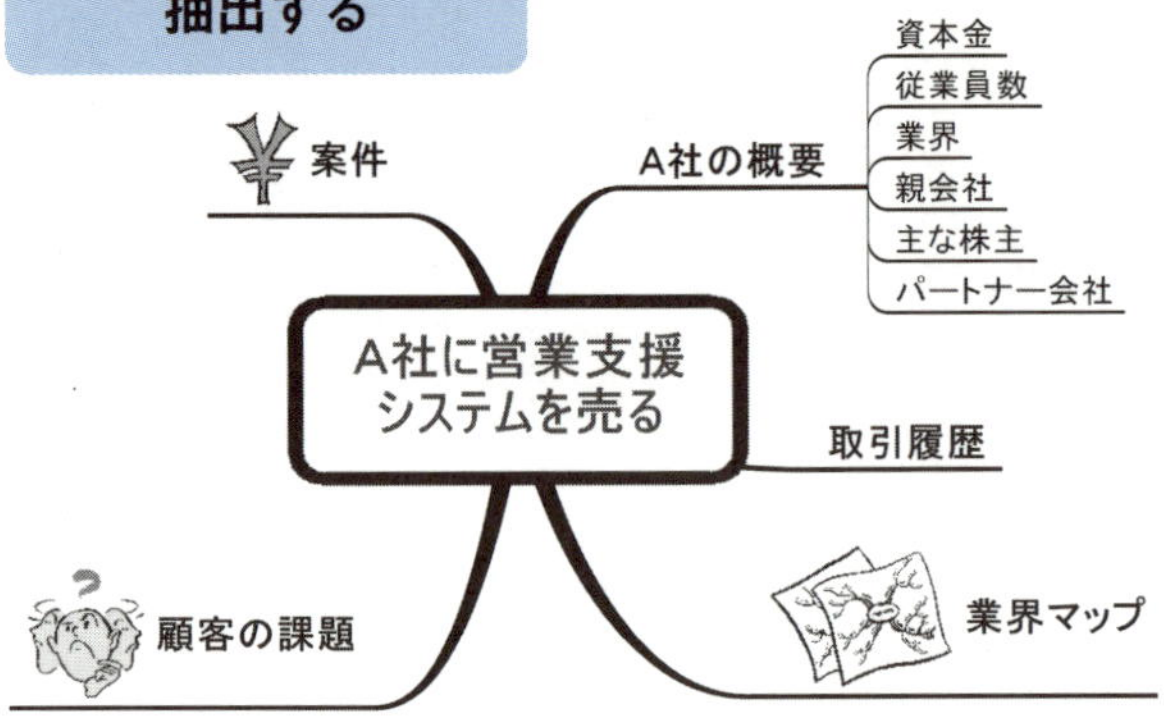
A社に営業支援
システムを売る
案件
A社の概要
資本金
従業員数
業界
親会社
主な株主
パートナー会社
取引履歴
業界マップ
顧客の課題

戦略の基本要素を抽出する

顧客の状況を調査する

自社の製品を買ってくれそうなターゲットになる顧客が決まったら、マップを書いて戦略の基本要素を抽出してみます。

- 会社概要
- 取引履歴
- 業界
- 案件
- 顧客の課題

などがありそうです。

戦略マップをブレークダウンする

先ほどのマップをさらに詳細にします。このマップから、次のことが分かります。

- A社の売上げが下がり気味だ。
- 過去に取引がある。
- 業界ではナンバー・ツーだが、

詳細化する

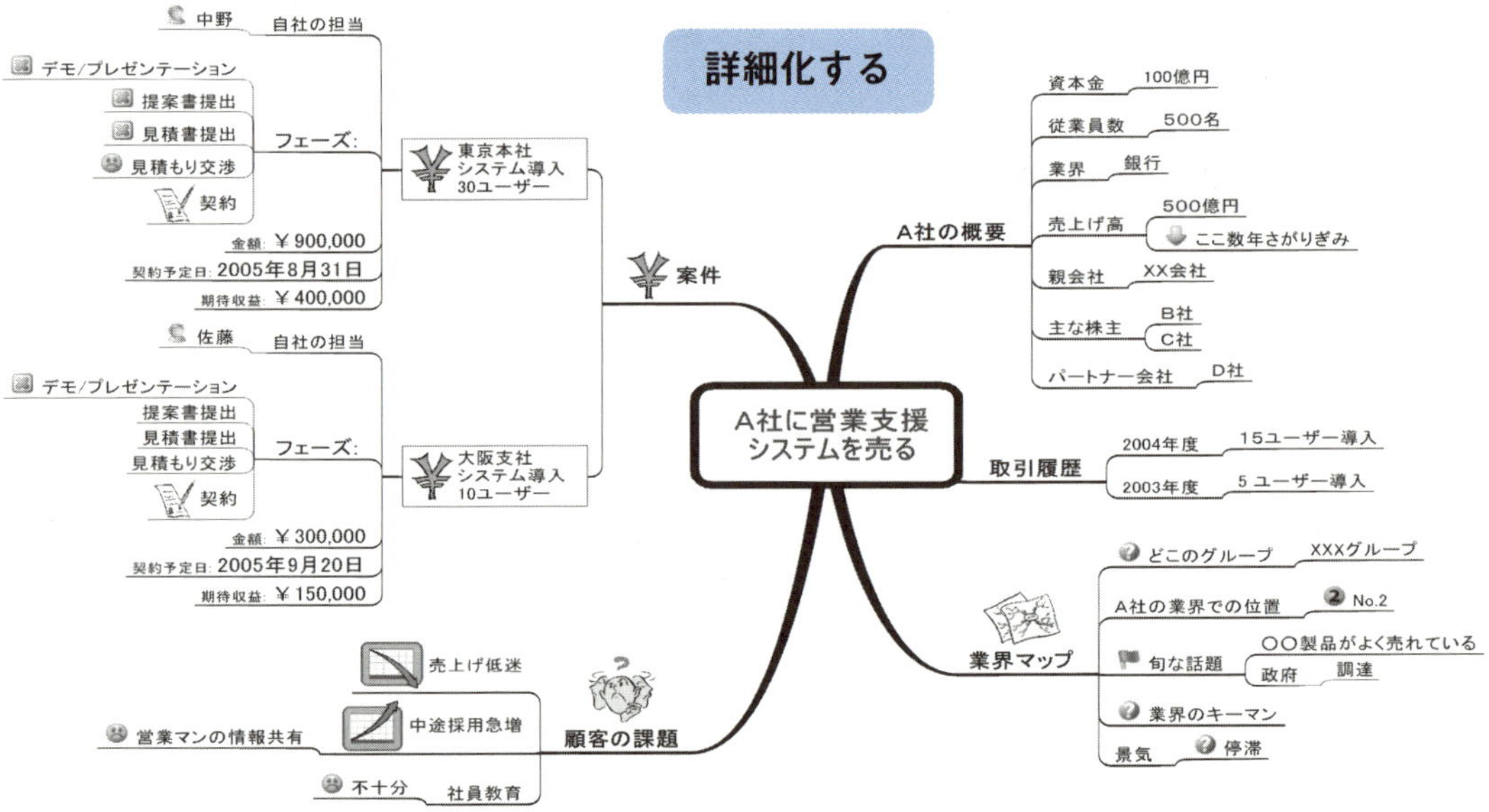
A社に営業支援
システムを売る
A社の概要
資本金
100億円
従業員数
500名
業界
銀行
売上げ高
500億円
ここ数年さがりぎみ
親会社
XX会社
主な株主
B社
C社
パートナー会社
D社
取引履歴
2004年度
15ユーザー導入
2003年度
5 ユーザー導入
業界マップ
どこのグループ
XXXグループ
A社の業界での位置
No.2
旬な話題
○○製品がよく売れている
政府
調達
業界のキーマン
景気
停滞
案件
東京本社
システム導入
30ユーザー
自社の担当
中野
フェーズ:
デモ/プレゼンテーション
提案書提出
見積書提出
見積もり交渉
契約
金額: ¥900,000
契約予定日: 2005年8月31日
期待収益: ¥400,000
大阪支社
システム導入
10ユーザー
自社の担当
佐藤
フェーズ:
デモ/プレゼンテーション
提案書提出
見積書提出
見積もり交渉
契約
金額: ¥300,000
契約予定日: 2005年9月20日
期待収益: ¥150,000
顧客の課題
売上げ低迷
中途採用急増
営業マンの情報共有
社員教育
不十分

業界全体として景気は停滞しているようだ。

●顧客の課題は、①売り上げ向上、②営業マンのスキルの底上げ。

●案件が現在二つ走っていて、東京本社に対して見積書は提出したが、見積交渉で難航している。

●大阪支社にはプレゼンテーションだけで終わっている。

キーマンをリストアップする

ここまでマップを書いて、何かが足りないのに気付きました。そうです。顧客の誰を攻めたら良いかという情報がありません。そこで、「キーマン」という枝を作成して、その下に顧客の担当者と上司の名前を入れます。東京本社に対する営業では、ずっと遠藤さんという担当者とだけ交渉していましたが、見積交渉で難航しているので、何とか状況を打開したいと思っています。

マップを見ているうちに、過去の取引では自社の田中さんが担当していたことを思い出しました。顧客の人脈を聞き出したところ、以前の顧客側の担当者が山田氏で、その上が鈴木社長だと分かりました。

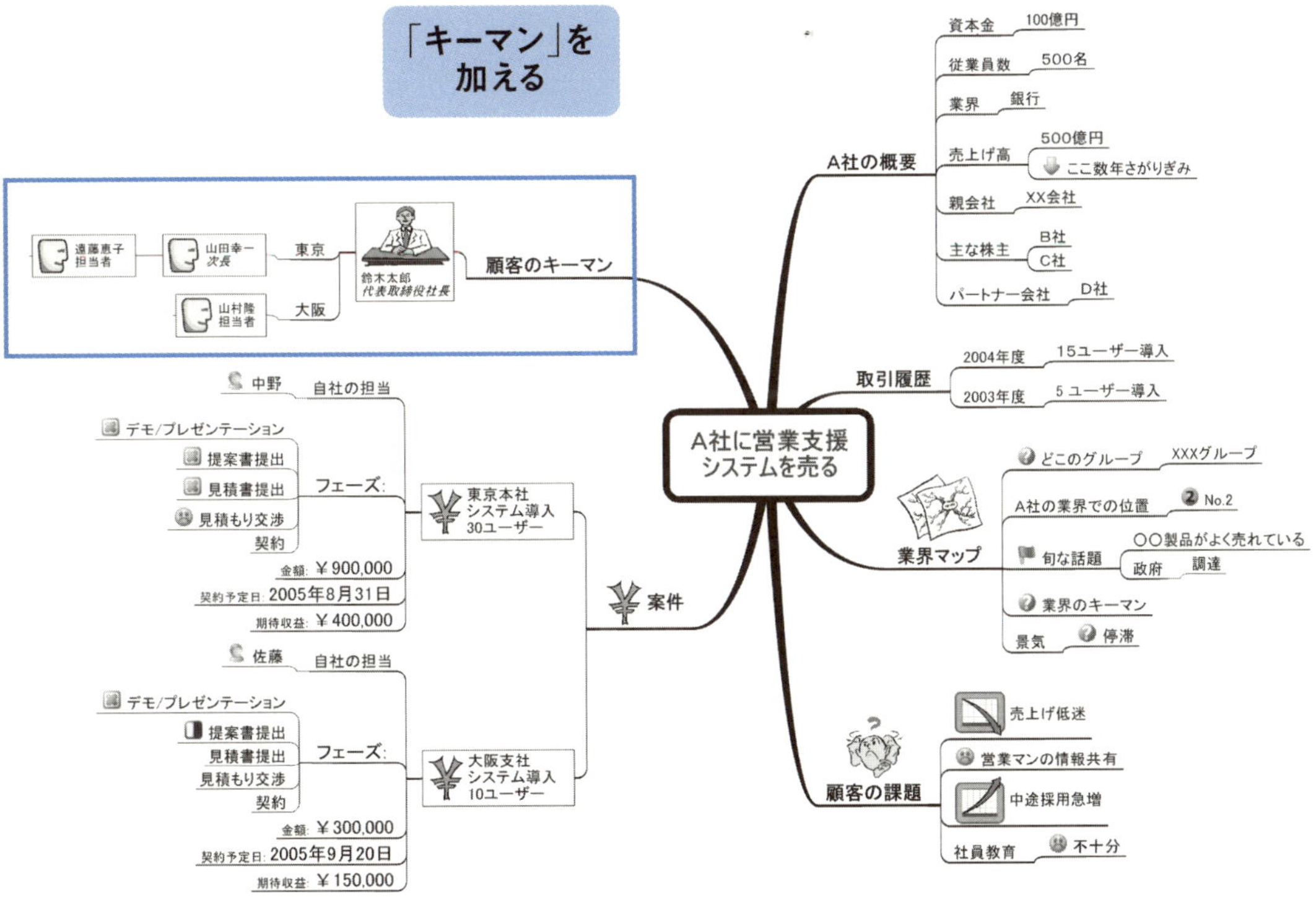

アプローチを検討する

　キーマンをマップに書き込んだところで、今後の戦略を上司、以前の担当者の田中さんを含めてブレインストーミングすることにしました。話の中で次のようなことが分かったのでマップに追加します。

- 山田氏が実質の決定者で、社長からの信頼が厚い。
- 大阪の担当者と山田氏は仲が悪い。
- 顧客の社長と自社の社長がある団体で知り合いである。

　そこで、自社の社長に顧客の社長と会ってもらう戦略にしました。ただし、単に会うのでは芸がないので、顧客の社長が欲しそうな業界情報を仕入れて、社長に行ってもらうことにします。山田氏から大阪支社に根回しをしてもらおうと思いましたが、どうも仲が悪いということなので、大阪支社は単独で攻めることにします。

　ここでの解説は単純な例ですが、単に会話だけで戦略を練るよりも、マインドマップを書きながら戦略を練るほうが、どんどんアイデアが出そうな感じです。ホワイトボードに殴り書きしながら戦略を練っている姿はよく見かけます。しかし、殴り書きでは全体像を捉えにくく、要素間の関係性に見落としが多くなります。もちろん、マインドマップだけだけでなく、他の図解技術も組み合わせて戦略を練るとより効果的になります。

「キーマン」へのアプローチを検討する

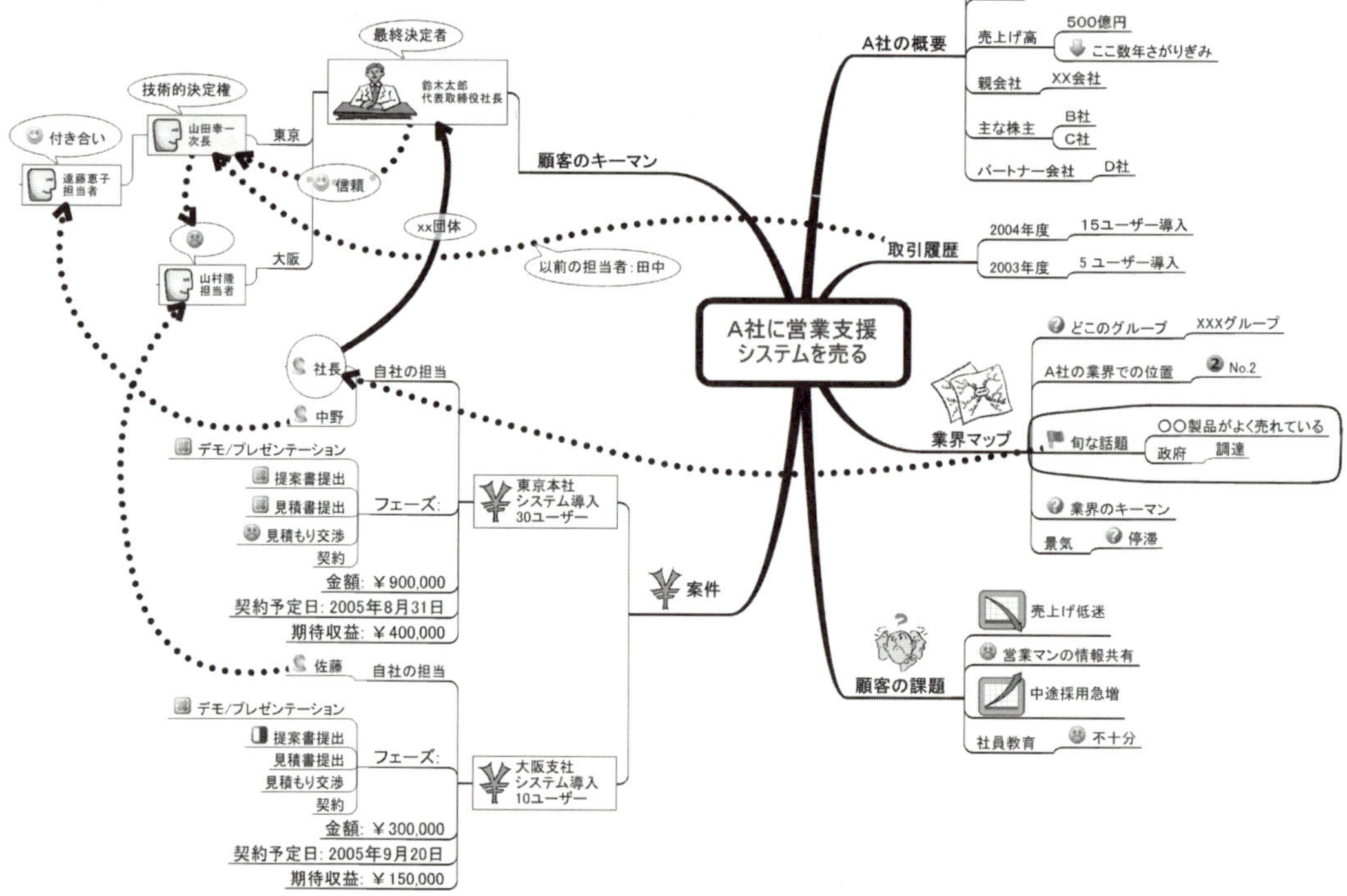

作業計画を立てる

TODOリストは、基本的に自分がするべきことを列挙します。しかしここでは、他人から作業を依頼されて作業計画を立てる場合のマインドマップの使い方を見てみましょう。

必要な作業をリストアップする

例えば、Aさんが、上司から会社のホームページを作成して欲しいと依頼されたとします。するとAさんは、するべき作業を掴むために、大雑把なマップを作りました。七項目ほど作業がありそうです。

❶コンセプトを決める。
❷業者を選定する。
❸ホームページの器を作る。
❹コンテンツを集める。
❺コンテンツを入れる。
❻試験運用をする。
❼本番運用をする。

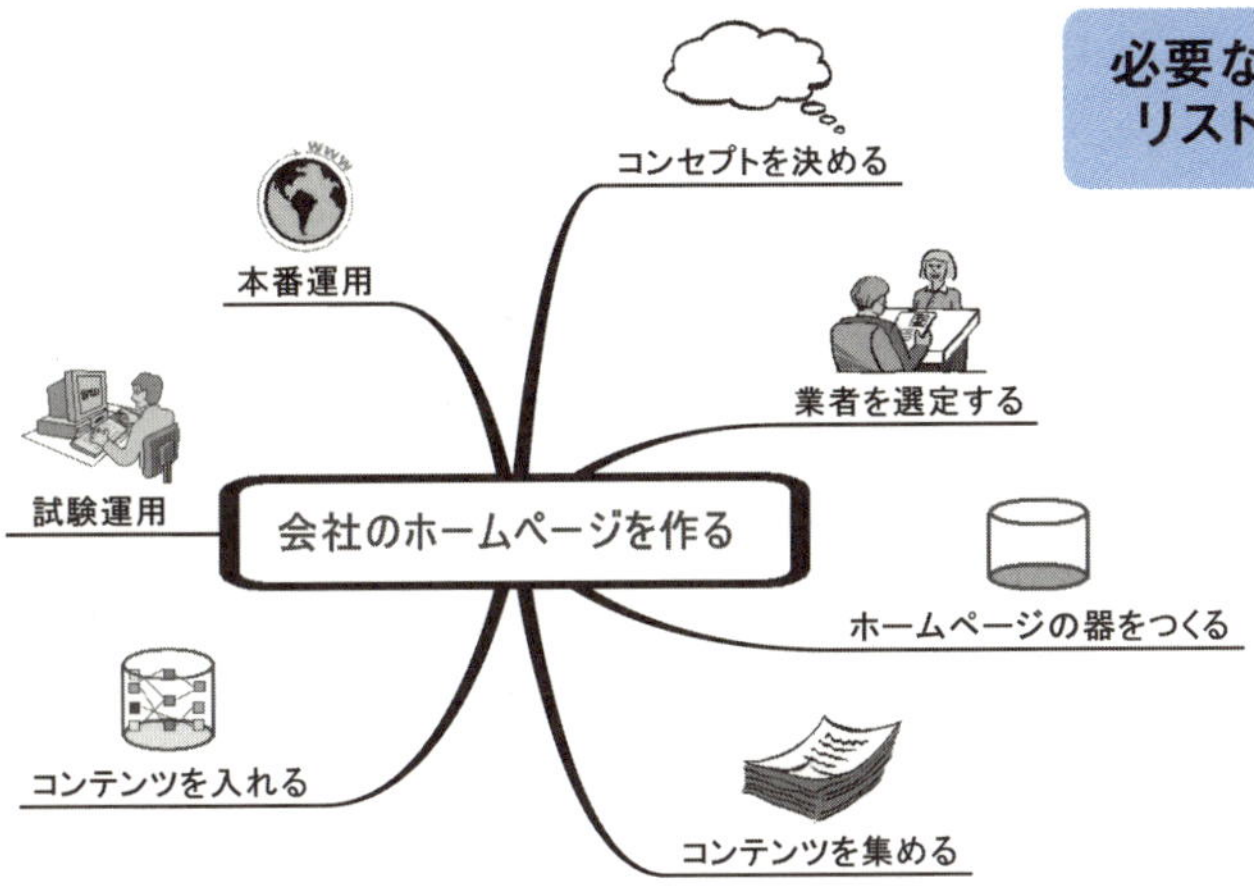
会社のホームページを作る
コンセプトを決める
業者を選定する
ホームページの器をつくる
コンテンツを集める
コンテンツを入れる
試験運用
本番運用

必要な作業のリストアップ

作業をブレークダウンする

最初のマップは大雑把すぎるので、実際の仕事のイメージに近づけるために、枝の作業をブレークダウン（分解）して新しい枝に書きます。

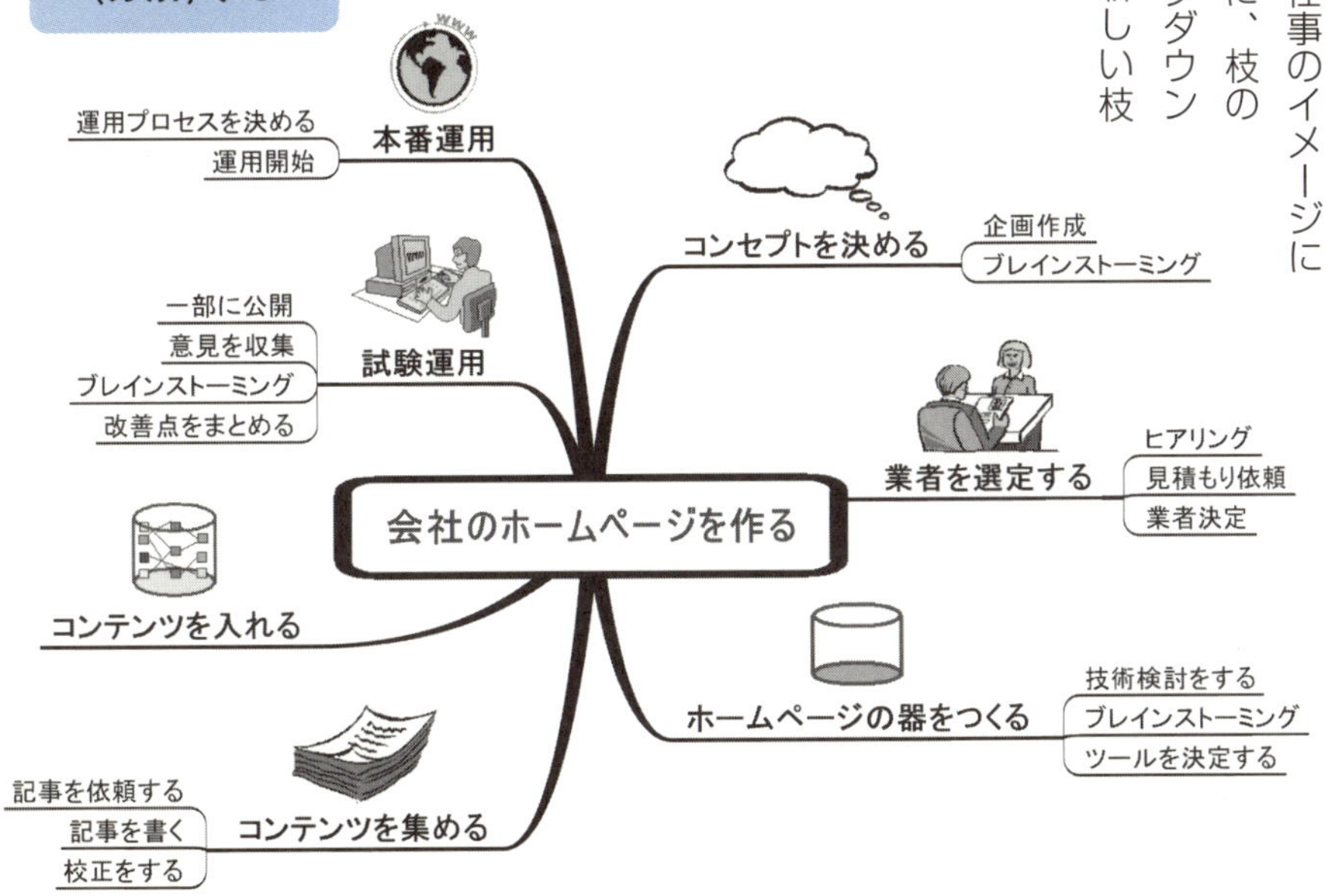
会社のホームページを作る
コンセプトを決める
企画作成
ブレインストーミング
業者を選定する
ヒアリング
見積もり依頼
業者決定
ホームページの器をつくる
技術検討をする
ブレインストーミング
ツールを決定する
コンテンツを集める
記事を依頼する
記事を書く
校正をする
コンテンツを入れる
試験運用
一部に公開
意見を収集
ブレインストーミング
改善点をまとめる
本番運用
運用プロセスを決める
運用開始

ブレークダウン（分解）する

不足している情報を考える

ある程度作業をブレークダウンしたところで、「何か不足している作業はないだろうか」と考えてみます。すると、作業計画を立てるという作業が抜けていることに気付きました。そこで、マップに「プロジェクト計画立案」という枝を作って、その下に「体制を決める」「役割を決める」「予算を決める」などの作業を書き出します。プロジェクトの成功は、昔から「段取り八分」と言われるくらい計画が大事です。計画なしで作業に突入すると、だいたい悲惨な目に会います。今回はマップを書く段階で気が付いたので大丈夫です。

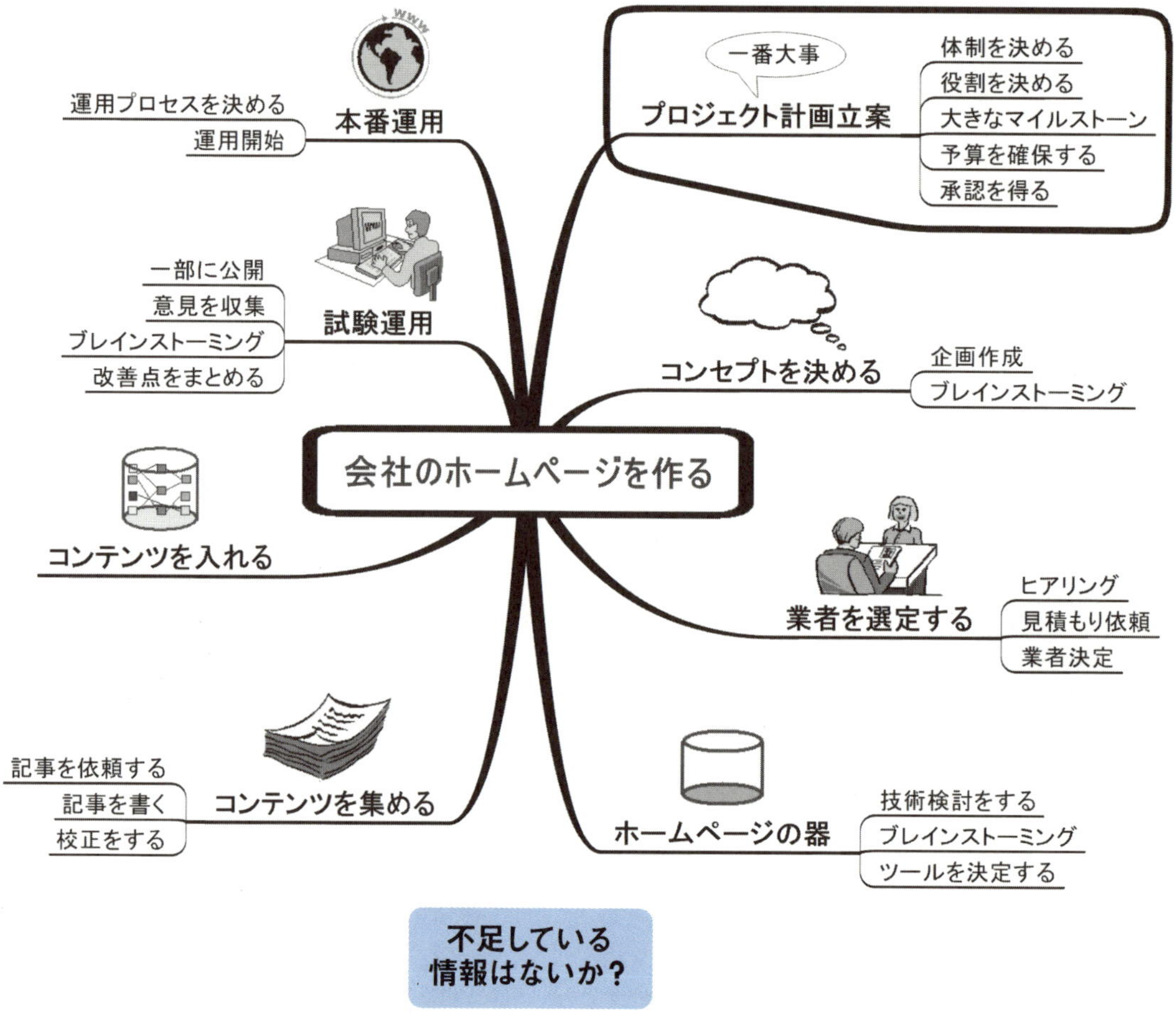
会社のホームページを作る
プロジェクト計画立案
一番大事
体制を決める
役割を決める
大きなマイルストーン
予算を確保する
承認を得る
コンセプトを決める
企画作成
ブレインストーミング
業者を選定する
ヒアリング
見積もり依頼
業者決定
ホームページの器
技術検討をする
ブレインストーミング
ツールを決定する
本番運用
運用プロセスを決める
運用開始
試験運用
一部に公開
意見を収集
ブレインストーミング
改善点をまとめる
コンテンツを入れる
コンテンツを集める
記事を依頼する
記事を書く
校正をする
不足している
情報はないか?

不足している作業を追加する

さらに不足している作業がないか考えてみます。コンセプトを決める作業をブレークダウンしているうちに、上司からなぜホームページを作るのか理由を聞いていなかったことを思い出しました。そこで、取り敢えず「何のために作る」という枝を作って、自分なりの考えを書き込みます。

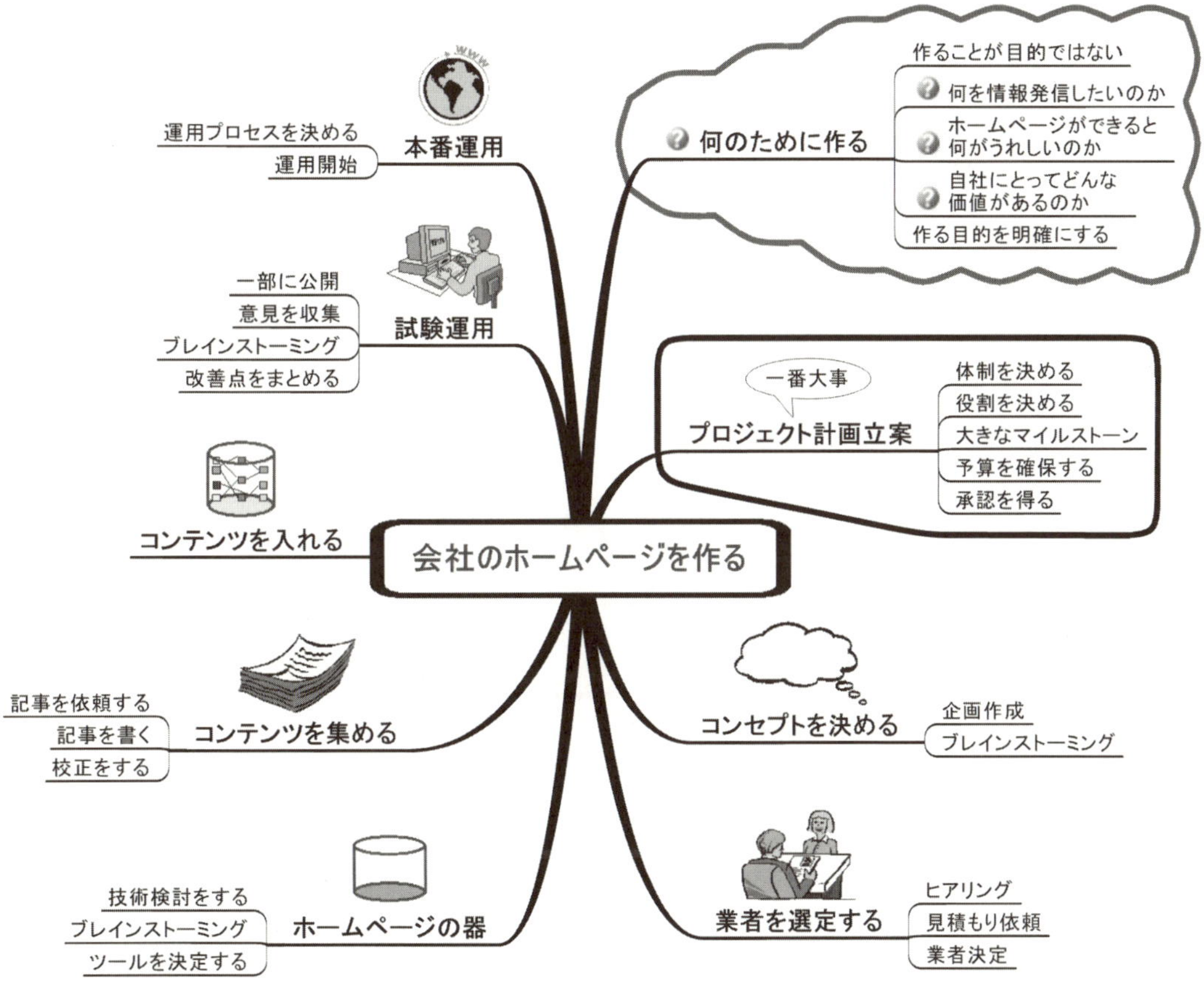

会社のホームページを作る
何のために作る
作ることが目的ではない
何を情報発信したいのか
ホームページができると何がうれしいのか
自社にとってどんな価値があるのか
作る目的を明確にする
一番大事
プロジェクト計画立案
体制を決める
役割を決める
大きなマイルストーン
予算を確保する
承認を得る
コンセプトを決める
企画作成
ブレインストーミング
業者を選定する
ヒアリング
見積もり依頼
業者決定
ホームページの器
技術検討をする
ブレインストーミング
ツールを決定する
コンテンツを集める
記事を依頼する
記事を書く
校正をする
コンテンツを入れる
試験運用
一部に公開
意見を収集
ブレインストーミング
改善点をまとめる
本番運用
運用プロセスを決める
運用開始

「何のために作る」を加える

開始日、期限、作業工数を入れる

次に、マップの中で具体的な作業になるものを選んで、その枝ごとに開始日、終了日、納期を記入します。「ホームページを作る目的を明確にする」という作業も再度上司との間で必要なので、それにも納期を設定します。できあがったマップを上司に持って行き、ホームページを作る目的を確認するとともに、作業に漏れがないかのチェックを依頼します。

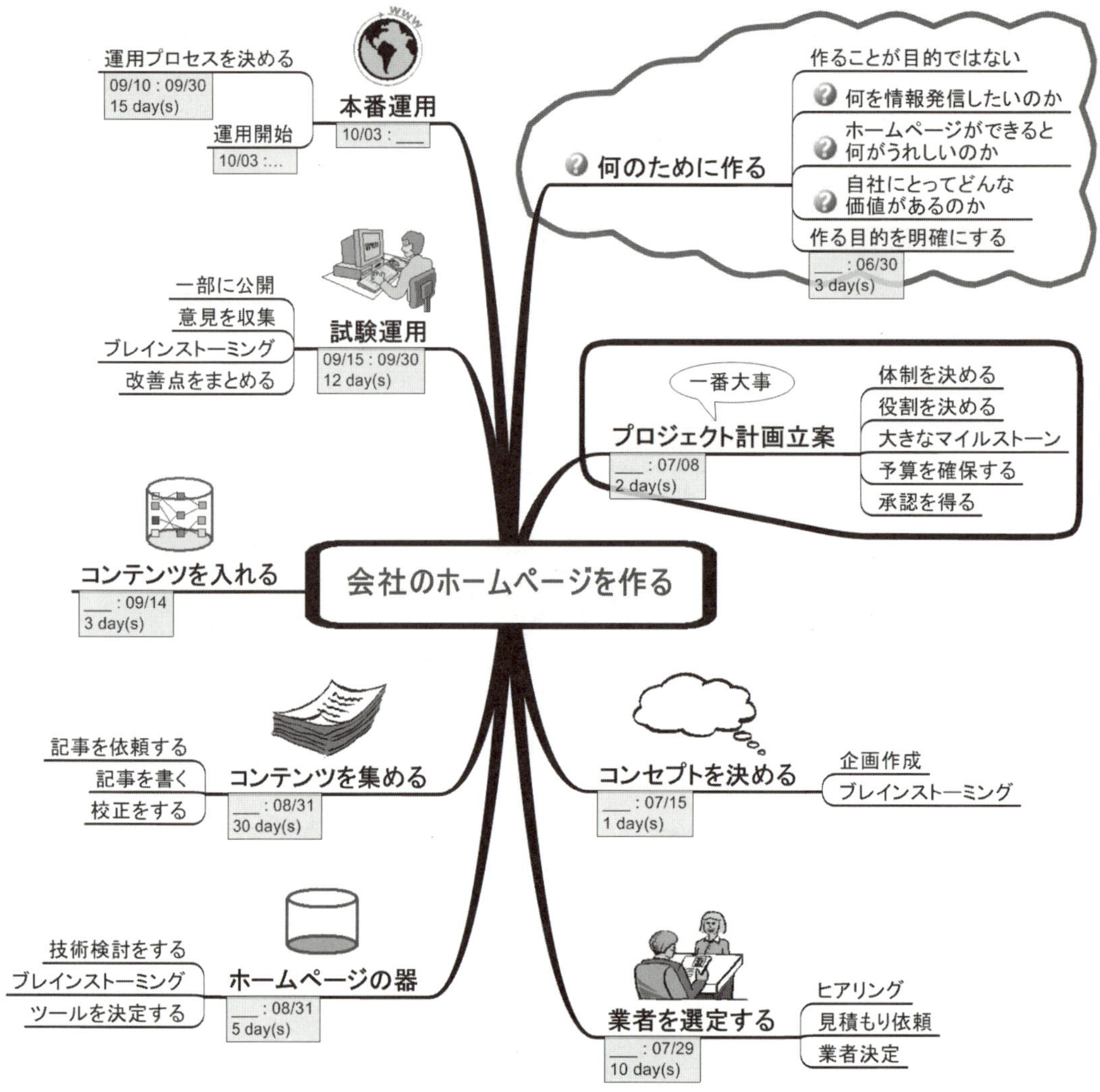
会社のホームページを作る
何のために作る
作ることが目的ではない
何を情報発信したいのか
ホームページができると何がうれしいのか
自社にとってどんな価値があるのか
作る目的を明確にする
___ : 06/30
3 day(s)
プロジェクト計画立案
一番大事
___ : 07/08
2 day(s)
体制を決める
役割を決める
大きなマイルストーン
予算を確保する
承認を得る
コンセプトを決める
___ : 07/15
1 day(s)
企画作成
ブレインストーミング
業者を選定する
___ : 07/29
10 day(s)
ヒアリング
見積もり依頼
業者決定
本番運用
10/03 : ___
運用プロセスを決める
09/10 : 09/30
15 day(s)
運用開始
10/03 :...
WWW
試験運用
09/15 : 09/30
12 day(s)
一部に公開
意見を収集
ブレインストーミング
改善点をまとめる
コンテンツを入れる
___ : 09/14
3 day(s)
コンテンツを集める
___ : 08/31
30 day(s)
記事を依頼する
記事を書く
校正をする
ホームページの器
___ : 08/31
5 day(s)
技術検討をする
ブレインストーミング
ツールを決定する

開始日・期限・工数を入れる

進捗を管理する

ホームページを作成するプロジェクトが始まったら、作業がどの程度進んでいるのか、定期的に進捗をチェックしましょう。そのために、マップに進捗度のマークを付けます。は作業の百パーセント完了を示しています。は五〇パーセント完了を示します。

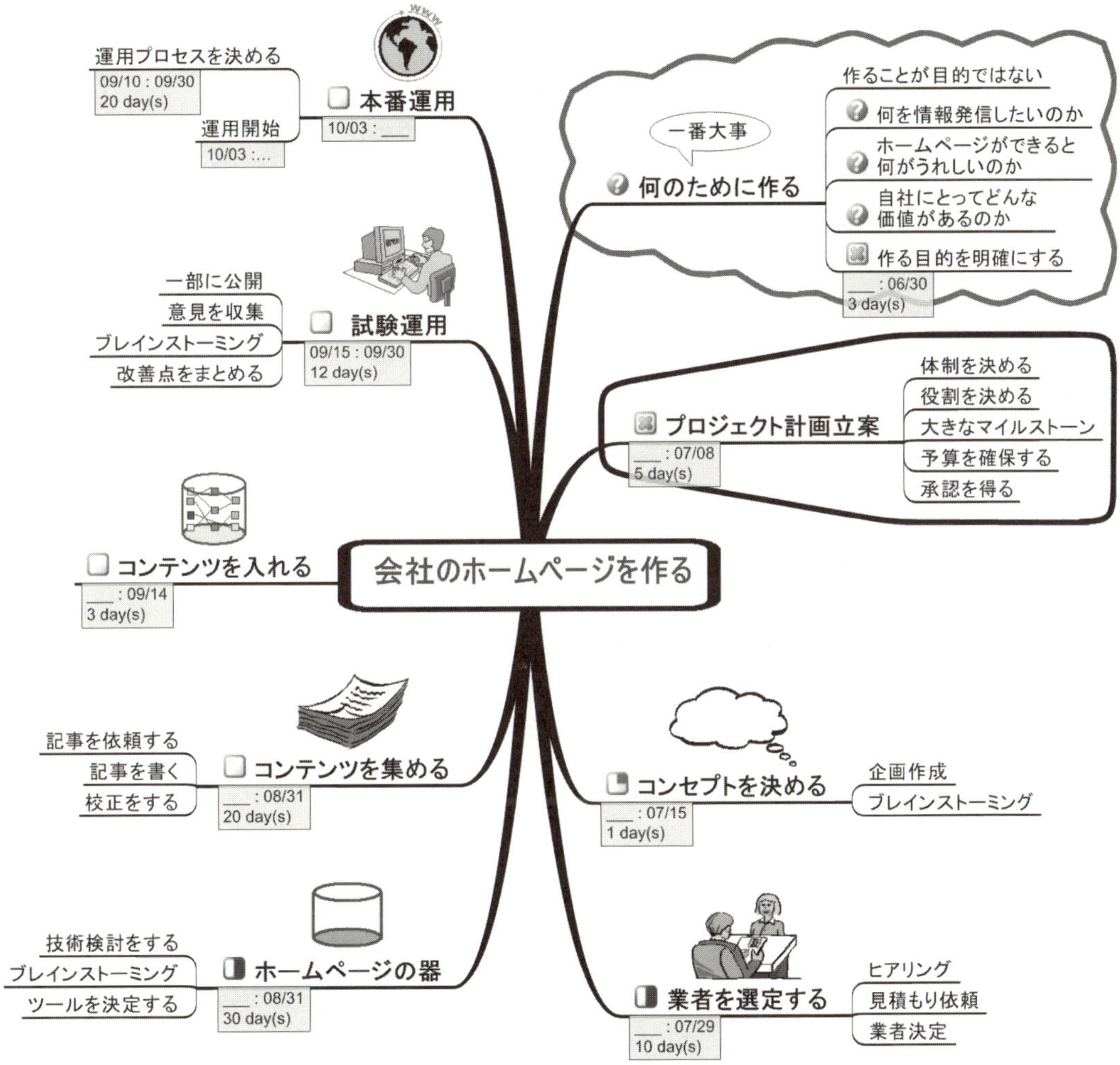

会社のホームページを作る
何のために作る
一番大事
作ることが目的ではない
何を情報発信したいのか
ホームページができると何がうれしいのか
自社にとってどんな価値があるのか
作る目的を明確にする
___ : 06/30
3 day(s)
プロジェクト計画立案
___ : 07/08
5 day(s)
体制を決める
役割を決める
大きなマイルストーン
予算を確保する
承認を得る
コンセプトを決める
___ : 07/15
1 day(s)
企画作成
ブレインストーミング
業者を選定する
___ : 07/29
10 day(s)
ヒアリング
見積もり依頼
業者決定
本番運用
10/03 : ___
運用プロセスを決める
09/10 : 09/30
20 day(s)
運用開始
10/03 :...
試験運用
09/15 : 09/30
12 day(s)
一部に公開
意見を収集
ブレインストーミング
改善点をまとめる
コンテンツを入れる
___ : 09/14
3 day(s)
コンテンツを集める
___ : 08/31
20 day(s)
記事を依頼する
記事を書く
校正をする
ホームページの器
___ : 08/31
30 day(s)
技術検討をする
ブレインストーミング
ツールを決定する

進捗度マークをつける

プレゼンをする

ビジネスマンにはプレゼンテーションする機会が多くあります。プレゼンで一番気になるのは何でしょうか。

- ●プレゼンの資料を作るのは大変だ。
- ●人前で話すのはどうも苦手だ。
- ●時間配分がうまくできるかな。
- ●話の構成はどうしたら良いのだろう。

一番重要なのは、プレゼンの構成でしょう。どんな内容をどういう順序で話すのかがはっきりしていれば、あまり困ることはありません。これから挙げる例は、あるコンサルタントが顧客の社長から企業風土を変えるためにプロセス改善活動をして欲しいと依頼され、顧客のリーダークラスにプロセス改善の重要性をアピールするケースです。

プレゼンの全体像を考える

まず、プレゼンの全体像を考えるマップを書いています。大きな枝は、次の七つがあります。

- ●誰に依頼されたのか
- ●プレゼンの目的
- ●何を話すか
- ●誰に話すのか
- ●何時間で話すか
- ●セミナー中、聞き手にどうなってほしいか
- ●プレゼンが終わったらどうなってほしいか

それぞれの枝の下に、思い付くキーワードを書きましょう。このマップを見ながら、セミナー中の自分の姿、セミナーが終わった時の自分の姿をありありとイメージしておくと良いです。

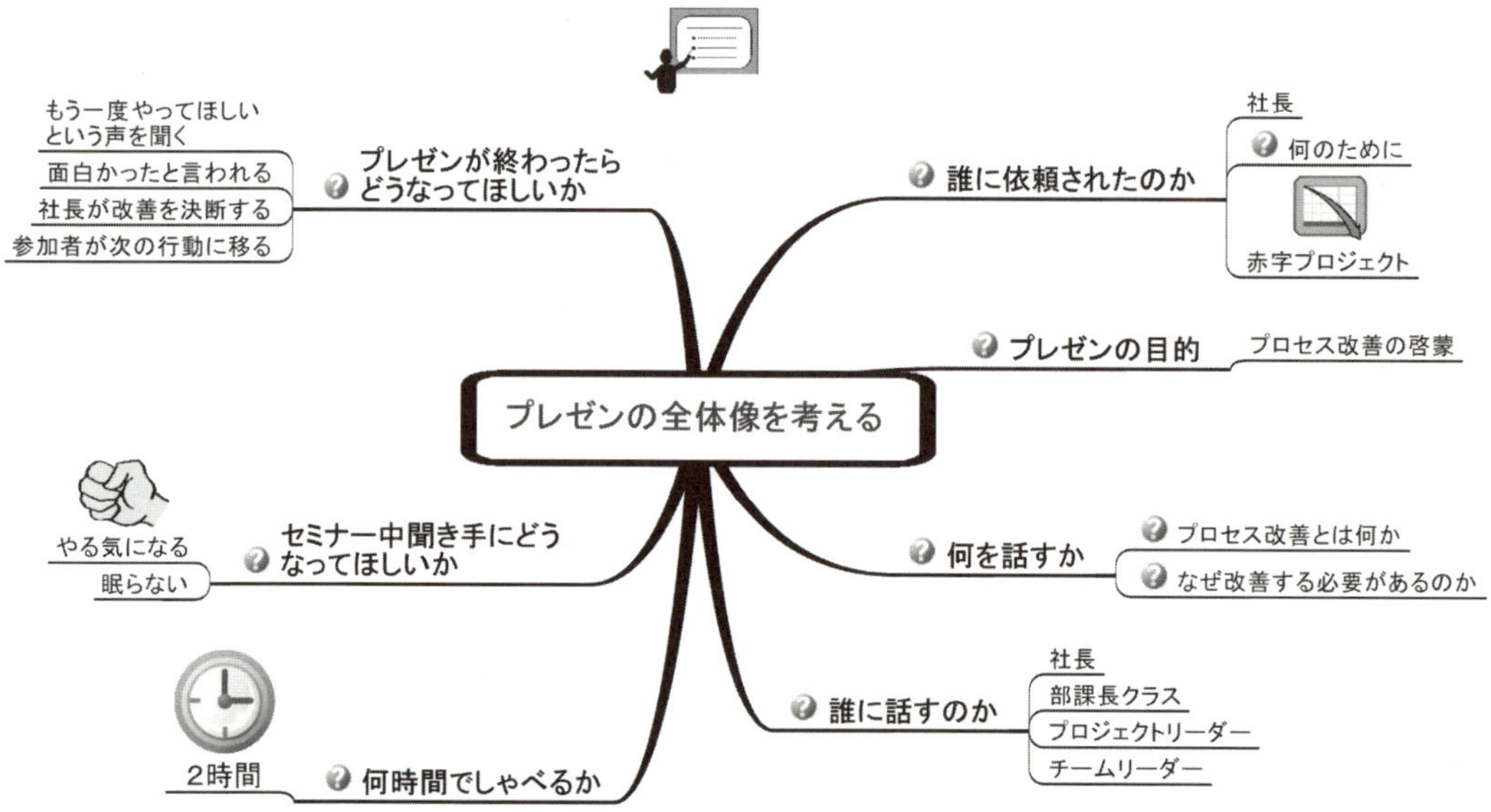

全体像を考える

構成の大筋を考える

次に、プレゼンの構成の大筋を考えます。構成を考える時は、

- 抜けがないか
- どこを強調するか

を考えながら、マップにします。

シナリオを考える

大筋の構成ができたら、次は話のシナリオ（起承転結）を考えます。よくあるのは、プレゼンの冒頭にアイスブレーク（参加者の雰囲気をほぐすためのゲームやクイズなど）を入れて、雰囲気を柔らかくします。その後、コーヒーブレークを入れたり、話を盛り上げたりするポイントを決めておきます。また、話の流れの上で順序を入れ替えたい枝があれば、入れ替えます。

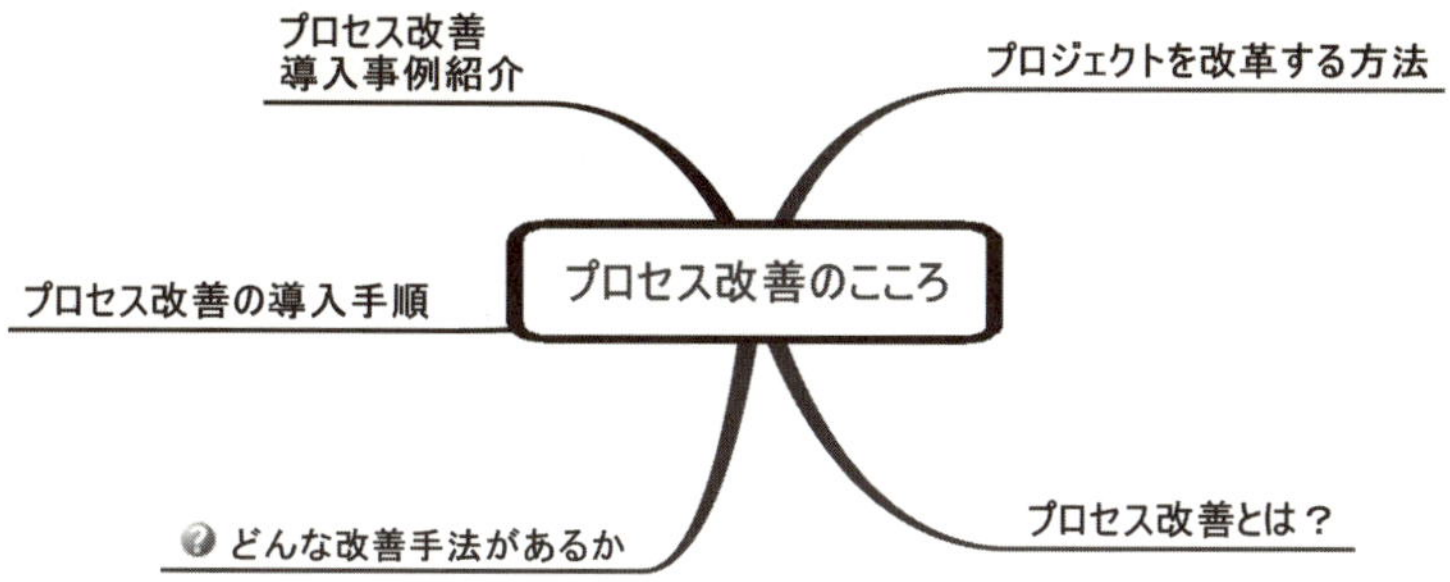

プロセス改善のこころ
プロジェクトを改革する方法
プロセス改善とは？
どんな改善手法があるか
プロセス改善の導入手順
プロセス改善
導入事例紹介

大筋を考える

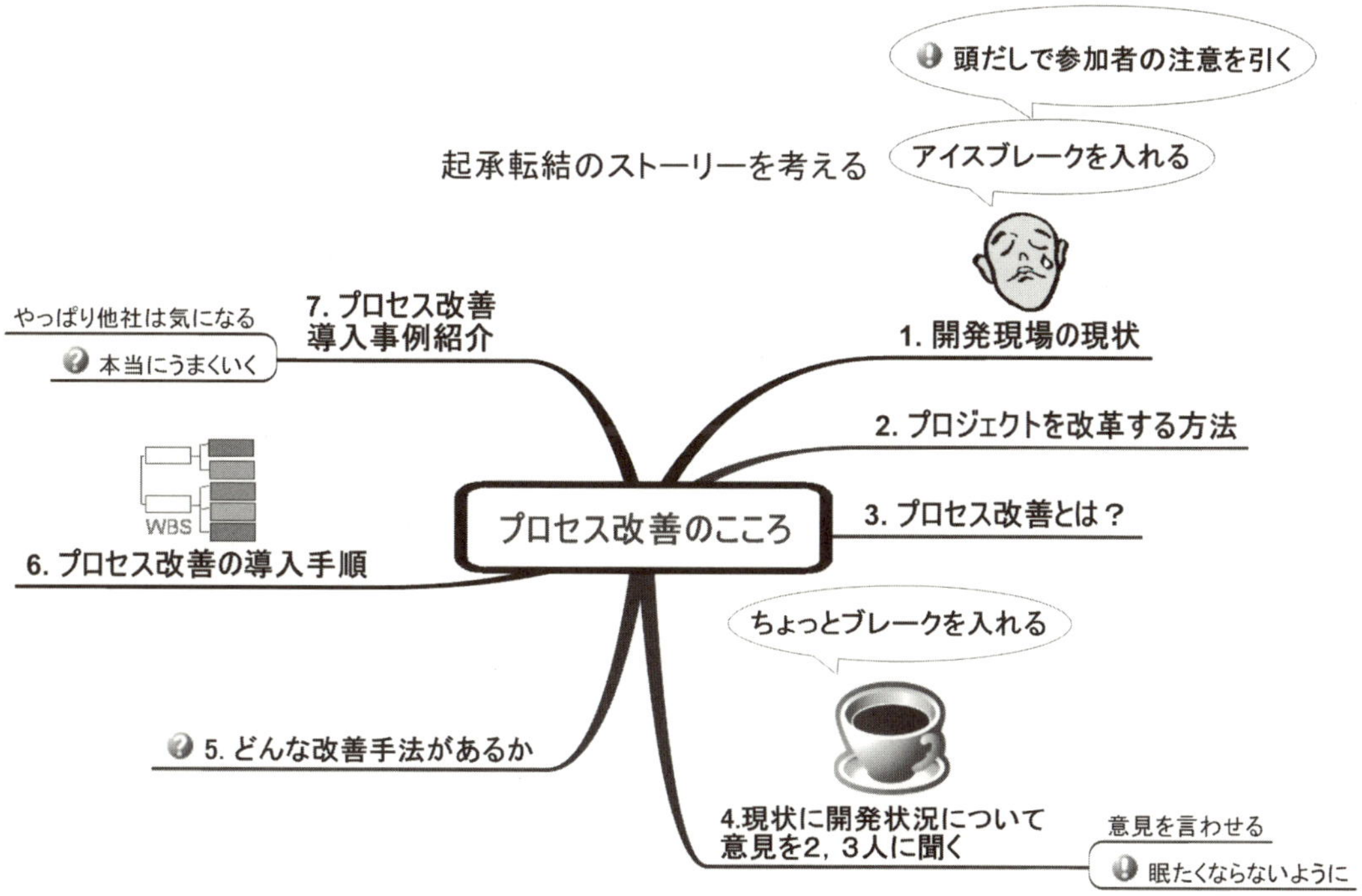

頭だしで参加者の注意を引く
起承転結のストーリーを考える
アイスブレークを入れる
プロセス改善のこころ
1. 開発現場の現状
2. プロジェクトを改革する方法
3. プロセス改善とは？
ちょっとブレークを入れる
4.現状に開発状況について
意見を2，3人に聞く
意見を言わせる
眠たくならないように
5. どんな改善手法があるか
WBS
6. プロセス改善の導入手順
7. プロセス改善
導入事例紹介
やっぱり他社は気になる
本当にうまくいく

シナリオを考える

枝を詳細にする

ここまでできたら構成を詳細にします。まだ大筋だった構成要素を、細かくブレークダウンします。

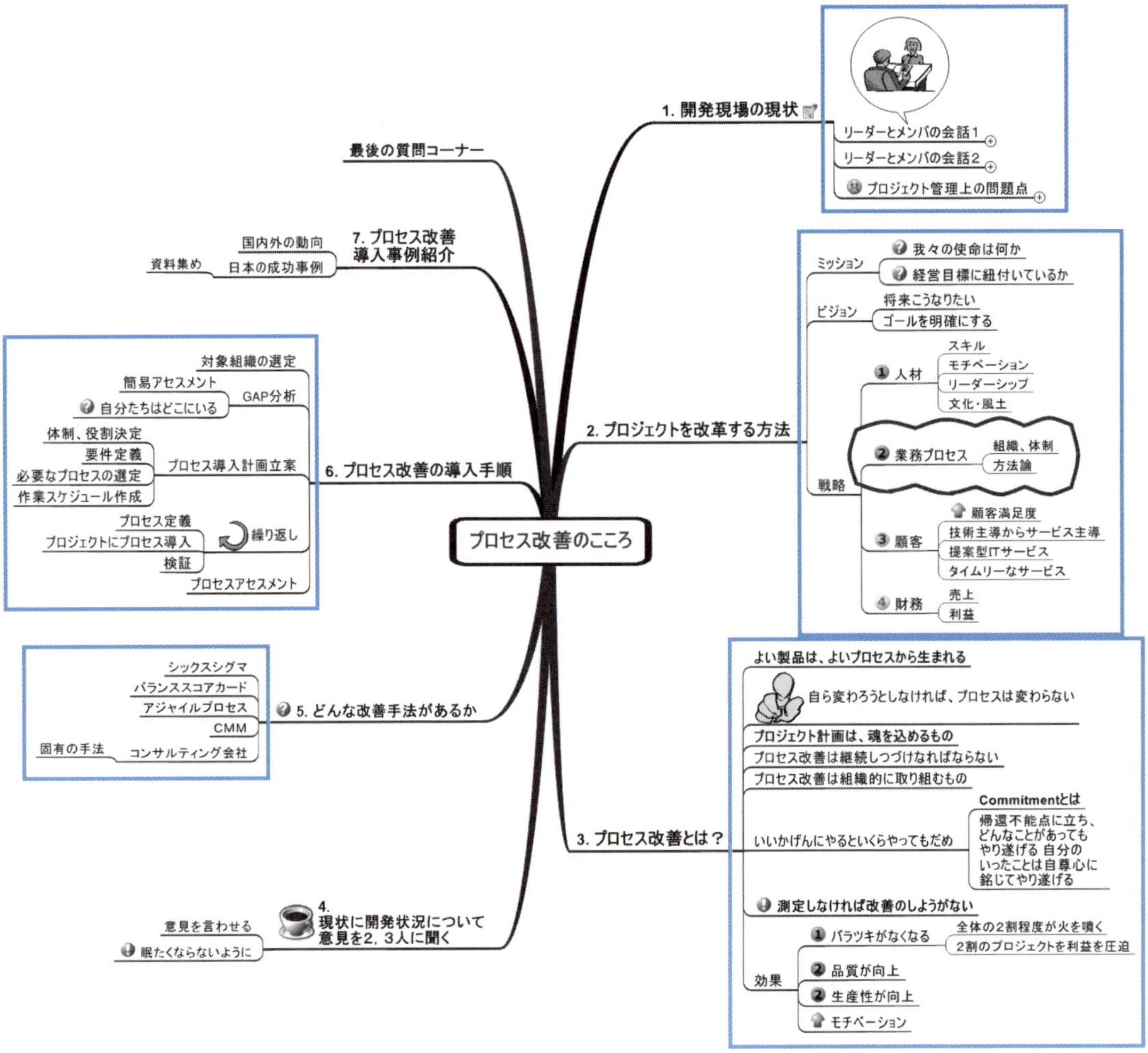

プロセス改善のこころ
1. 開発現場の現状
リーダーとメンバの会話1
リーダーとメンバの会話2
プロジェクト管理上の問題点
2. プロジェクトを改革する方法
ミッション
我々の使命は何か
経営目標に紐付いているか
ビジョン
将来こうなりたい
ゴールを明確にする
戦略
1 人材
スキル
モチベーション
リーダーシップ
文化・風土
2 業務プロセス
組織、体制
方法論
3 顧客
顧客満足度
技術主導からサービス主導
提案型ITサービス
タイムリーなサービス
4 財務
売上
利益
3. プロセス改善とは？
よい製品は、よいプロセスから生まれる
自ら変わろうとしなければ、プロセスは変わらない
プロジェクト計画は、魂を込めるもの
プロセス改善は継続しつづけなればならない
プロセス改善は組織的に取り組むもの
いいかげんにやるといくらやってもだめ
Commitmentとは
帰還不能点に立ち、どんなことがあってもやり遂げる 自分のいったことは自尊心に銘じてやり遂げる
測定しなければ改善のしようがない
効果
1 バラツキがなくなる
全体の2割程度が火を噴く
2割のプロジェクトを利益を圧迫
2 品質が向上
2 生産性が向上
モチベーション
4. 現状に開発状況について意見を2，3人に聞く
意見を言わせる
眠たくならないように
5. どんな改善手法があるか
シックスシグマ
バランススコアカード
アジャイルプロセス
CMM
コンサルティング会社
固有の手法
6. プロセス改善の導入手順
対象組織の選定
GAP分析
簡易アセスメント
自分たちはどこにいる
プロセス導入計画立案
体制、役割決定
要件定義
必要なプロセスの選定
作業スケジュール作成
繰り返し
プロセス定義
プロジェクトにプロセス導入
検証
プロセスアセスメント
7. プロセス改善導入事例紹介
国内外の動向
日本の成功事例
資料集め
最後の質問コーナー

ブレークダウンする

シミュレーションをする

構成が詳細化できたら、決められた時間で話せるかシミュレーションします。そのために、構成の基本要素になる枝の上に所要時間を書きます。想定した時間で話せるか、一人でまず練習してみましょう。他の人に聞いてもらうのも良いでしょう。

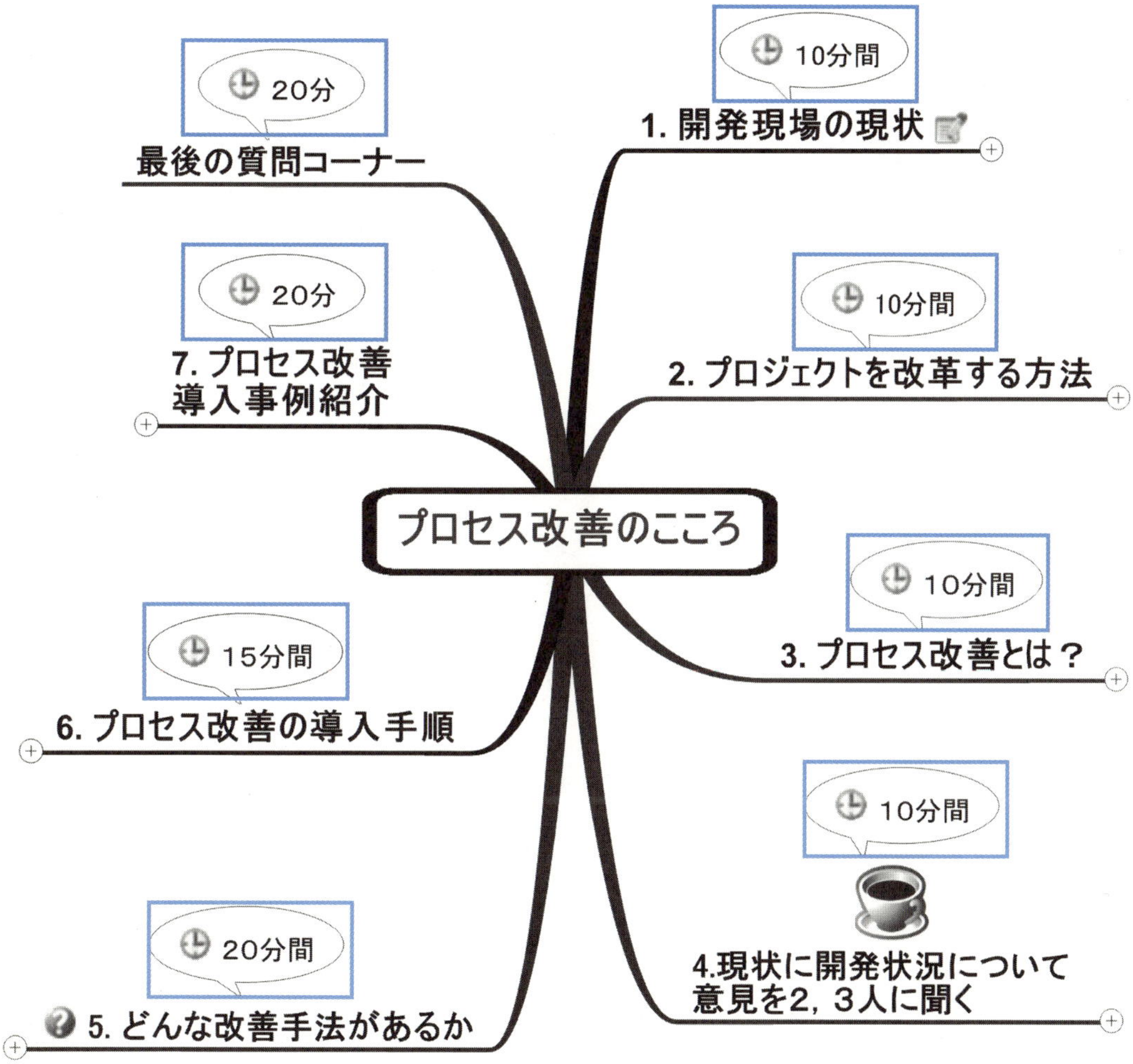

プロセス改善のこころ
10分間
1. 開発現場の現状
10分間
2. プロジェクトを改革する方法
10分間
3. プロセス改善とは？
10分間
4.現状に開発状況について
意見を2, 3人に聞く
20分間
5. どんな改善手法があるか
15分間
6. プロセス改善の導入手順
20分
7. プロセス改善
導入事例紹介
20分
最後の質問コーナー

所要時間を読む

トラブルの原因を究明する

製品のトラブルは、極力起こって欲しくありません。しかし、起こってしまったら、迅速に対応するしかありません。そんな時、マインドマップは役に立ちます。

トラブルの背景を書く

トラブルが発生すると、集まったメンバーで対策会議が開かれます。その際、トラブル状況をマップに書きます。

トラブル状況の洗い出し

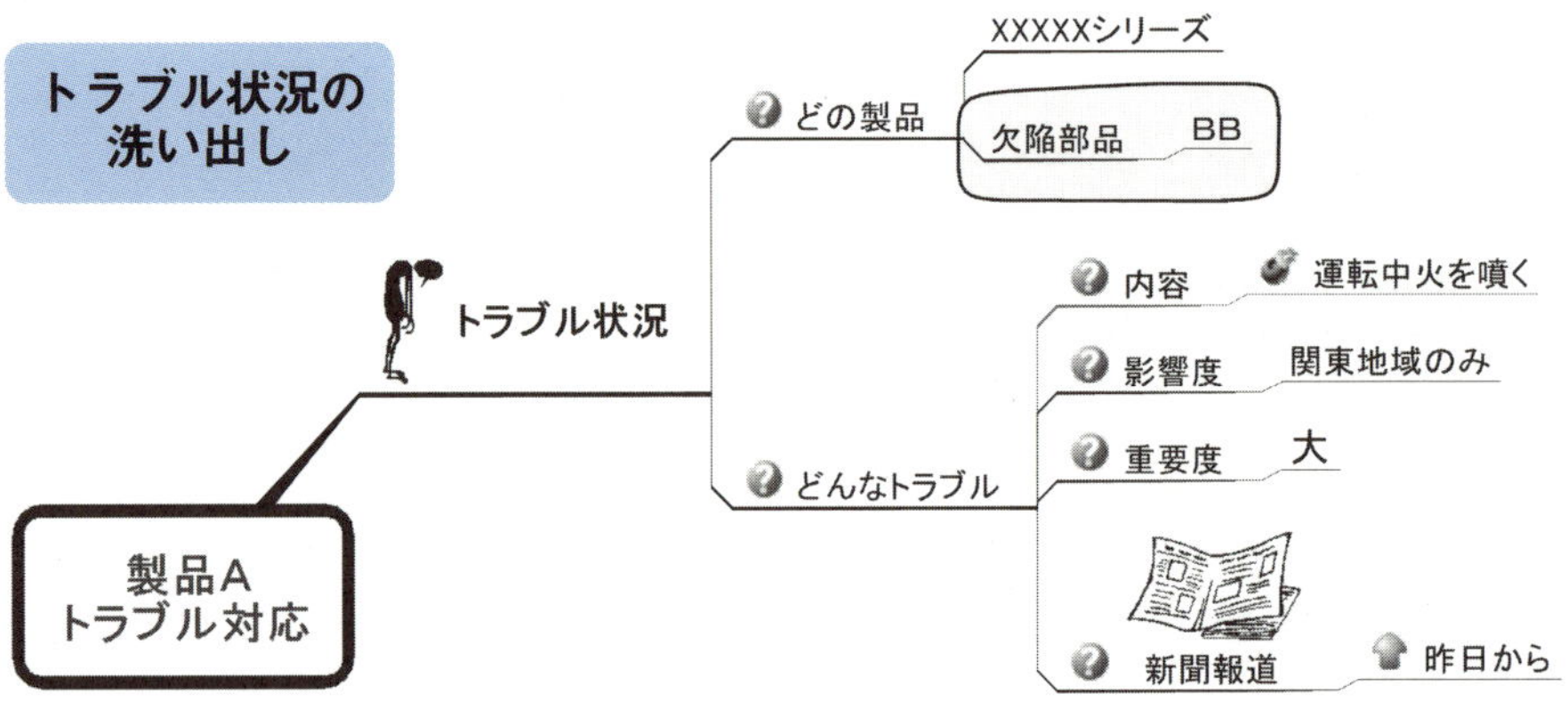
製品A
トラブル対応
トラブル状況
どの製品
XXXXXシリーズ
欠陥部品
BB
どんなトラブル
内容
運転中火を噴く
影響度
関東地域のみ
重要度
大
新聞報道
昨日から

候補要素を書く

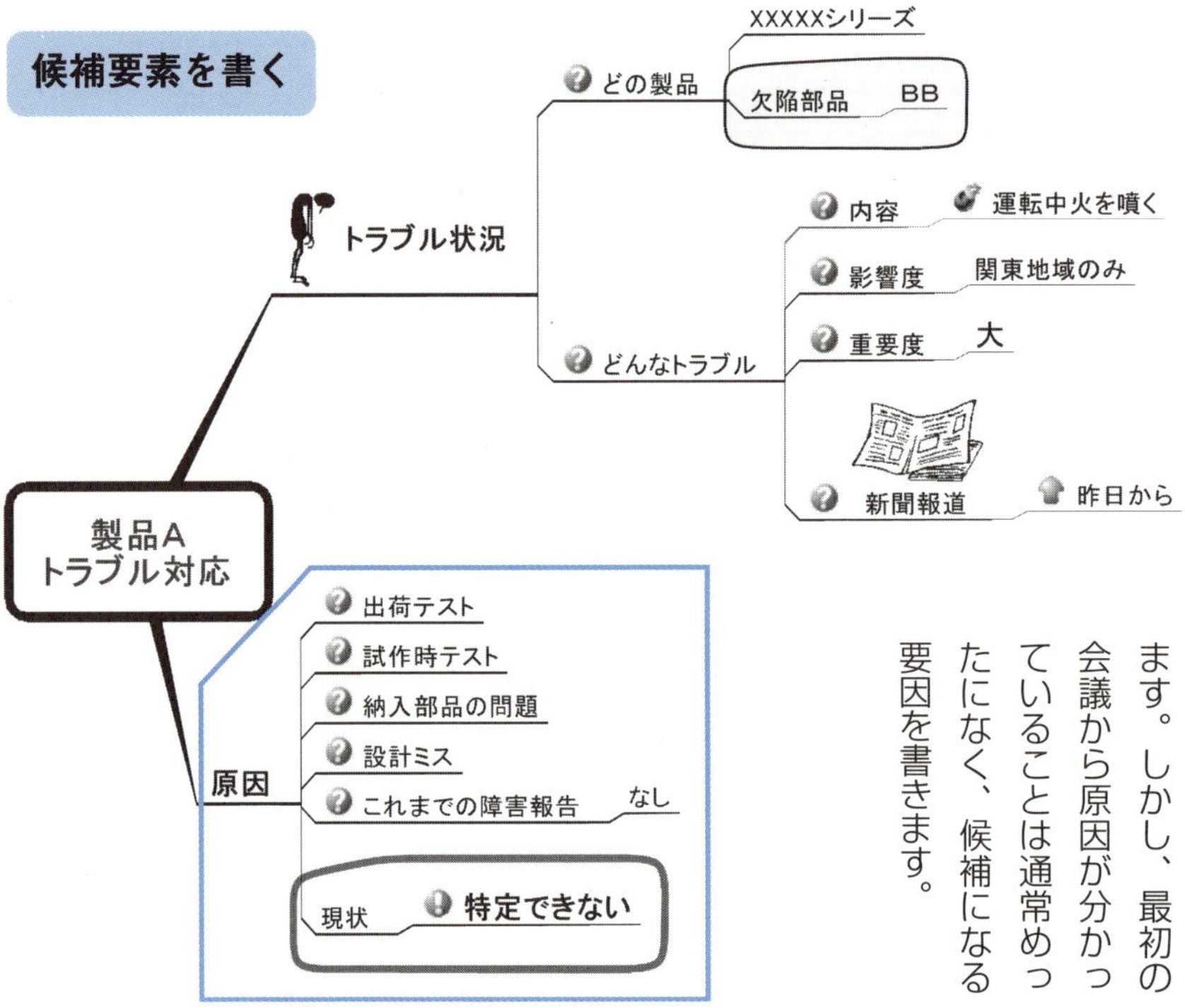
製品A
トラブル対応
トラブル状況
どの製品
XXXXXシリーズ
欠陥部品
BB
どんなトラブル
内容
運転中火を噴く
影響度
関東地域のみ
重要度
大
新聞報道
昨日から
原因
出荷テスト
試作時テスト
納入部品の問題
設計ミス
これまでの障害報告
なし
現状
特定できない

トラブルの原因になった要素を書く

次に、トラブルの要因になっていることを書き込みます。しかし、最初の会議から原因が分かっていることは通常めったになく、候補になる要因を書きます。

対策を考える

現状では原因が特定できないと分かったので、取り敢えず社外対策を行うとともに、社内での対策をマップに書き加えています。社外には、

- ●出荷停止処置
- ●ユーザーへの告知
- ●部品交換

という手順で対応することにしました。ユーザーへの告知に関して社内の広報部と連絡をすることは、点線で示しています。

それと並行して社内には、

- ●代替部品の交換
- ●原因調査
- ●部品再設計

などの作業を列挙します。また、社内外の関係者と至急ミーティングを開く必要があるので、それも挙げます。特に部品の納入業者には、すぐに電話をすることにしました。

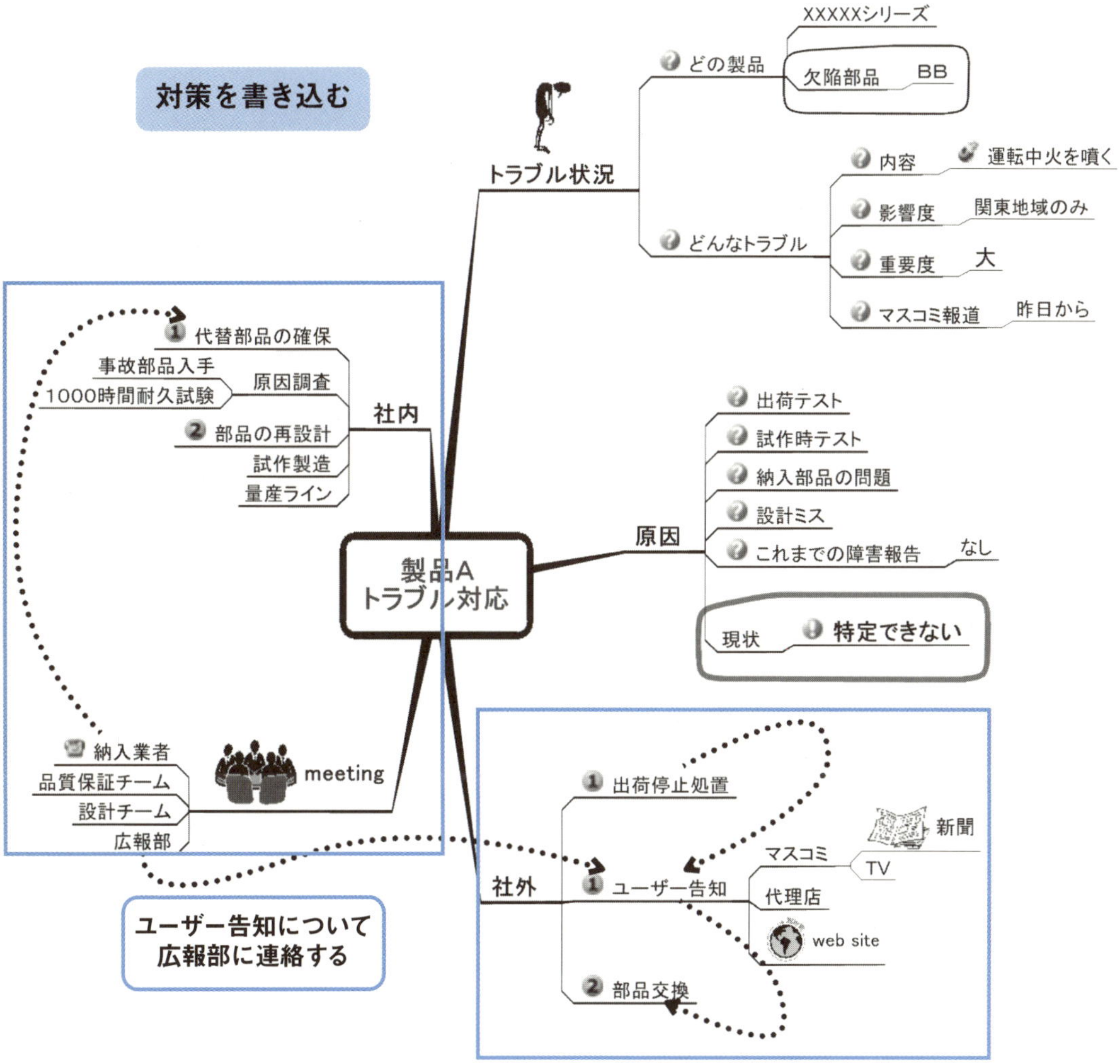

対策を書き込む
製品A トラブル対応
トラブル状況
どの製品
XXXXXシリーズ
欠陥部品
BB
どんなトラブル
内容
運転中火を噴く
影響度
関東地域のみ
重要度
大
マスコミ報道
昨日から
原因
出荷テスト
試作時テスト
納入部品の問題
設計ミス
これまでの障害報告
なし
現状
特定できない
社内
1 代替部品の確保
原因調査
事故部品入手
1000時間耐久試験
2 部品の再設計
試作製造
量産ライン
meeting
納入業者
品質保証チーム
設計チーム
広報部
社外
1 出荷停止処置
1 ユーザー告知
マスコミ
新聞
TV
代理店
web site
2 部品交換
ユーザー告知について
広報部に連絡する

アクションを決める

対策項目を列挙しただけではだめなので、それぞれのアクションを誰がいつまでに行うかを書き込みます。対策会議の主催者である担当部門の部長が、しばらくこのマップを眺めていました。しかし、どうもすっきりしません。過去にはトラブル報告がなかったのに、突然トラブルが起きたのが、腑に落ちないのです。そこで、社員を現場に派遣するとともに、代理店三社に取材を命じました。

このようにマインドマップは、トラブルが起きた時に全体の事象を俯瞰し、最適な対策を講ずる手助けになります。

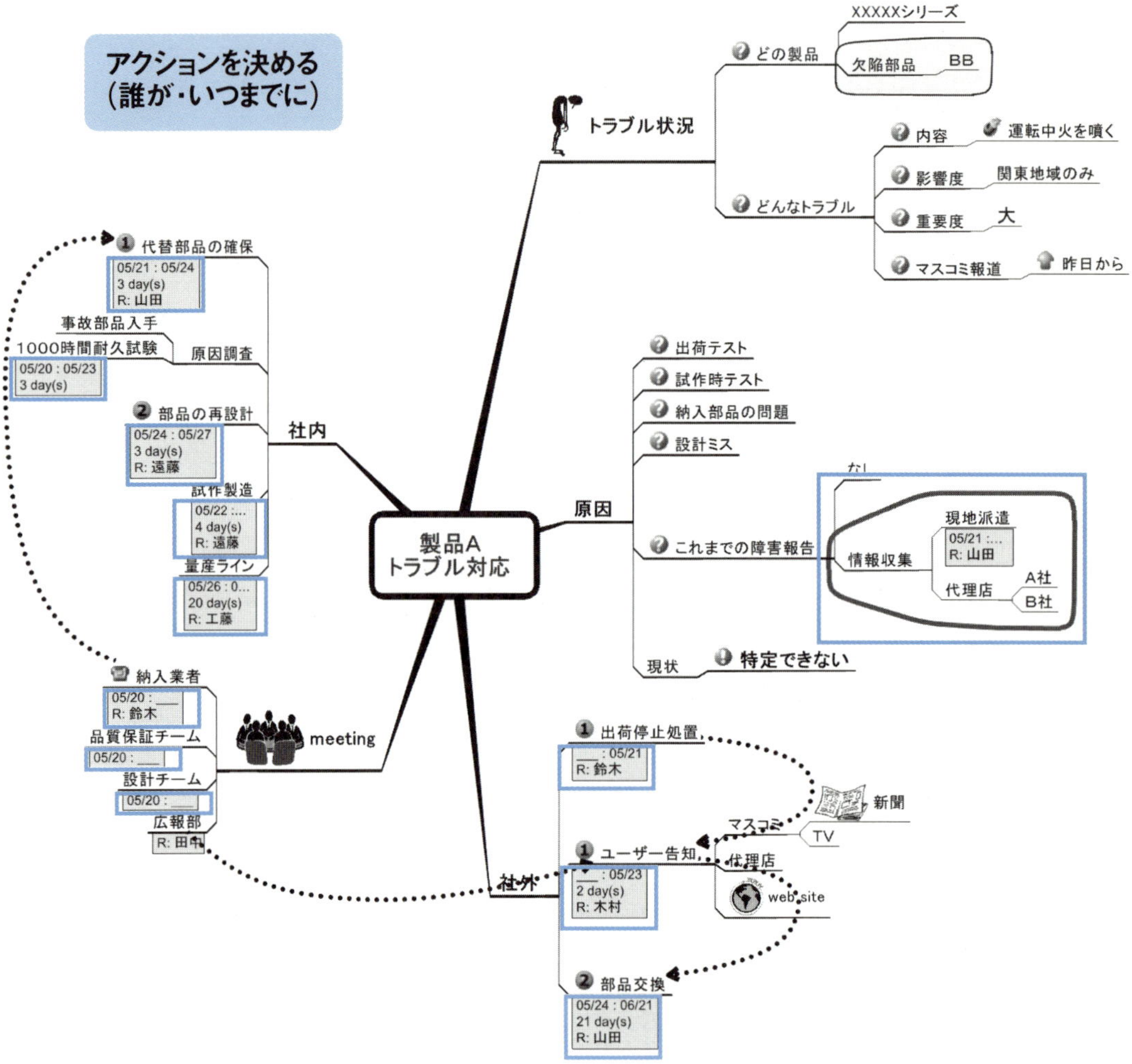

アクションを決める
（誰が・いつまでに）
製品A
トラブル対応
トラブル状況
どの製品
XXXXXシリーズ
欠陥部品
BB
どんなトラブル
内容
運転中火を噴く
影響度
関東地域のみ
重要度
大
マスコミ報道
昨日から
原因
出荷テスト
試作時テスト
納入部品の問題
設計ミス
これまでの障害報告
なし
情報収集
現地派遣
05/21 :...
R: 山田
代理店
A社
B社
現状
特定できない
社内
1 代替部品の確保
05/21 : 05/24
3 day(s)
R: 山田
事故部品入手
1000時間耐久試験
05/20 : 05/23
3 day(s)
原因調査
2 部品の再設計
05/24 : 05/27
3 day(s)
R: 遠藤
試作製造
05/22 :...
4 day(s)
R: 遠藤
量産ライン
05/26 : 0...
20 day(s)
R: 工藤
meeting
納入業者
05/20 :
R: 鈴木
品質保証チーム
05/20 :
設計チーム
05/20 :
広報部
R: 田中
社外
1 出荷停止処置
: 05/21
R: 鈴木
新聞
マスコミ
TV
1 ユーザー告知
: 05/23
2 day(s)
R: 木村
代理店
web site
2 部品交換
05/24 : 06/21
21 day(s)
R: 山田

プロジェクトを管理する

マインドマップは、プロジェクト管理でも頻繁に使われています。プロジェクトの計画から実施まで、どのように使われているかを見てみましょう。

プロジェクトの全体マップを作る（1）

プロジェクト管理をするには、プロジェクトに必要な要素を漏れなく抽出しておく必要があります。そのためには、いきなり細かい計画を立てるのではなく、マインドマップの特徴を生かして、全体の俯瞰から始めましょう。最初は、プロジェクトの全体像を見るために、プロジェクトの「マスターマップ」を作ります。その際、プロジェクトの基本的な要素として思い付くものをキーワードとして列挙します。プロジェクトの背景、プロジェクトの定義、リスク、体制、予算、成果物リスト、プロジェクト監査などが挙がります。この時点では、キーワードに挙げた項目がカテゴリーとして適切かどうかは気にせず、「だいたいこんな要素がありそうだ」と思いながら書き込みます。

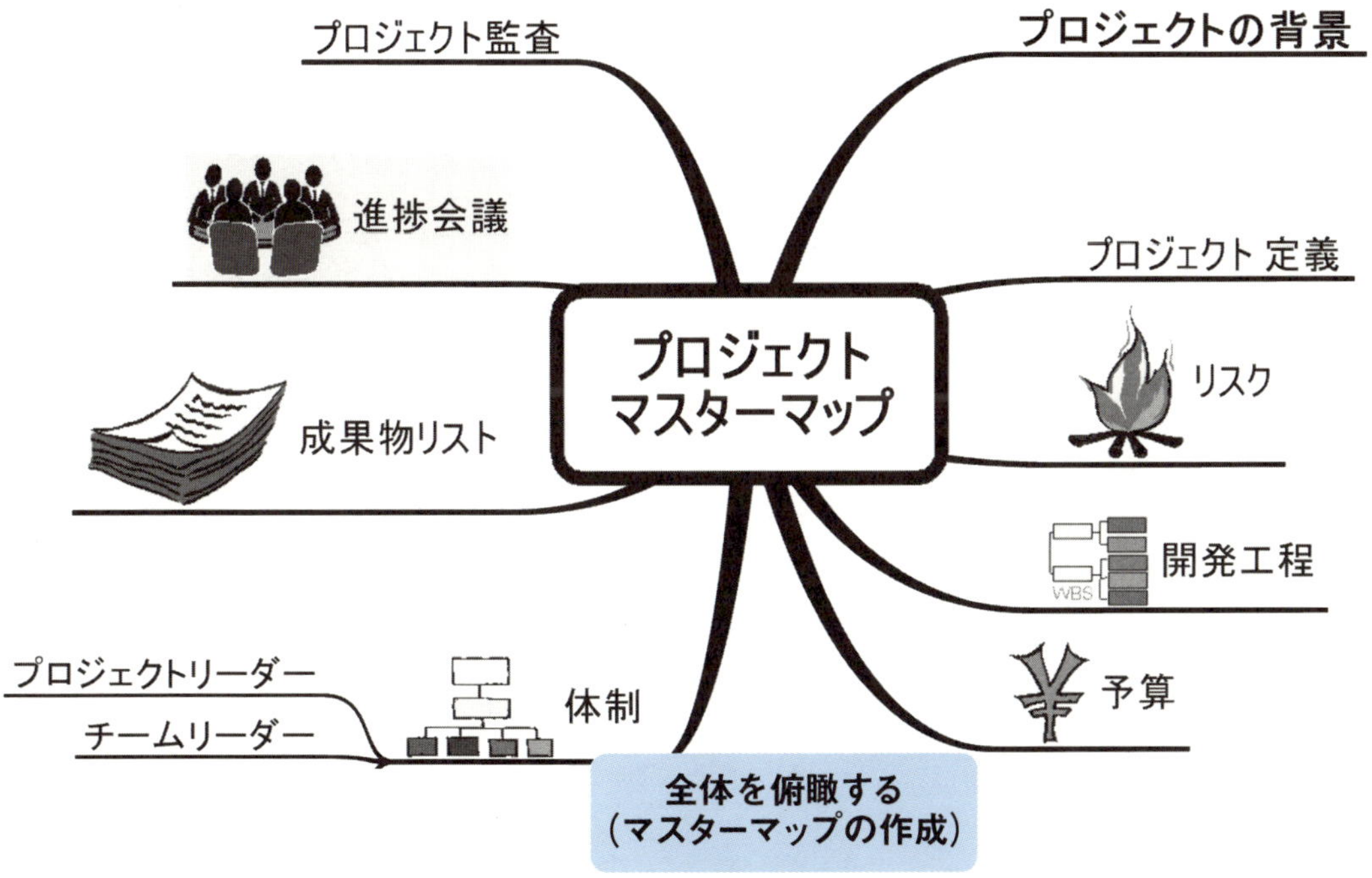

全体を俯瞰する（マスターマップの作成）

プロジェクトの全体マップを作る(2)

基本的な要素を思い付くままに書いたら、次はそれをカテゴリーに分けます。プロジェクトには必ず発端になる背景があり、その次に計画、実施、完了という手順になりそうです。その様子をマップで示しています。必ずこのようなカテゴリー分けにする必要はありませんが、ある程度カテゴリー分けをして整理すると、今まで見えなかったものが見えてきます。ここでは、顧客満足度、コミュニケーション方針、障害管理、進捗管理、成果物管理というキーワードが新たに出てきます。これは、計画段階、実施段階というカテゴリーを設定して初めて見えた要素です。マインドマップを使うとこのように、全体のバランスを直感的に把握しやすく、何が不足しているかが自然と見えてきます。もし、これを普通のテキスト文書として書いていると、何が抜けているかを見抜くことが難しく、逆にそれが正しいのだと思い込む傾向があります。

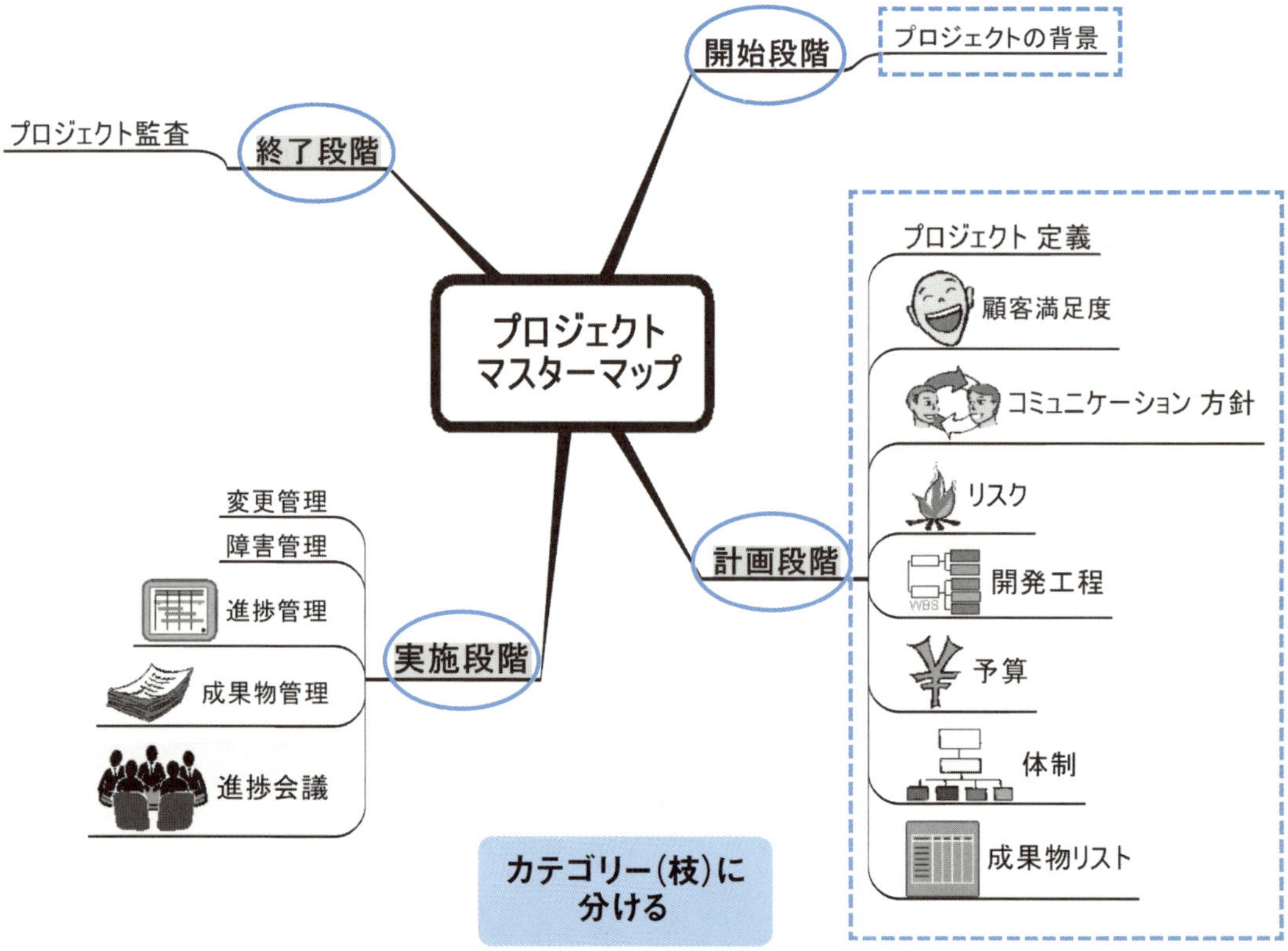

プロジェクトの目的・ビジョンを明確にする(1)

プロジェクトには、必ず目的やビジョン（こうなるという姿）があります。しかし実際には、暗黙の合意になっていて、明文化されていないことがよくあります。「なぜこのプロジェクトを行うのか」は最初に口頭で説明されることが多いのですが、それを受け取るプロジェクトメンバーの解釈は、千差万別です。ほとんどの場合、誤解しています。

また、顧客からプロジェクトを請け負う時も、顧客の目的やビジョンの正しい理解が重要です。最初の方向性が間違っていると、いくらやっても無駄になります。したがって、プロジェクトの目的やビジョンをマインドマップのイメージで書くことは、互いの合意を得る意味で効果的であると言えます。

ここで見るのは、顧客からの要求で、ＩＴシステムを構築するプロジェクトの定義をマインドマップで書いた例です。要素には、目的、課題、範囲、重要なマイルストーン、利益、成功の定義を挙げています。これを実際に書いてみると、なかなか難しいことに気付くでしょう。しかし、マインドマップの良い点は、まず思い付いたキーワードを書き、全体を見て不足している事項を探し、追加する作業が非常にスムーズにできることです。

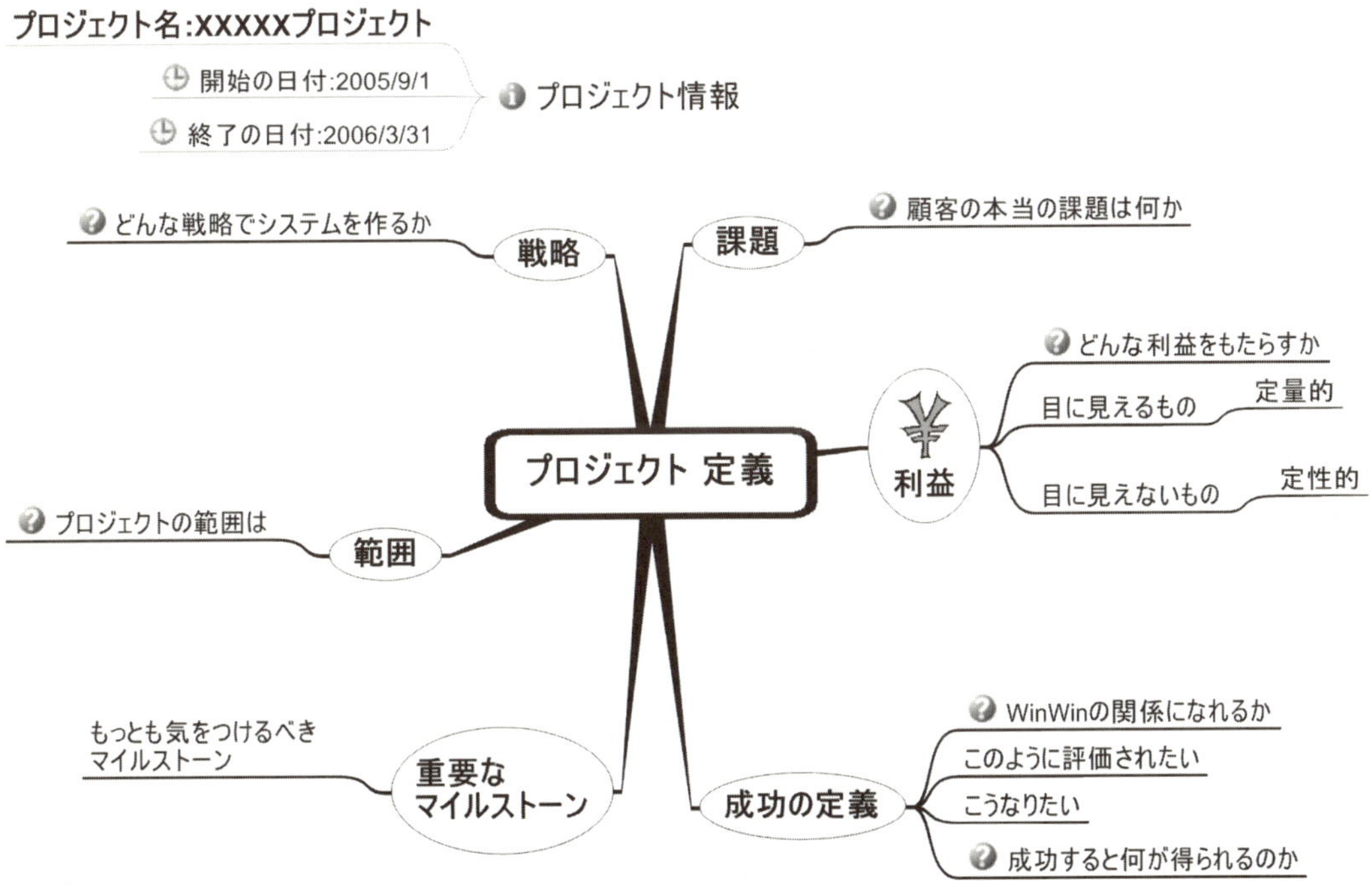
プロジェクト名:XXXXXプロジェクト
開始の日付:2005/9/1
終了の日付:2006/3/31
プロジェクト情報
どんな戦略でシステムを作るか
戦略
課題
顧客の本当の課題は何か
どんな利益をもたらすか
目に見えるもの
定量的
プロジェクト 定義
利益
目に見えないもの
定性的
プロジェクトの範囲は
範囲
WinWinの関係になれるか
もっとも気をつけるべき
マイルストーン
重要な
マイルストーン
このように評価されたい
成功の定義
こうなりたい
成功すると何が得られるのか

プロジェクトを定義する
要素(カテゴリー)を列挙する

プロジェクトの目的・ビジョンを明確にする（2）

　プロジェクトを定義する基本的なカテゴリーを決めたら、それに関連する項目を追加しましょう。顧客は、システム構築費用が毎回高くなるのが「課題」だと捉えています。また、現状はまだ手作業で行っている仕事をコンピュータにさせたいようです。こんな課題を解決するために、新しいITシステムを構築するプロジェクトによってもたらされる利益は、

- 無駄なシステム構築費用の削減
- システム稼働率の改善
- 開発期間の短縮
- トレーニングコストの削減

の四つを挙げています。しかし、これではまだ抽象的で、成功のイメージが湧きません。そこで「成功の定義」という枝を作り、その下に成功のイメージを定量的に書いています。これで、どうでしょうか。マップの左上には、「戦略」という枝があります。ここにITシステムを構築する基本的な戦略を書き、プロジェクトメンバーの合意を得るようにします。

　この「戦略」の枝の部分を文章で書くと、次のようになります。

❶この会社の全部の事業所が同じシステムを使うことによって、全体のシステム構築費用を抑える。
❷全部の事業所が同じ画面インタフェースを使うことによって、システム構築費用を抑え、社員のトレーニングを効率良く行う。
❸システムの部品化を促進し、部品を再利用することによって、開発する部分を極力少なくする。

　このように文章で書くよりも、マインドマップのほうが直感的に理解できるのは一目瞭然です。

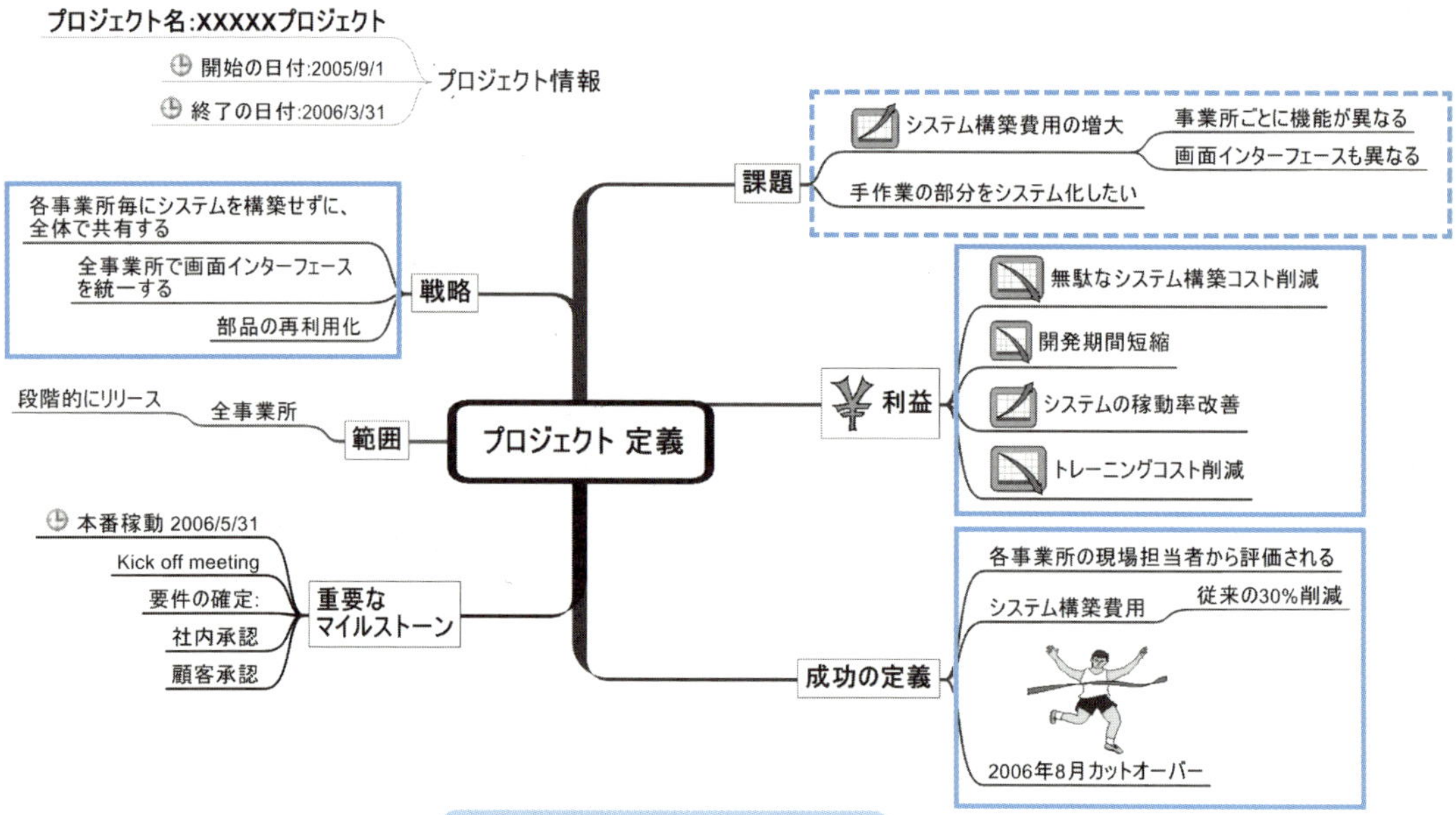

カテゴリーに関する項目を追加し、具体化する

ユーザーから要件を聞き出す（1）

顧客から要件を聞く時には、単に箇条書きにするよりは、ノートにマインドマップを書きます。もっと良いのは、ホワイトボードやフリップチャートにマインドマップを書く方法です。ここでは、電子部品工場向けの生産管理システムを作る案件が舞い込んだので、顧客にどんなことをしたいのかヒヤリングしながら書いたマインドマップの例を示しました。単純にするため、技術的な詳細は省いてあります。

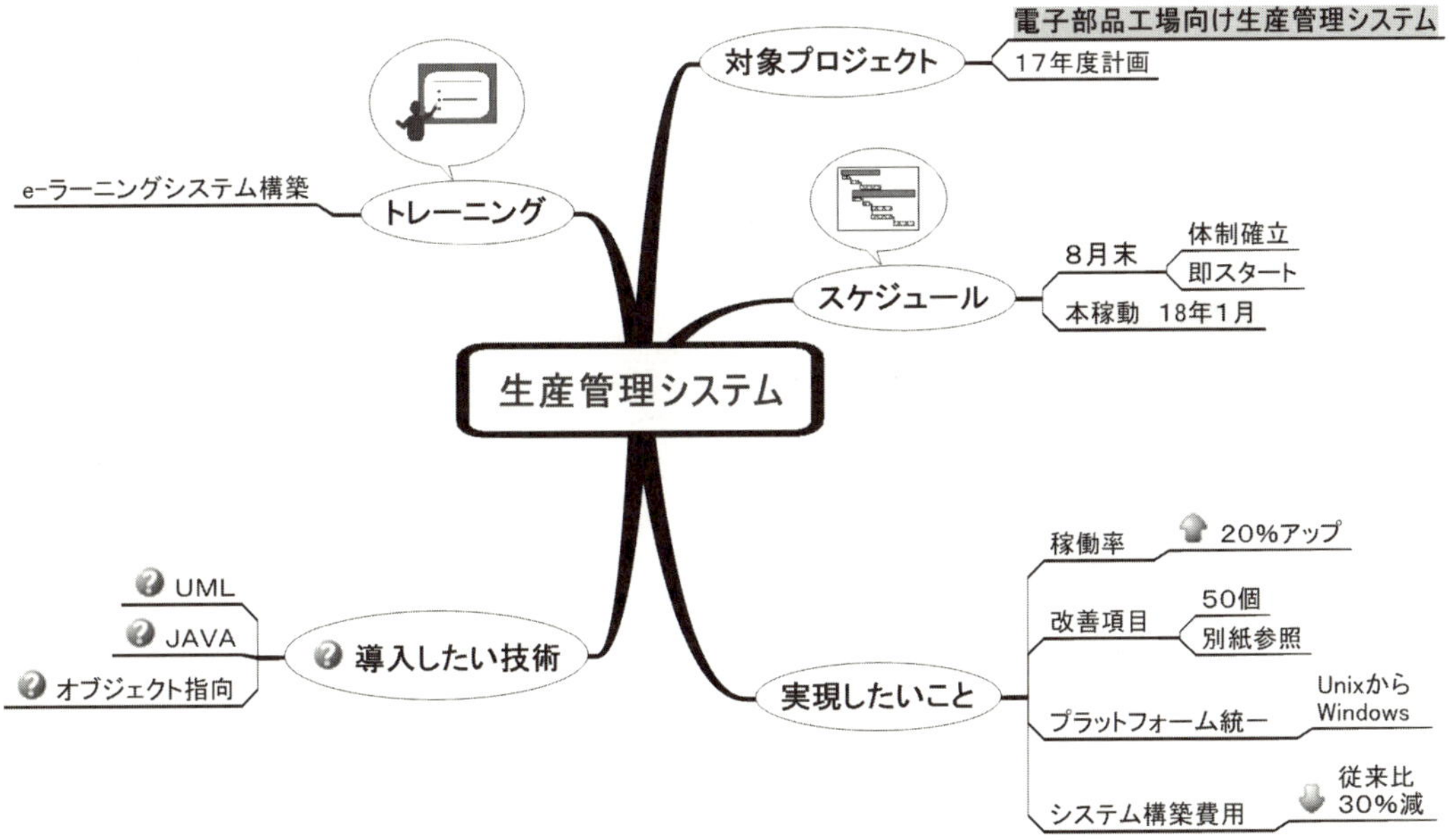

生産管理システム
対象プロジェクト
電子部品工場向け生産管理システム
17年度計画
スケジュール
8月末
体制確立
即スタート
本稼動　18年1月
実現したいこと
稼働率
20%アップ
改善項目
50個
別紙参照
プラットフォーム統一
Unixから
Windows
システム構築費用
従来比
30%減
導入したい技術
UML
JAVA
オブジェクト指向
トレーニング
e-ラーニングシステム構築

ユーザーの要件を
簡単に表す

ユーザーから要件を聞き出す（2）

顧客と話をして、新しい工場は海外（東南アジア）に作ることが分かりました。英語が分かる人材を用意しないといけません。それもマップに書き加えます。予算は五千万円確保するというので、やはりマップに追加します。ただし予算は確定でないので「?」マークを付けておきます。このように、新たに分かった要素をマップに追加すると、それが引き金になって、質問が次々に出てきます。顧客も、自分の話に不足がないかどうか確認しながら話ができます。

顧客との打ち合わせが終わったら、できあがったマインドマップのコピーを渡しておくと良いでしょう。できれば、マインドマップの議事録を関係者全員が読めるとは限らないので、内容を箇条書きにした資料も後で作成して送っておきたいものです。

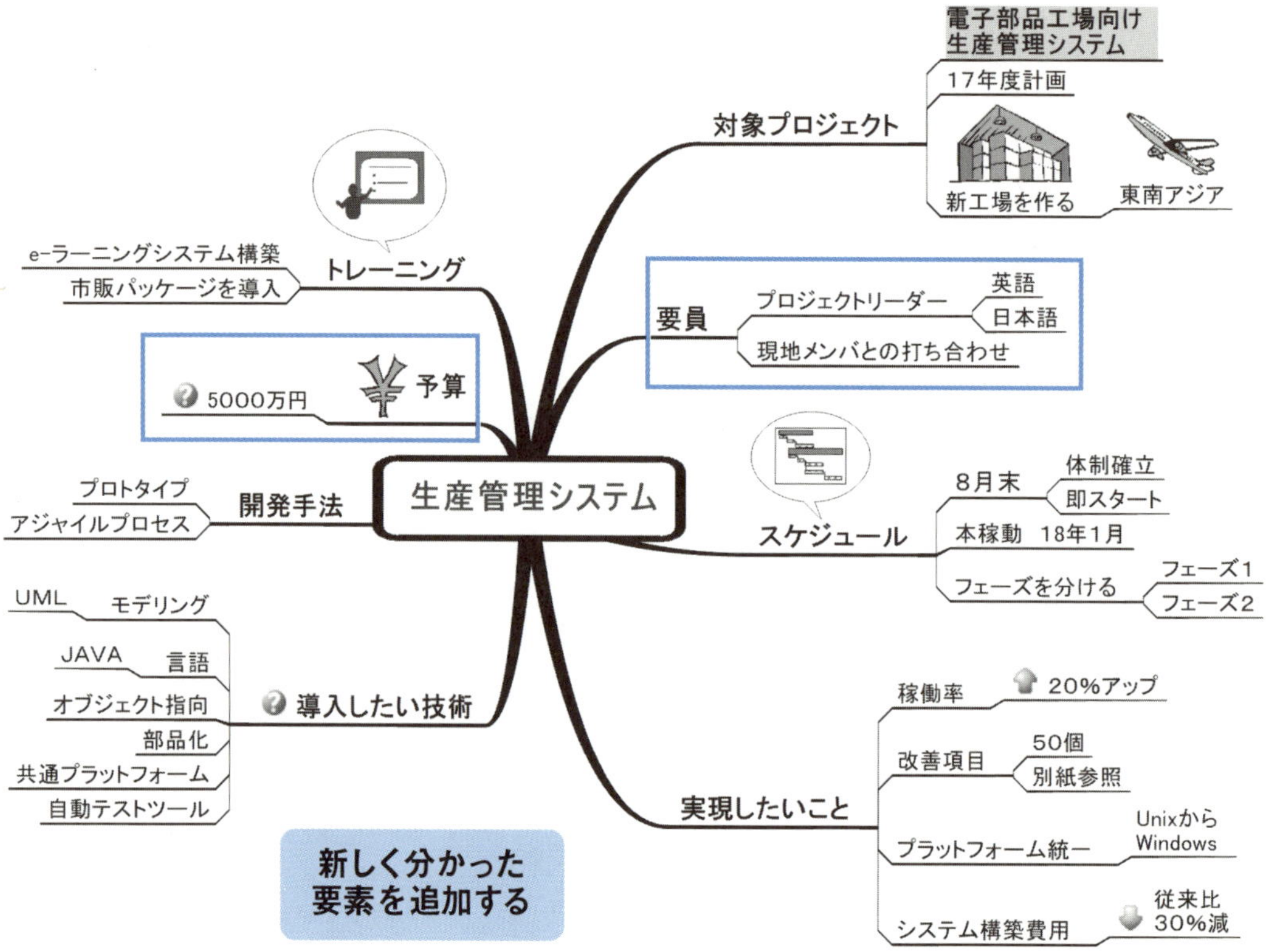
生産管理システム
対象プロジェクト
電子部品工場向け
生産管理システム
17年度計画
新工場を作る
東南アジア
要員
プロジェクトリーダー
英語
日本語
現地メンバとの打ち合わせ
スケジュール
8月末
体制確立
即スタート
本稼動　18年1月
フェーズを分ける
フェーズ1
フェーズ2
実現したいこと
稼働率
20%アップ
改善項目
50個
別紙参照
プラットフォーム統一
Unixから
Windows
システム構築費用
従来比
30%減
トレーニング
e-ラーニングシステム構築
市販パッケージを導入
予算
5000万円
開発手法
プロトタイプ
アジャイルプロセス
導入したい技術
モデリング
UML
言語
JAVA
オブジェクト指向
部品化
共通プラットフォーム
自動テストツール
新しく分かった
要素を追加する

リスクを洗い出す（1）

プロジェクトの成否は、リスク管理にあると言っても過言ではありません。ところが、プロジェクトを進める上で、リスクを明確に定義する習慣は、なかなか日本には定着しませんでした。しかし、プロジェクトに関わる人たちがリスクを感じないのではなく、表立って明確に言う機会を与えられていないのです。プロジェクトのリスクを計画段階で明確にしておく責任は、プロジェクトマネージャー、プロジェクトリーダーにあります。プロジェクトリーダーが、メンバーを集めてブレインストーミングしながらリスクを洗い出す会議は重要です。そこで、リスクの基本的な要素を思い付くままに列挙してみました。

リスク要素を列挙する

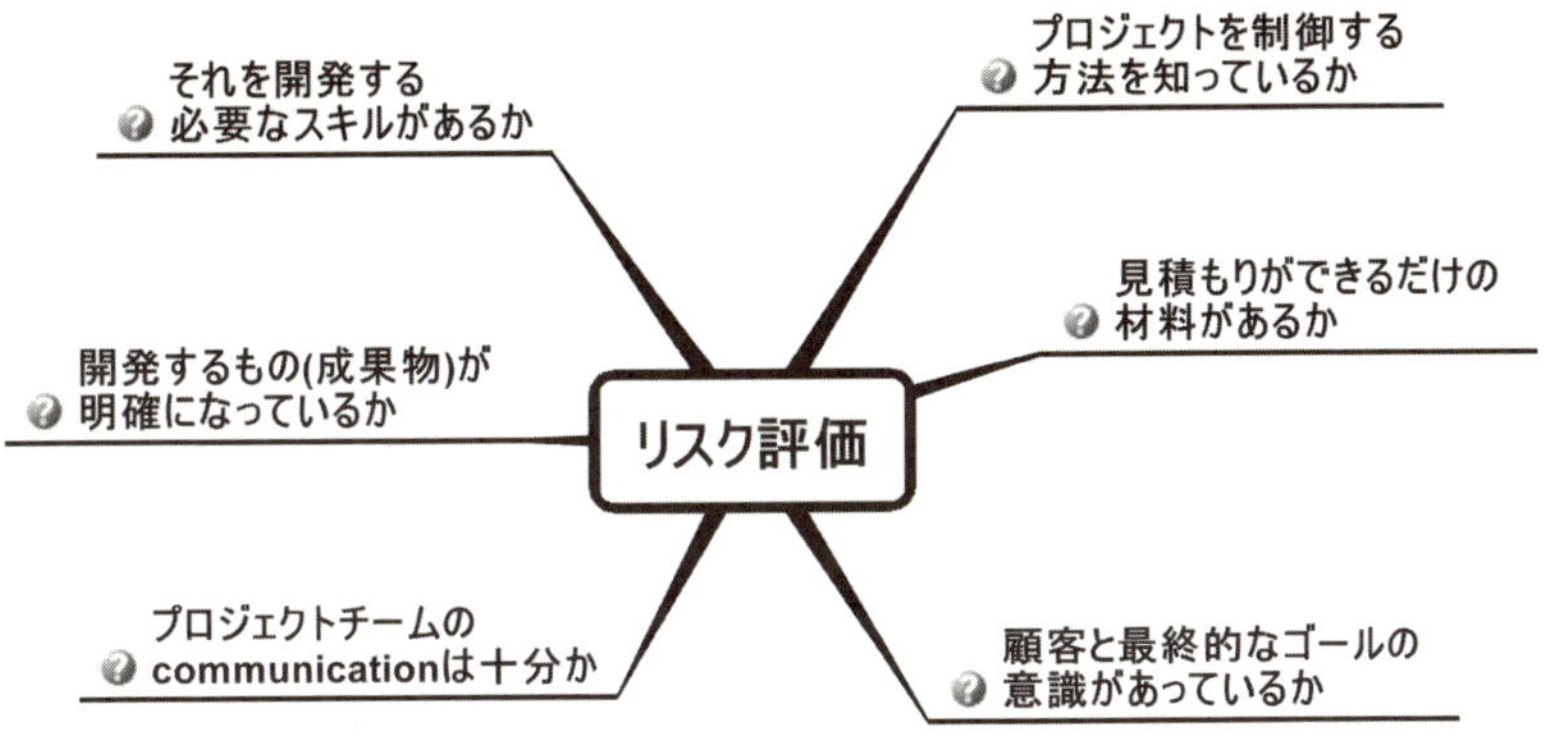
リスク評価
それを開発する
必要なスキルがあるか
プロジェクトを制御する
方法を知っているか
見積もりができるだけの
材料があるか
開発するもの(成果物)が
明確になっているか
プロジェクトチームの
communicationは十分か
顧客と最終的なゴールの
意識があっているか

リスクを洗い出す(2)

リスクを書き出すと、ほかにもあると気付きました。コスト、体制、契約にも不安がありそうなので、キーワードとして挙げておきます。一つのリスクから連想される事項をどんどん書いてゆきましょう。書きすぎることはありません。リスクを想定していなかったことが、後々の問題になります。想定したリスクに基づく問題は、実際のプロジェクトでは、百パーセント起きます。地震や火事などの天災以外は、予想したリスクに起因した問題は必ず発生すると言い切っても良いでしょう。ですから、リスクに対応する予防措置をあらかじめ考えておけば、いざその時になっても慌てなくて良いのです。「備えあれば憂いなし」です。

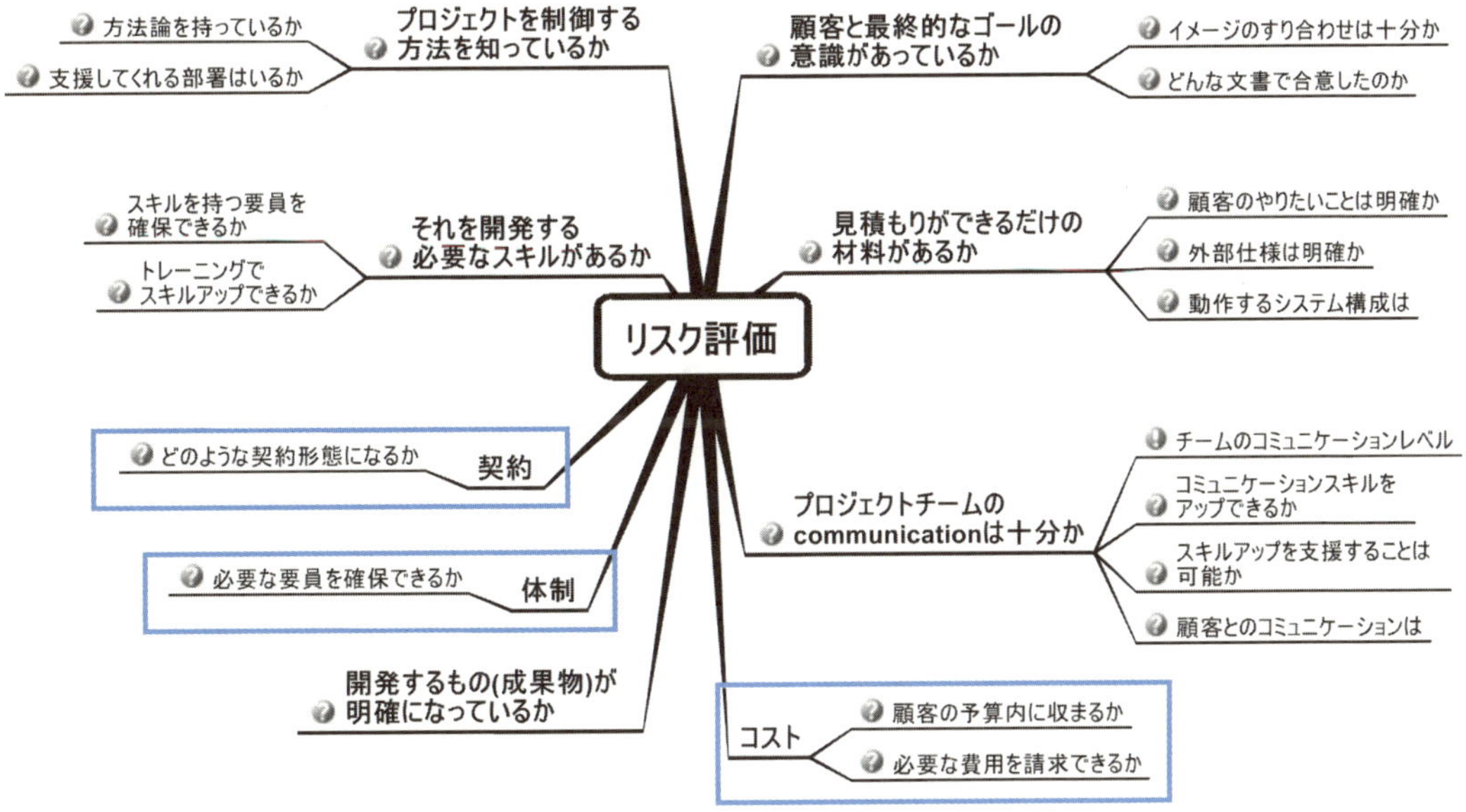
リスク評価
プロジェクトを制御する
方法を知っているか
方法論を持っているか
支援してくれる部署はいるか
それを開発する
必要なスキルがあるか
スキルを持つ要員を
確保できるか
トレーニングで
スキルアップできるか
契約
どのような契約形態になるか
体制
必要な要員を確保できるか
開発するもの(成果物)が
明確になっているか
顧客と最終的なゴールの
意識があっているか
イメージのすり合わせは十分か
どんな文書で合意したのか
見積もりができるだけの
材料があるか
顧客のやりたいことは明確か
外部仕様は明確か
動作するシステム構成は
プロジェクトチームの
communicationは十分か
チームのコミュニケーションレベル
コミュニケーションスキルを
アップできるか
スキルアップを支援することは
可能か
顧客とのコミュニケーションは
コスト
顧客の予算内に収まるか
必要な費用を請求できるか

キーワードを追加する

リスクを洗い出す(3)

　前の段階でリスク要因を次々に書き出したので、散らかった、きれいでないマップになってしまいました。これでは、リスクが漏れなく挙がったかどうか不安になります。そこで、関連のあるキーワードを一箇所に集め、カテゴリー分けします。カテゴリーは、

- コスト
- コミュニケーション
- 体制
- 成果物
- 契約
- プロジェクト管理

にまとめました。まず、このカテゴリーに不足がないかどうかを考えましょう。「作業環境」もあるかもしれません。

　これまでに書いたリスクの枝を、あるカテゴリーの枝に集約したら、ほかのカテゴリーのリスク要因も見えてくるでしょう。「体制」という枝を見た時に「そうだ、お客さんの体制は大丈夫か」と不安を感じたら、早速「顧客の体制は大丈夫か」という枝を書き込みます。

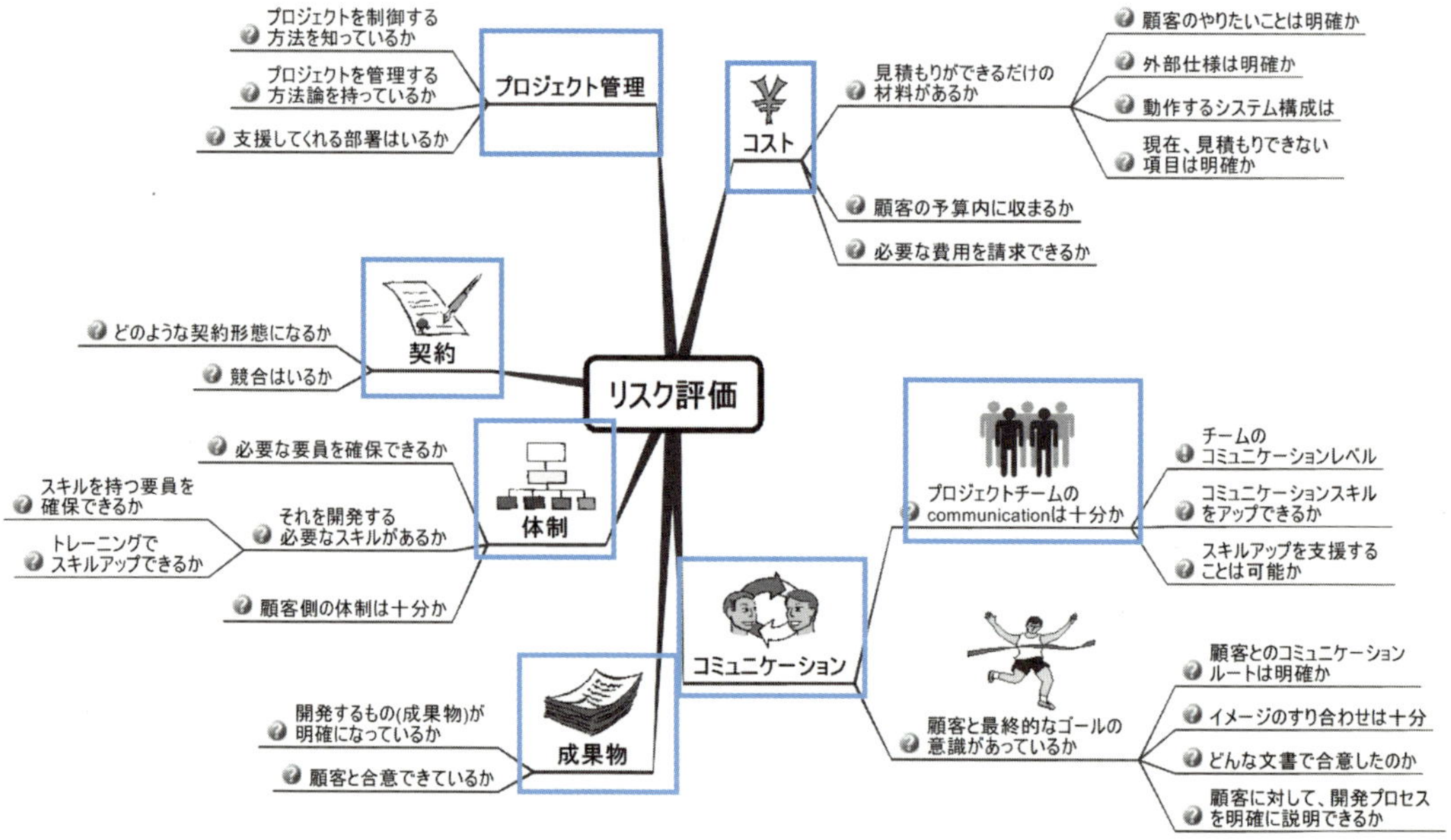

リスク評価
プロジェクト管理
プロジェクトを制御する方法を知っているか
プロジェクトを管理する方法論を持っているか
支援してくれる部署はいるか
コスト
見積もりができるだけの材料があるか
顧客のやりたいことは明確か
外部仕様は明確か
動作するシステム構成は
現在、見積もりできない項目は明確か
顧客の予算内に収まるか
必要な費用を請求できるか
契約
どのような契約形態になるか
競合はいるか
体制
必要な要員を確保できるか
それを開発する必要なスキルがあるか
スキルを持つ要員を確保できるか
トレーニングでスキルアップできるか
顧客側の体制は十分か
成果物
開発するもの(成果物)が明確になっているか
顧客と合意できているか
コミュニケーション
プロジェクトチームのcommunicationは十分か
チームのコミュニケーションレベル
コミュニケーションスキルをアップできるか
スキルアップを支援することは可能か
顧客と最終的なゴールの意識があっているか
顧客とのコミュニケーションルートは明確か
イメージのすり合わせは十分
どんな文書で合意したのか
顧客に対して、開発プロセスを明確に説明できるか

関連するキーワードを集めてカテゴリーに分ける

体制を考える（1）

プロジェクトの体制図をマップにします。リーダーが誰で、メンバーが誰だという体制図は大抵書きますが、それをビジュアルにした例はなかなかお目にかかれません。なるほど作図ツールで、名前が書かれた箱がきれいに並んだ資料はよく目します。しかし、良く考えてみてください。そんな体制図のどこがありがたいでしょうか。

　プロジェクトメンバーが、体制図から読み取りたいのは、次のポイントです。

- ●プロジェクトリーダーは誰だろう。
- ●そのリーダーには、どんな経験があって、どんなスキルがあるのだろうか。
- ●あのリーダーとうまくやれるだろうか。
- ●他のメンバーはどんな人で、どんなスキルがあるのだろうか。
- ●分からない時は、誰に聞けば良いのだろう。
- ●自分に期待されている役割は何だろう。

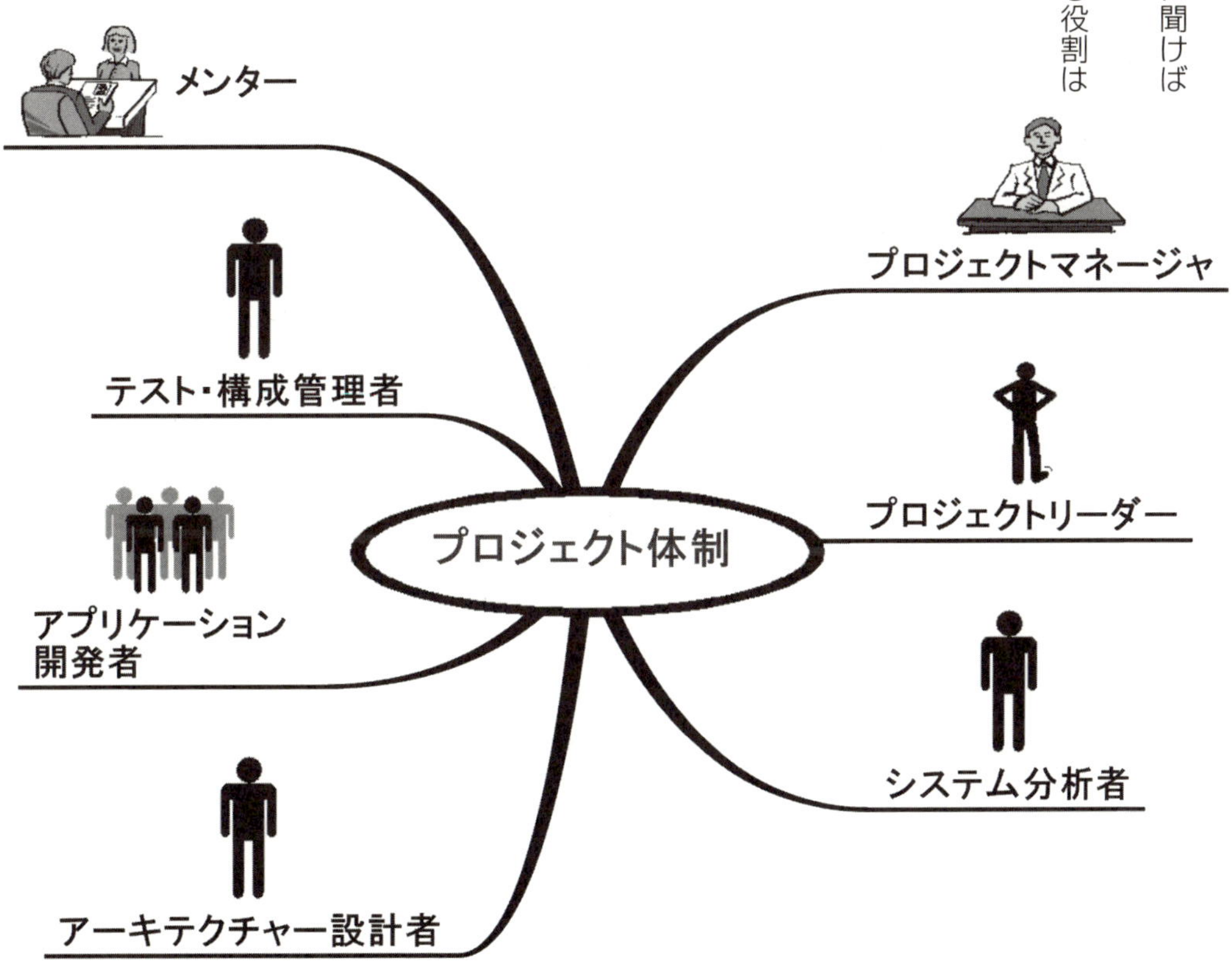

プロジェクトの体制図

体制を考える（2）

一般にプロジェクトリーダーやプロジェクトマネージャが体制を考える時に、どのようなスキルが必要かを勘案して要因を決める必要があります。役割の下に具体的なスキルを列挙しています。

体制を考える（3）

どのようなスキルのメンバーが必要かを洗い出したら、実際に社内で割り当て可能な人材の氏名をマップに書きます。大規模なプロジェクトでは、マップを分割する必要があります。リーダーがこういうマインドマップを書くと、気付くことがいろいろあります。

- ほしい人材はいるが、アサインできるのか。
- 社内に特定のスキルをもった人材がいるかどうかが分からない。

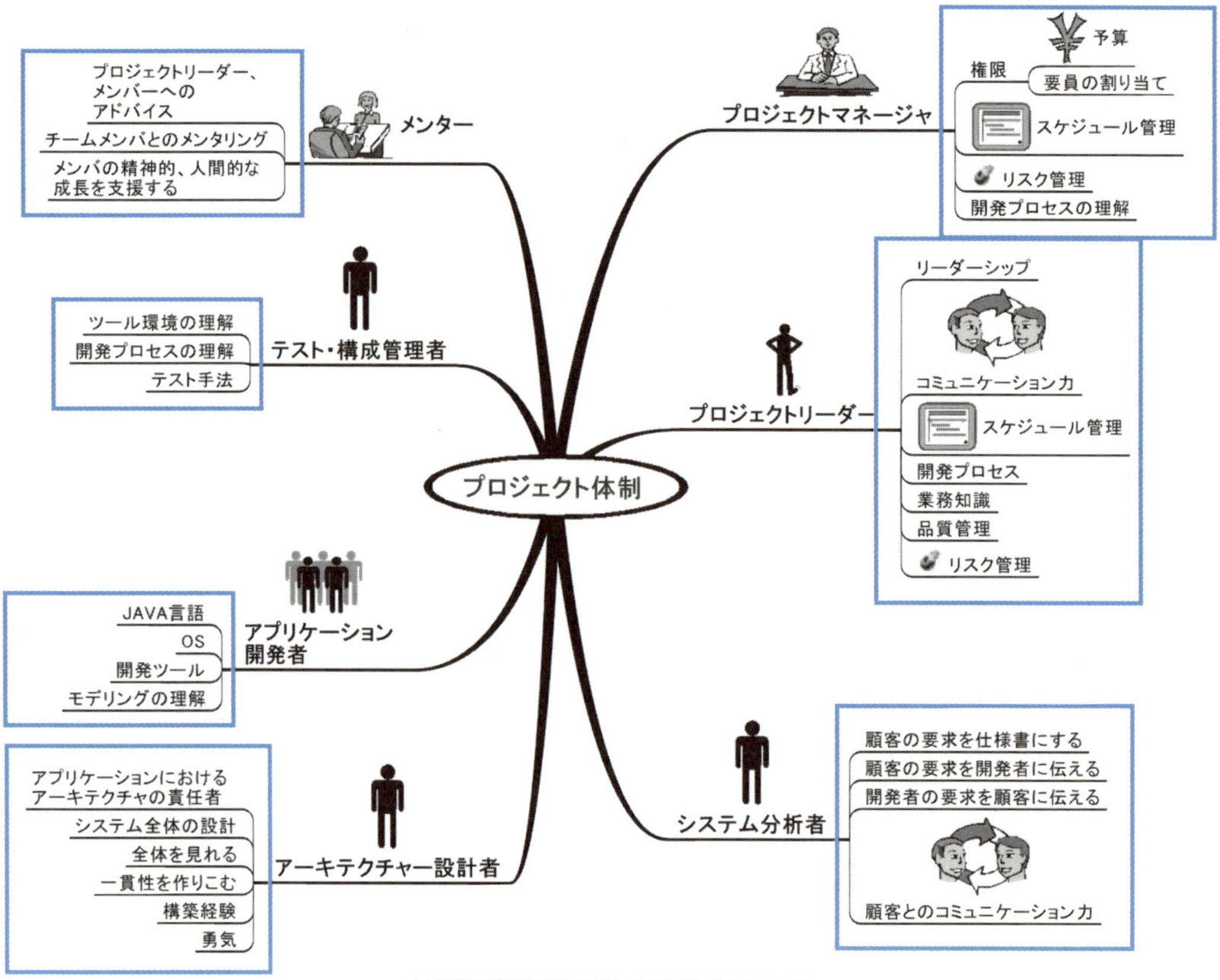
プロジェクト体制
プロジェクトマネージャ
予算
権限
要員の割り当て
スケジュール管理
リスク管理
開発プロセスの理解
プロジェクトリーダー
リーダーシップ
コミュニケーション力
スケジュール管理
開発プロセス
業務知識
品質管理
リスク管理
システム分析者
顧客の要求を仕様書にする
顧客の要求を開発者に伝える
開発者の要求を顧客に伝える
顧客とのコミュニケーション力
メンター
プロジェクトリーダー、メンバーへのアドバイス
チームメンバとのメンタリング
メンバの精神的、人間的な成長を支援する
テスト・構成管理者
ツール環境の理解
開発プロセスの理解
テスト手法
アプリケーション開発者
JAVA言語
OS
開発ツール
モデリングの理解
アーキテクチャー設計者
アプリケーションにおけるアーキテクチャの責任者
システム全体の設計
全体を見れる
一貫性を作りこむ
構築経験
勇気

「必要なスキル」の枝を伸ばしてスキルを列挙する

●社内に適当な人材がいないので、社外から確保できるのか。

つまり、体制の全体像が見えるので、そこから浮かび上がる問題に気付きやすいという効果があります。社内にどのような人材がいるか分からないという声は、多くの企業で聞きます。社内に人材データベースを備えている企業もあるかもしれませんが、それを検索しても欲しい情報が手に入る確率は低いでしょう。一つのアイデアとして、社内の人材一人ずつのスキルマップを作っておくと良いでしょう。過去の実績、現在のスキル、学習の実績、モチベーション、コミュニケーションスキルをマップにしておくのです。

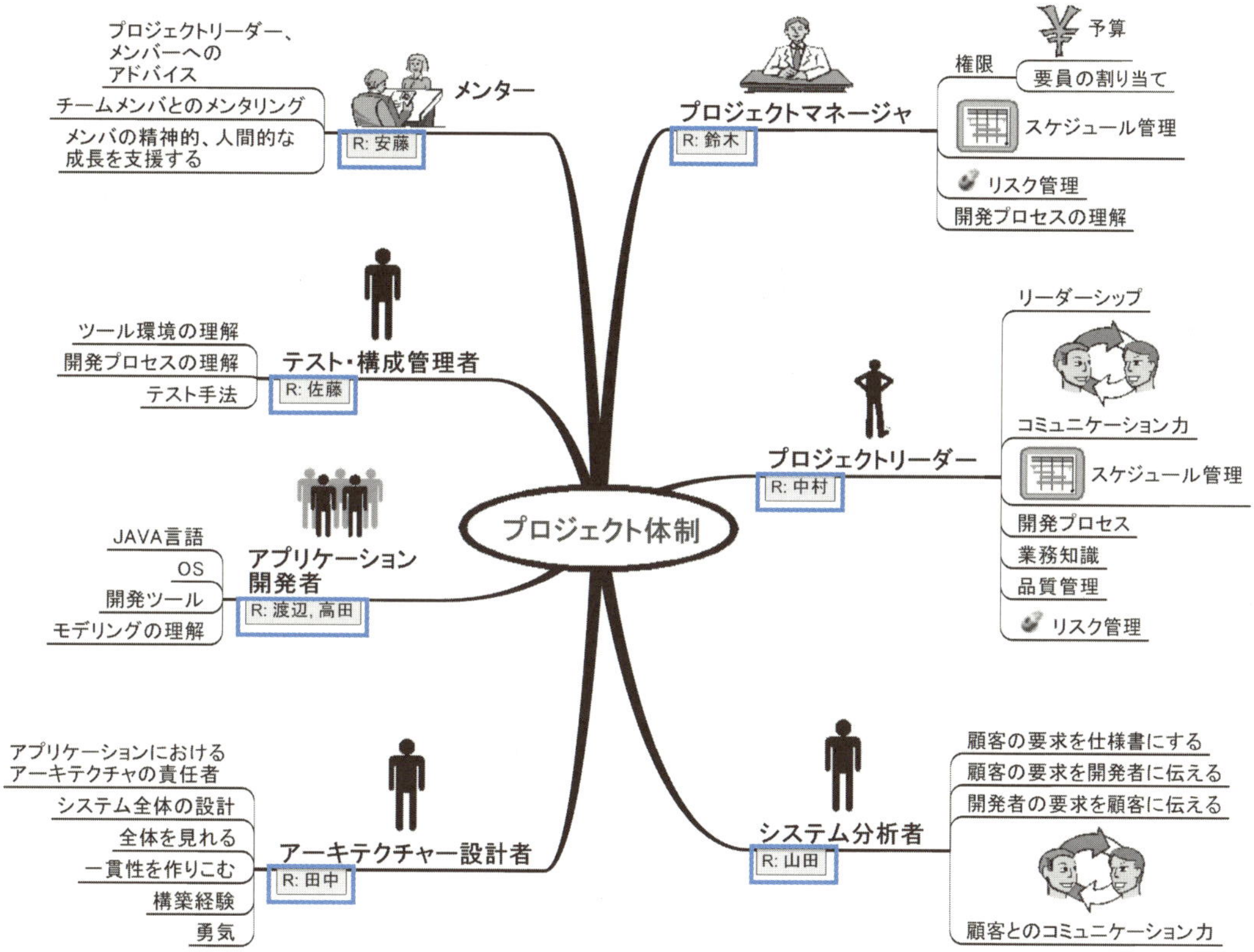

プロジェクト体制
プロジェクトマネージャ
R: 鈴木
予算
権限
要員の割り当て
スケジュール管理
リスク管理
開発プロセスの理解
プロジェクトリーダー
R: 中村
リーダーシップ
コミュニケーション力
スケジュール管理
開発プロセス
業務知識
品質管理
リスク管理
システム分析者
R: 山田
顧客の要求を仕様書にする
顧客の要求を開発者に伝える
開発者の要求を顧客に伝える
顧客とのコミュニケーション力
メンター
R: 安藤
プロジェクトリーダー、メンバーへのアドバイス
チームメンバとのメンタリング
メンバの精神的、人間的な成長を支援する
テスト・構成管理者
R: 佐藤
ツール環境の理解
開発プロセスの理解
テスト手法
アプリケーション開発者
R: 渡辺, 高田
JAVA言語
OS
開発ツール
モデリングの理解
アーキテクチャー設計者
R: 田中
アプリケーションにおけるアーキテクチャの責任者
システム全体の設計
全体を見れる
一貫性を作りこむ
構築経験
勇気

割り当てられる人材の名前を書き込む

作業計画の立案と進捗の管理

①作業の洗い出し

プロジェクトで書くことが最も多いのは工程表です。線表、ガントチャートとも言います。建築事業者は、大日程、中日程、小日程と、大きな工程から決めます。細かい工程をいきなり書くより、まず大まかな工程を考えるほうが簡単でしょう。一般的な製造業の開発工程から、一番大きな要素を抽出してみました。

作業計画の立案と進捗の管理

②作業の詳細化

次に、太い枝に関連する詳細な作業を書き込みます。例えば「受注活動」を詳細にしてみると、

- 提案書作成
- 顧客への提案書説明
- 見積書作成
- 契約

のように細かい作業が考えられます。「プロジェクト計画」には、「作業計画立案」の枝だけが書かれています。これで十分でしょうか。もっと作業がありそうです。例えば、

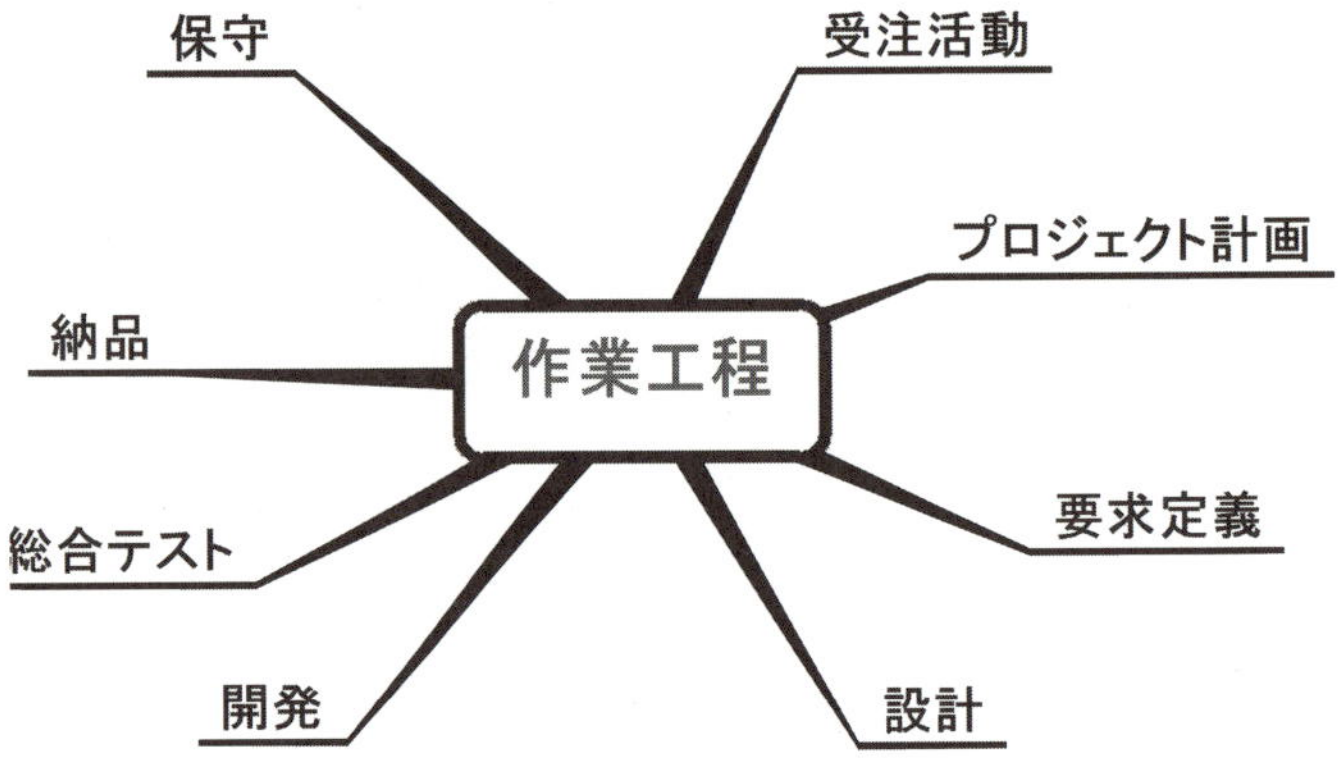
作業工程
受注活動
プロジェクト計画
要求定義
設計
開発
総合テスト
納品
保守

作業を大まかに洗い出す

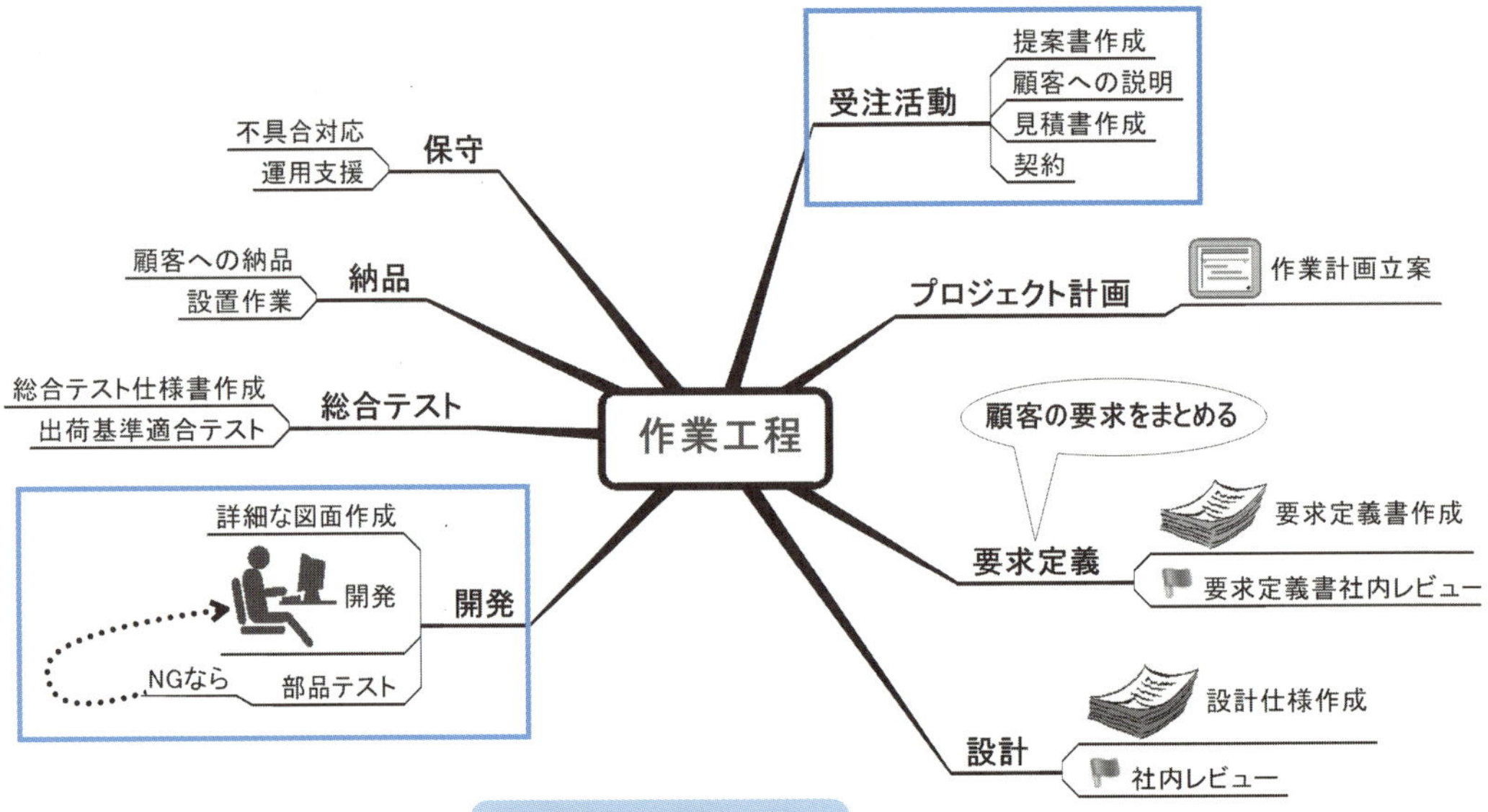
作業工程
受注活動
提案書作成
顧客への説明
見積書作成
契約
プロジェクト計画
作業計画立案
顧客の要求をまとめる
要求定義
要求定義書作成
要求定義書社内レビュー
設計
設計仕様作成
社内レビュー
開発
詳細な図面作成
開発
部品テスト
NGなら
総合テスト
総合テスト仕様書作成
出荷基準適合テスト
納品
顧客への納品
設置作業
保守
不具合対応
運用支援

作業を詳細にする（ブレークダウン）

●プロジェクト計画書のレビュー
●プロジェクト計画書の承認

などが考えられます。開発の工程は、

●詳細な図面作成
●開発
●部品テスト

と三つの作業に分解しています。実際の開発は、こんなに簡単ではありませんが、足りない作業がもっと思い付きそうです。

そこで、次の作業を追加しました。

●プロジェクト計画（計画書レビュー・計画書の承認）
●要求定義（顧客承認）
●設計（顧客とのレビュー）
●開発（結合テスト）

これで、先程の図よりも全体のバランスが良くなりました。一つの枝を複数に分解する方法によって、どのように複雑なプロジェクトでも、工程を明確に定義できます。ここで重要なのは、第一レベルの枝のキーワードの「粒度」を揃えることです（粒度とは、物事を細分化する時の程度。例えば日本を分ける時に、本州、四国、九州と分けるのか、東京都、神奈川県、茨城県と分けるのかという違い）。

第一レベルの枝に「受注活動」「プロジェクト計画」「要求定義」「設計」「開発」などを挙げています。これは、分類の仕方として粒度が合っているでしょうか。しっくりとしないようであれば、何度でもマインドマップを書き直してみます。粒度を揃えることと、つまり「抜け」がないような工程の抽出を最初からできる人は、まずいません。試行錯誤の経験が必要です。一度で理想的な作業工程を作るのは容易ではありませんが、マインドマップで作業をブレークダウンするのは良い方法です。

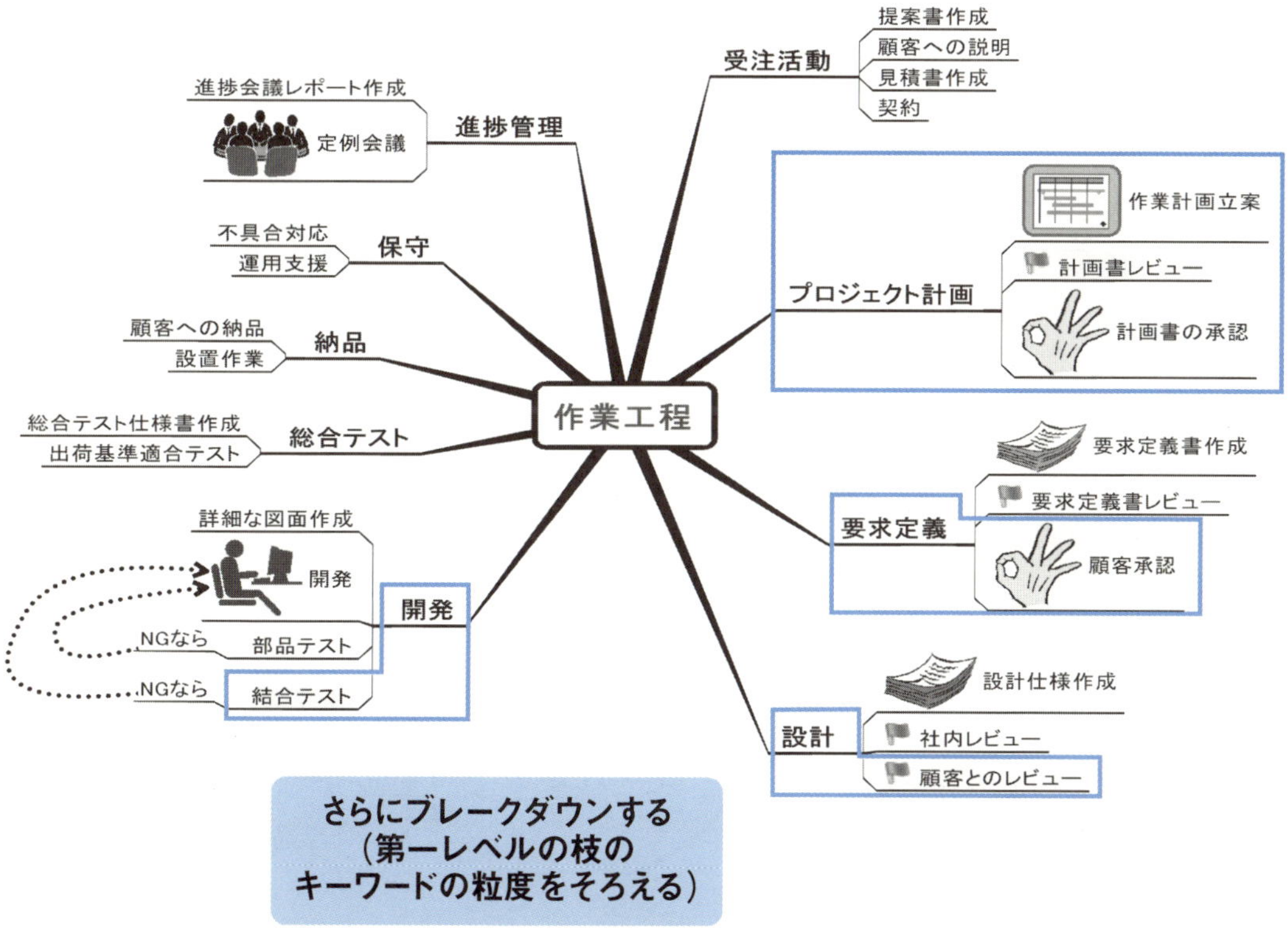
作業工程
受注活動
提案書作成
顧客への説明
見積書作成
契約
プロジェクト計画
作業計画立案
計画書レビュー
計画書の承認
要求定義
要求定義書作成
要求定義書レビュー
顧客承認
設計
設計仕様作成
社内レビュー
顧客とのレビュー
開発
詳細な図面作成
開発
部品テスト
結合テスト
NGなら
NGなら
総合テスト
総合テスト仕様書作成
出荷基準適合テスト
納品
顧客への納品
設置作業
保守
不具合対応
運用支援
進捗管理
進捗会議レポート作成
定例会議
さらにブレークダウンする
（第一レベルの枝の
キーワードの粒度をそろえる）

作業計画の立案と進捗の管理

③先行作業の明確化

これまで、それぞれの作業が時間的にどのように流れているかに注意を払いませんでした。実際には右上から時計回りに作業が流れるように書いています。

通常は、「ある作業が終わったら次の作業にかかる」と時間を意識しながら作業をします。しかし実際には、複数の作業が並行して行われます。その時に注意するのは、「この作業が完全に終わるまではほかの作業にかかれない」という点を明確にしておくことです。したがって、ある作業を始めるために、先に終わっていなくてはならない作業（先行作業）を明確にしておきます。マインドマップでは、このような関係を示すのに、矢印で先行作業を表します。

例えば、設計に取りかかるには（1）プロジェクト計画書の承認、（2）要求仕様書の顧客による承認という条件があることを、矢印で示しています。この二つの承認が得られない限り、設計作業には入れません。ここからは、計画書作成作業と要求仕様書作成作業が並行して行われる点も読み取れます。また、総合テストに通らない限り、顧客に納品できないことも矢印で示しています。

これは当たり前ですが、実際にはこうならないケースがあります。先行タスクを意識せずに作業をしてしまい、大きな「手戻り」（済んだ作業に不具合があり、同じ作業をし直すこと）になるケースもよくあります。そのようなケースを避けるには、マインドマップで全員に先行タスクを理解しもらうことが必要なのです。

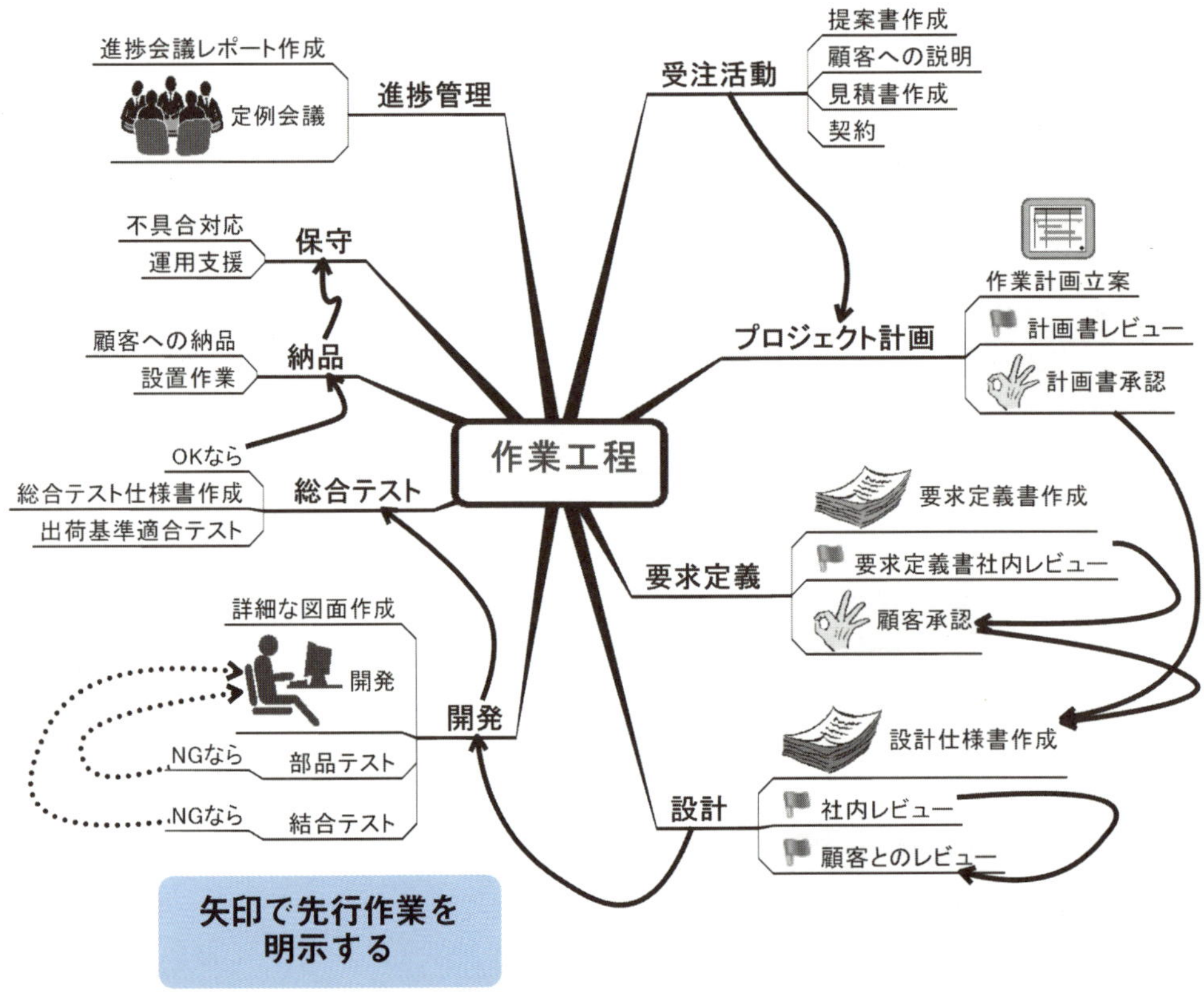

作業計画の立案と進捗の管理

④期間の設定

作業がブレークダウンできて、先行作業が定義できたら、次は個々の作業の期間を入れます。ある作業をするのに何日かかるかの定義であり、仕事のボリュームです。これは、その作業をした経験がないと、何日かかるのか見当が付きません。通常は、経験のあるプロジェクトリーダーが適切に作業期間を設定します。

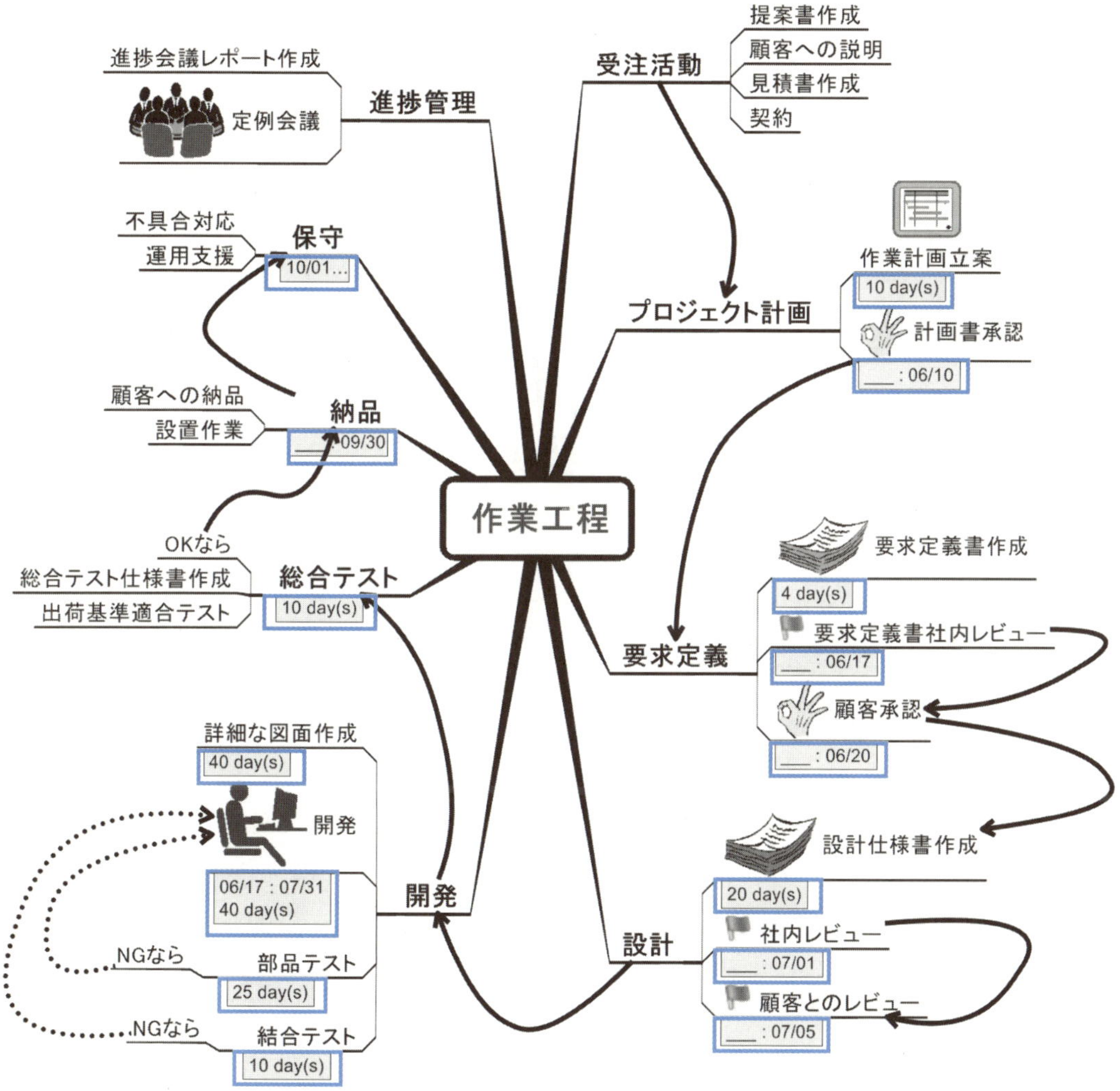

作業工程
受注活動
提案書作成
顧客への説明
見積書作成
契約
プロジェクト計画
作業計画立案
10 day(s)
計画書承認
___ : 06/10
要求定義
要求定義書作成
4 day(s)
要求定義書社内レビュー
___ : 06/17
顧客承認
___ : 06/20
設計
設計仕様書作成
20 day(s)
社内レビュー
___ : 07/01
顧客とのレビュー
___ : 07/05
開発
詳細な図面作成
40 day(s)
開発
06/17 : 07/31
40 day(s)
部品テスト
25 day(s)
結合テスト
10 day(s)
NGなら
NGなら
総合テスト
10 day(s)
総合テスト仕様書作成
出荷基準適合テスト
OKなら
納品
___ 09/30
顧客への納品
設置作業
保守
10/01...
不具合対応
運用支援
進捗管理
進捗会議レポート作成
定例会議

作業の期間を設定する

作業計画の立案と進捗の管理

⑤開始日・終了日の記入

作業工程の期間が設定できたら、いつ開始していつ終了するかを設定します。この時、五日間の作業だとしても、月曜日に開始して金曜日に完了するような設定はしません。雑用や割り込み、トラブル対応などの邪魔が入ることや休日も考慮しましょう。

計画書の承認などは、マイルストーン（期限）だけを設定しておきます。

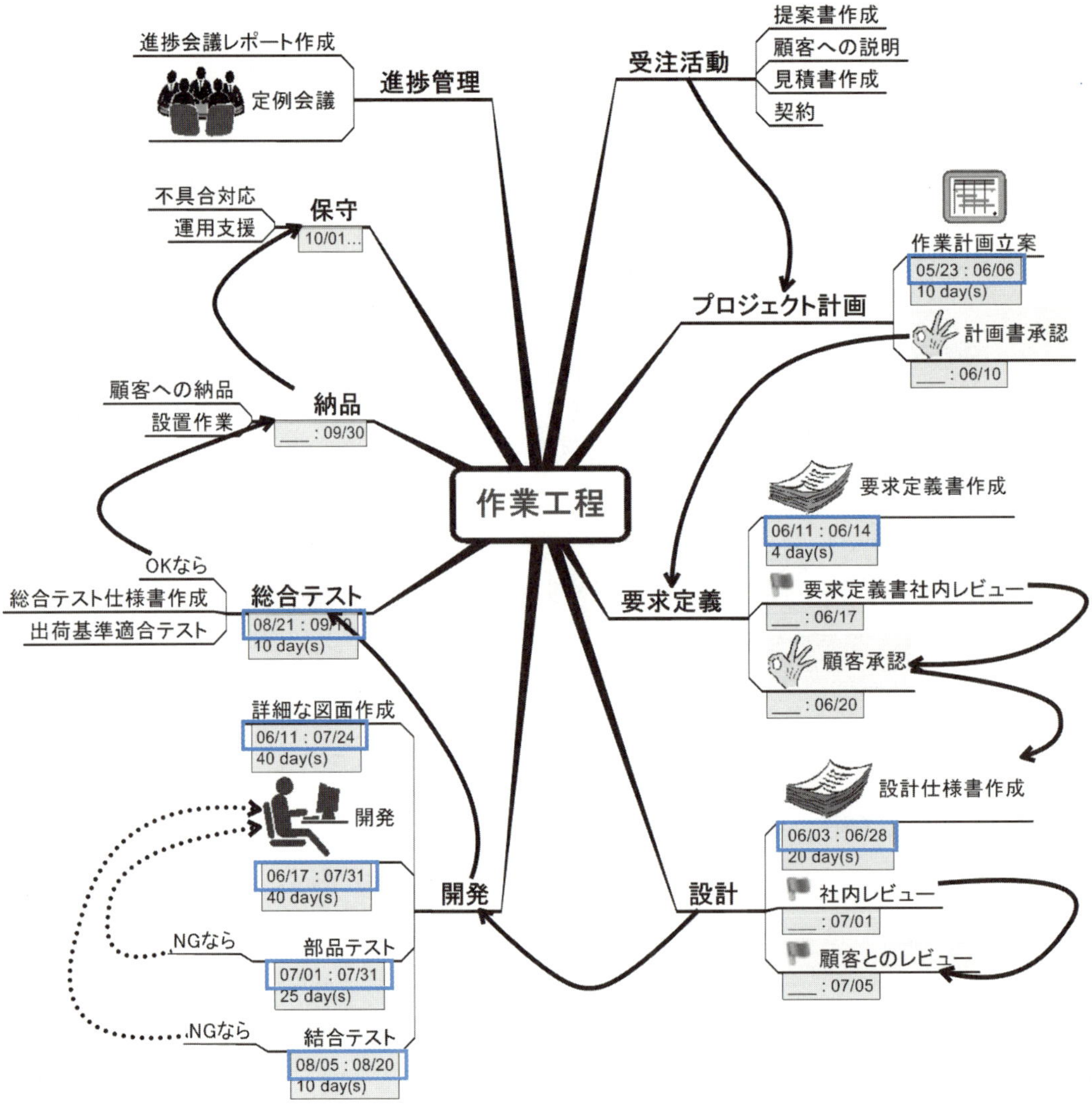
作業工程
受注活動
提案書作成
顧客への説明
見積書作成
契約
進捗管理
進捗会議レポート作成
定例会議
保守
不具合対応
運用支援
10/01...
プロジェクト計画
作業計画立案
05/23 : 06/06
10 day(s)
計画書承認
___ : 06/10
納品
顧客への納品
設置作業
___ : 09/30
要求定義
要求定義書作成
06/11 : 06/14
4 day(s)
要求定義書社内レビュー
___ : 06/17
顧客承認
___ : 06/20
総合テスト
OKなら
総合テスト仕様書作成
出荷基準適合テスト
08/21 : 09/10
10 day(s)
設計
設計仕様書作成
06/03 : 06/28
20 day(s)
社内レビュー
___ : 07/01
顧客とのレビュー
___ : 07/05
開発
詳細な図面作成
06/11 : 07/24
40 day(s)
開発
06/17 : 07/31
40 day(s)
部品テスト
NGなら
07/01 : 07/31
25 day(s)
結合テスト
NGなら
08/05 : 08/20
10 day(s)

作業開始日・終了日を入れる

⑥作業全体に必要な期間の設定

一つ一つの作業に必要な期間は、すでに設定しました。しかし、それを束ねた大きな作業単位でどのくらいかかるのかを書いておくのも、全体のボリュームを捉えるために必要です。「プロジェクト計画」「要求定義」「設計」「開発」「総合テスト」にそれぞれ何日必要かを記入します。基本的には、その枝にぶら下がっている作業の期間の合計になります。

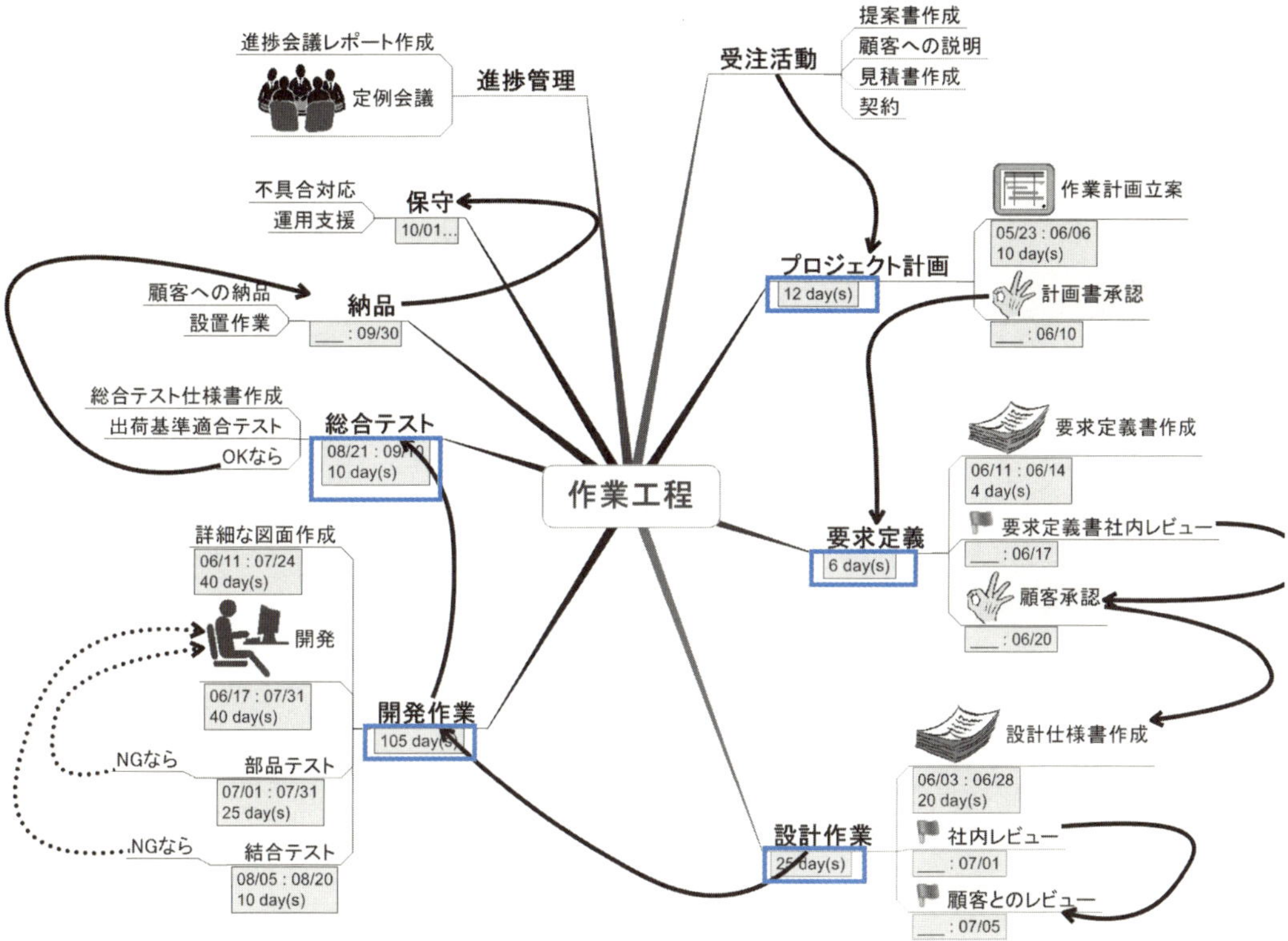

作業工程
受注活動
提案書作成
顧客への説明
見積書作成
契約
進捗管理
進捗会議レポート作成
定例会議
保守
不具合対応
運用支援
10/01...
納品
顧客への納品
設置作業
___ : 09/30
プロジェクト計画
12 day(s)
作業計画立案
05/23 : 06/06
10 day(s)
計画書承認
___ : 06/10
総合テスト
総合テスト仕様書作成
出荷基準適合テスト
OKなら
08/21 : 09/10
10 day(s)
要求定義
6 day(s)
要求定義書作成
06/11 : 06/14
4 day(s)
要求定義書社内レビュー
___ : 06/17
顧客承認
___ : 06/20
開発作業
105 day(s)
詳細な図面作成
06/11 : 07/24
40 day(s)
開発
06/17 : 07/31
40 day(s)
NGなら
部品テスト
07/01 : 07/31
25 day(s)
NGなら
結合テスト
08/05 : 08/20
10 day(s)
設計作業
25 day(s)
設計仕様書作成
06/03 : 06/28
20 day(s)
社内レビュー
___ : 07/01
顧客とのレビュー
___ : 07/05

作業の固まりの期間を記入して全体のボリュームを把握する

作業計画の立案と進捗の管理
⑦人の割り付け

ここまで来ると、後は、どの作業を誰がするのかを決めます。実は、プロジェクトリーダーとしては、これが頭の痛い問題です。経験が豊富で確実性のあるメンバーを使いたいのですが（理想）、現実にはそうなりません。優秀なメンバーほど常に忙しく、新しいプロジェクトに入るのは困難だからです。そこで、常日頃から作っていたメンバーのスキルマップを見て、要員をそれぞれの作業に割り当てます。その最中に段々楽しくなります。メンバーの名前をマップに書くうちに、プロジェクトマップが生き生きしてきて、プロジェクトがうまく行く気分になってきます。ただし、実際にプロジェクトをうまく遂行するには、リーダーのリーダーシップ、メンバーのモチベーションが重要です。メンバーをいかにしてその気にさせるかです。マップができら、マップをメンバーに説明する会議を開催します。その時、マインドマップを使って、プロジェクトの全体像を生き生きとメンバーに説明でき、メンバーのモチベーションが上がれば、しめたものです。

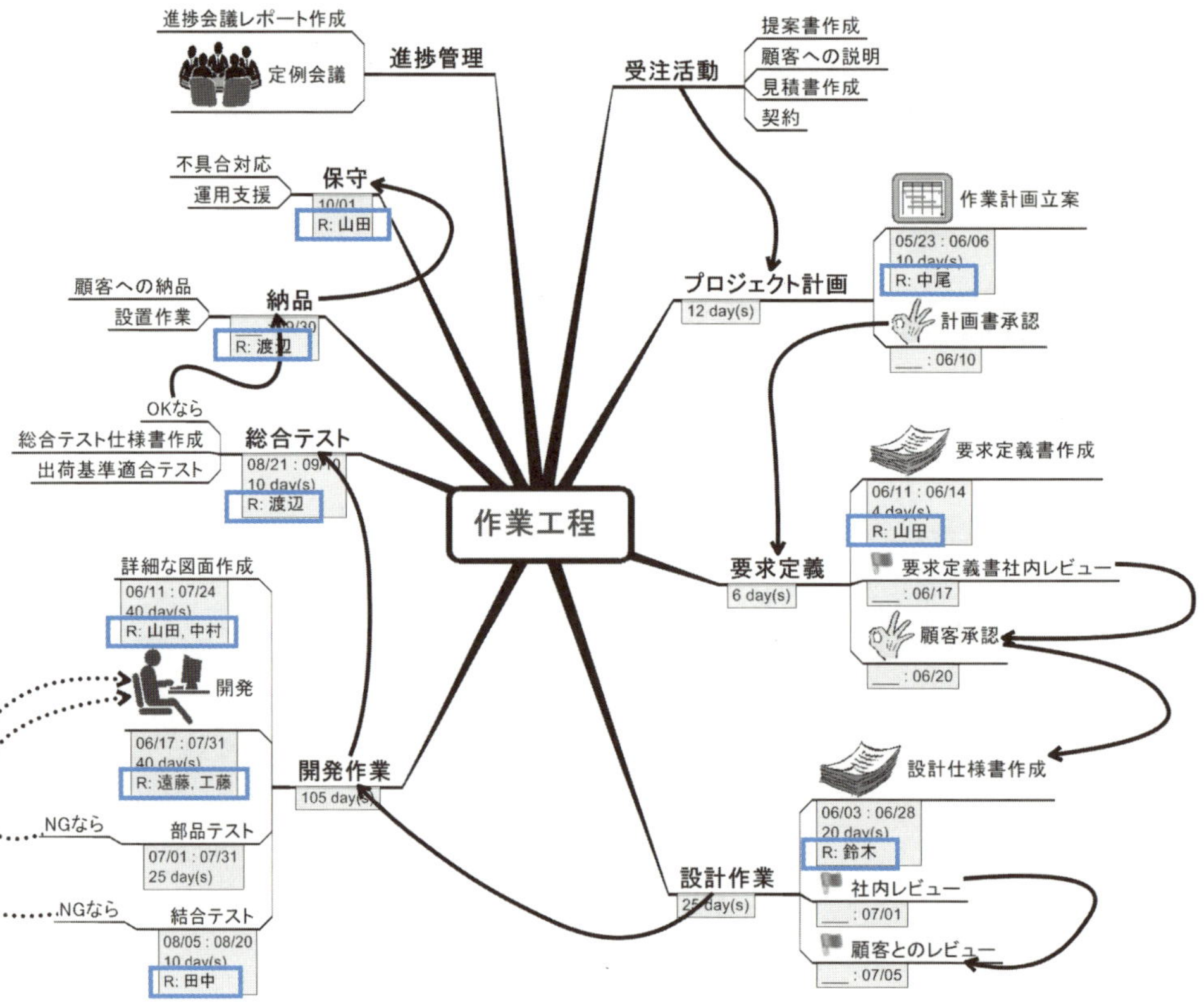
作業工程
進捗管理
進捗会議レポート作成
定例会議
受注活動
提案書作成
顧客への説明
見積書作成
契約
保守
不具合対応
運用支援
10/01
R: 山田
納品
顧客への納品
設置作業
R: 渡辺
OKなら
総合テスト
総合テスト仕様書作成
出荷基準適合テスト
10 day(s)
R: 渡辺
作業計画立案
05/23 : 06/06
10 day(s)
R: 中尾
プロジェクト計画
12 day(s)
計画書承認
___ : 06/10
要求定義書作成
06/11 : 06/14
4 day(s)
R: 山田
要求定義
6 day(s)
要求定義書社内レビュー
___ : 06/17
顧客承認
___ : 06/20
設計仕様書作成
06/03 : 06/28
20 day(s)
R: 鈴木
設計作業
25 day(s)
社内レビュー
___ : 07/01
顧客とのレビュー
___ : 07/05
詳細な図面作成
06/11 : 07/24
40 day(s)
R: 山田, 中村
開発
06/17 : 07/31
40 day(s)
R: 遠藤, 工藤
開発作業
105 day(s)
NGなら
部品テスト
07/01 : 07/31
25 day(s)
NGなら
結合テスト
08/05 : 08/20
10 day(s)
R: 田中

人の割り付け

⑧進捗のチェック

要員を作業に割り付ければ、計画は完成しました。プロジェクトが走り始めたら、計画通りに運んでいるか、進捗をチェックします。

作業が本当に完了したかどうかは、実は難しい問題です。厳密に定義するなら、ある作業の成果物の定義をして、それが確実に作成されたことで進捗を百パーセントにします。しかし、そこまでの説明は、本格的なプロジェクト管理の本に譲りましょう。

ベストプラクティスを作る

プロジェクトの全体マップ作成から、進捗チェックまでを見てみました。しかし、新しいプロジェクトのたびに、このようなことをするわけではありません。成功したプロジェクト計画書を基に、新しいプロジェクト計画を立てるのです。過去に成功が証明された方法を「ベストプラクティス」（成功事例）と言います。日本企業では、組織で規定された標準作業マニュアルに相当します。ただし、ベストプラクティスは通常、テキスト文書になっていることが多く、眺めるだけで頭が混乱します。読んで楽しくなる人もいません。しかし、マインドマップでベストプラクティスを書いたらどうなるでしょうか。

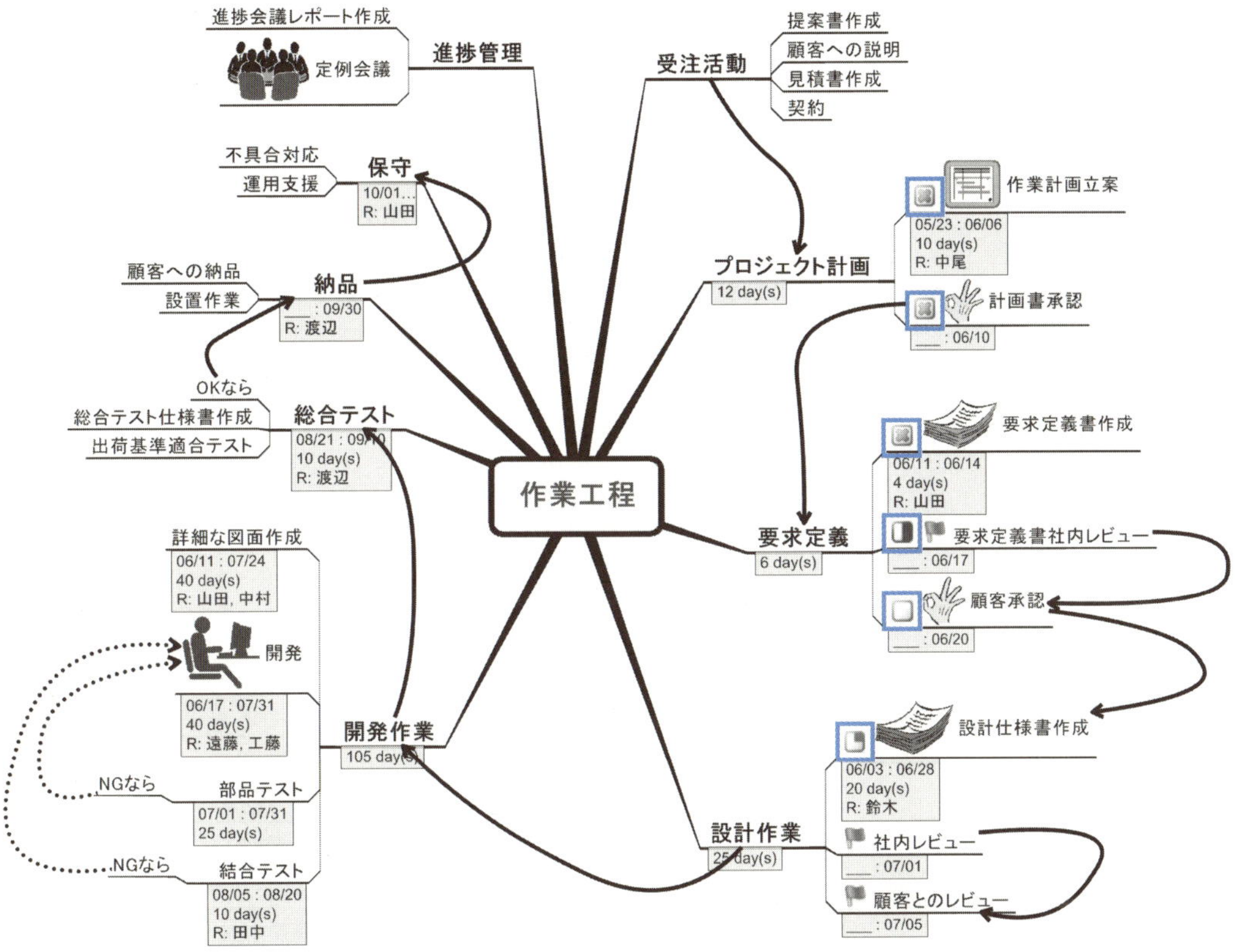

進捗チェック

ベストプラクティスを作る

①セミナー開催

セミナー開催のベストプラクティスのマップを見てみましょう。数ヶ月に一回くらいの頻度ですと、前回の段取りを思い出せません。しかし、一から手順を考え直すのは、効率が良いとは思えません。それで、成功したセミナーの手順をマップにしておくと便利です。元々「抜け」がないと証明されているので、これを基にして新しいセミナー企画を考えるのは楽ですし、経験がない人間に説明する時にも役に立ちます。

従来、こういうノウハウは特定の個人の頭の中にだけあって、「セミナーのことならあの人に聞け」になってしまいがちです。頭の中にある暗黙知をマインドマップで形式知にすることに意味があります。

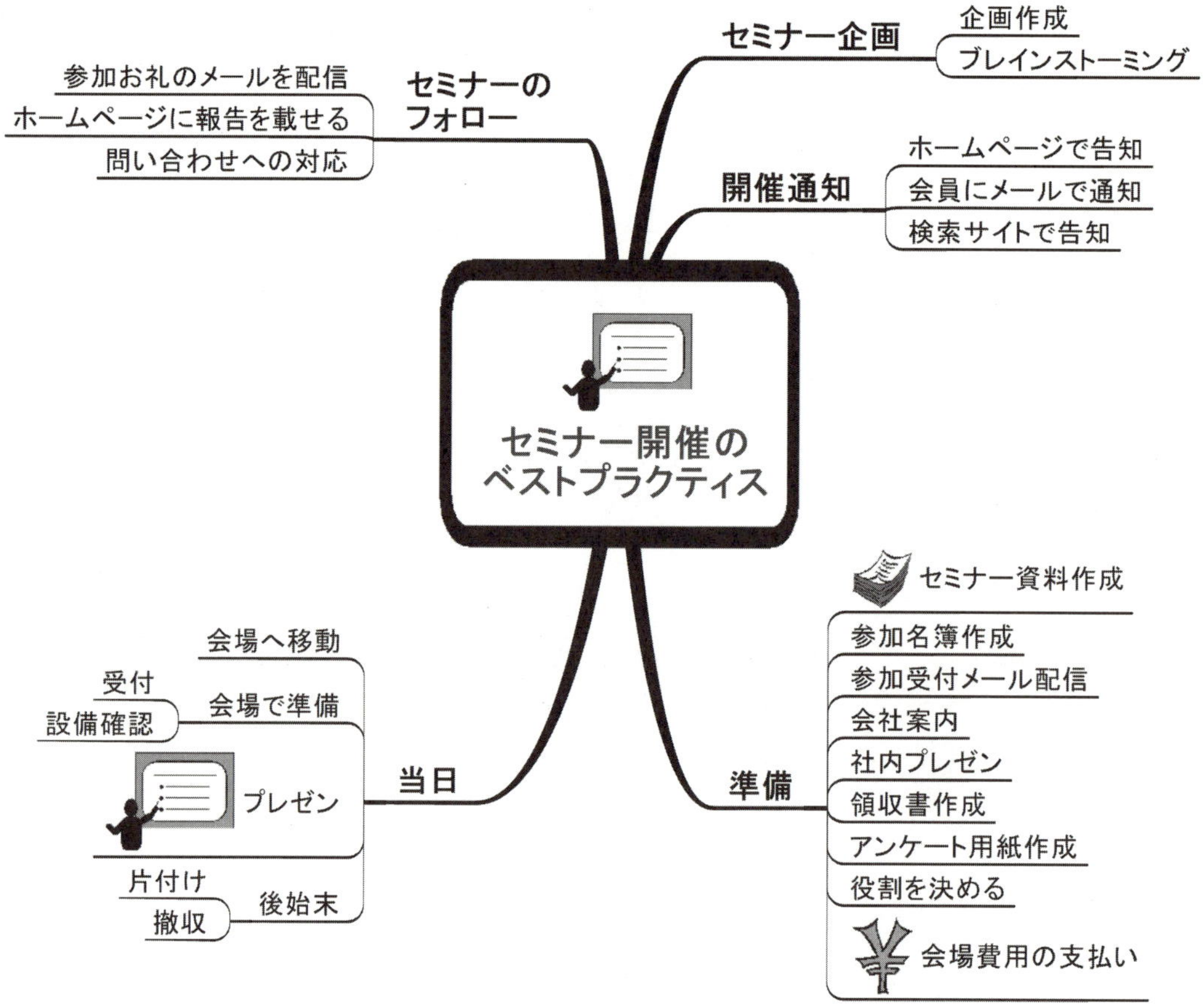
セミナー開催のベストプラクティス
セミナー企画
企画作成
ブレインストーミング
開催通知
ホームページで告知
会員にメールで通知
検索サイトで告知
準備
セミナー資料作成
参加名簿作成
参加受付メール配信
会社案内
社内プレゼン
領収書作成
アンケート用紙作成
役割を決める
会場費用の支払い
当日
会場へ移動
会場で準備
受付
設備確認
プレゼン
後始末
片付け
撤収
セミナーのフォロー
参加お礼のメールを配信
ホームページに報告を載せる
問い合わせへの対応

暗黙知を形式知にする

ベストプラクティスを作る

②会議開催

会議開催のベストプラクティスも作っておくと便利です。どんな企業でも会議の上手な運営は重要な課題になっています。ちょっとした配慮で、会議はうまく運営できます。このマップでは、会議の最後に必ず、「決まったことを確認」する作業を入れています。これをしないと、会議で何が決まったかが分からず、無駄な時間を過ごしたと感じることになるのです。こういうコツをマップに書き添えておきましょう

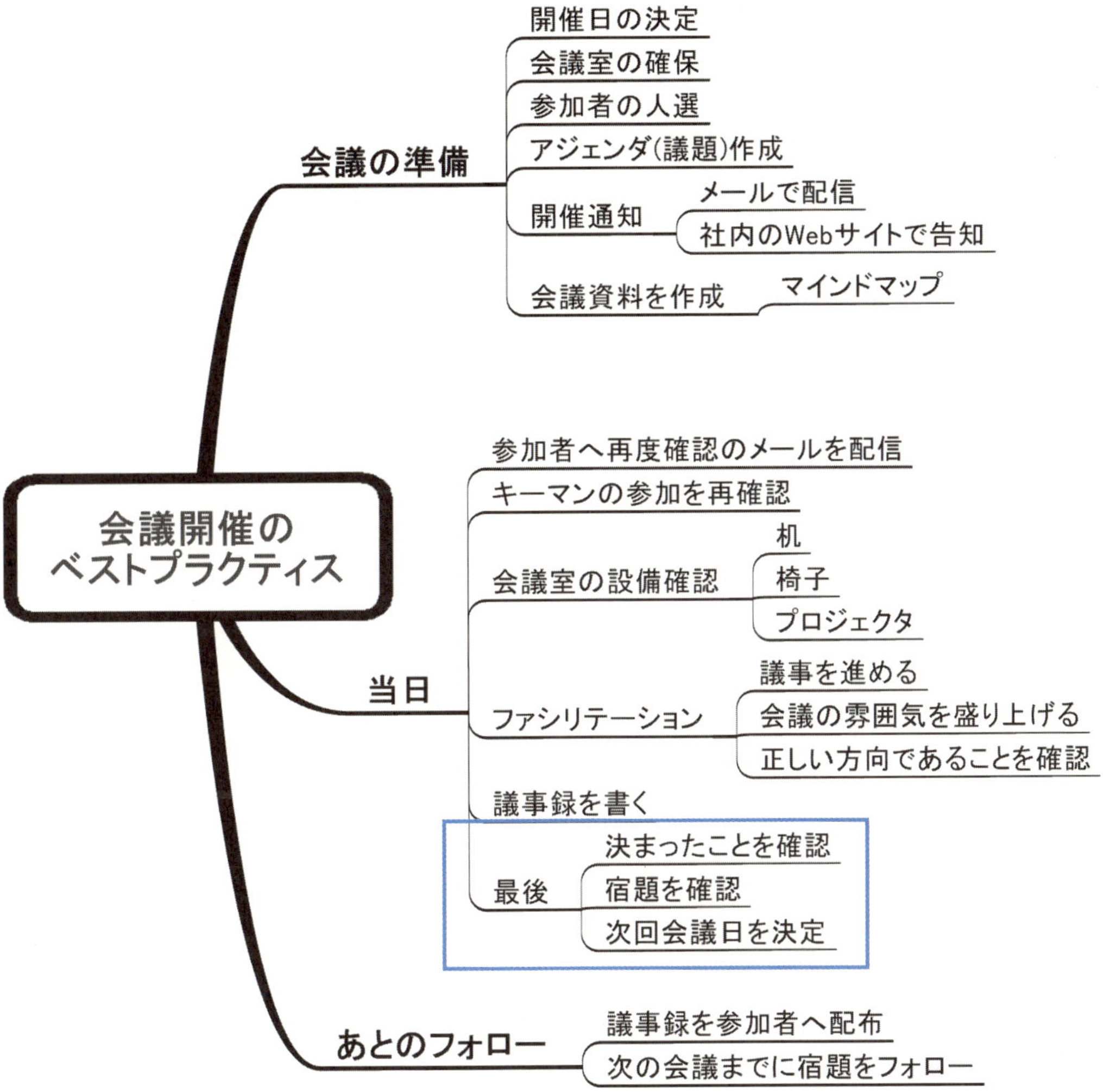

会議開催のベストプラクティス
会議の準備
開催日の決定
会議室の確保
参加者の人選
アジェンダ(議題)作成
開催通知
メールで配信
社内のWebサイトで告知
会議資料を作成
マインドマップ
当日
参加者へ再度確認のメールを配信
キーマンの参加を再確認
会議室の設備確認
机
椅子
プロジェクタ
ファシリテーション
議事を進める
会議の雰囲気を盛り上げる
正しい方向であることを確認
議事録を書く
最後
決まったことを確認
宿題を確認
次回会議日を決定
あとのフォロー
議事録を参加者へ配布
次の会議までに宿題をフォロー

マインドマップは思考の途中を支援するツール

これまでに解説したように、マインドマップには、ほかの図解技法と比較すると際立った特徴があります。復習を兼ねて、ポイントを整理して見ましょう。

思考を邪魔しない

マインドマップの書き方は極めてシンプルです。覚えるルールもたくさんありません。したがって、ツールを使いこなすのに時間が取られず、思考そのものに集中できます。ビジネスの現場では時々、「よくもこんな難しいツールを使って情報を整理しているな」と思う人に出会いますが、ツールに人間が使われていて本末転倒です。

思考を手助けしてくれる。考えている途中で使える

ほかの図解ツールは、どちらかと言えば、ある程度頭の中で考えがまとまったら、それを図にします。マインドマップは、思考している途中の経過を目に見えるようにしてくれます。専門の言葉で言えば、「暗黙知」を「形式知」（目に見える形）にしてくれる点が、最大のメリットです。

「柔らかい」ツールである

従来からの知的生産性向上ツールで、「これはすごい！」というものにお目にかかったことがありません。既存のツールは「硬い」のです。「硬い」というのは、あるツールを使った時に、そのツールから人間の目に飛び込んでくる情報が非常に限定されたものであったり、その情報を得るための段取りが非常に複雑であったり、情報と情報の関連付けが難しかったりするという意味です。

一方、マインドマップを書くと、全体が俯瞰できると同時に要素間の関連性が良く見え、思考の柔軟性が自然に生まれます。これは人間の体と同じです。日常生活の中で、良いアイデアはどういう状況の時に生まれるでしょうか。お風呂、トイレ、ベッドの中、散歩の途中など、体がリラックスしている時です。体を柔らかくするのが重要であるのと同じで、脳も柔らかくする必要があるのです。

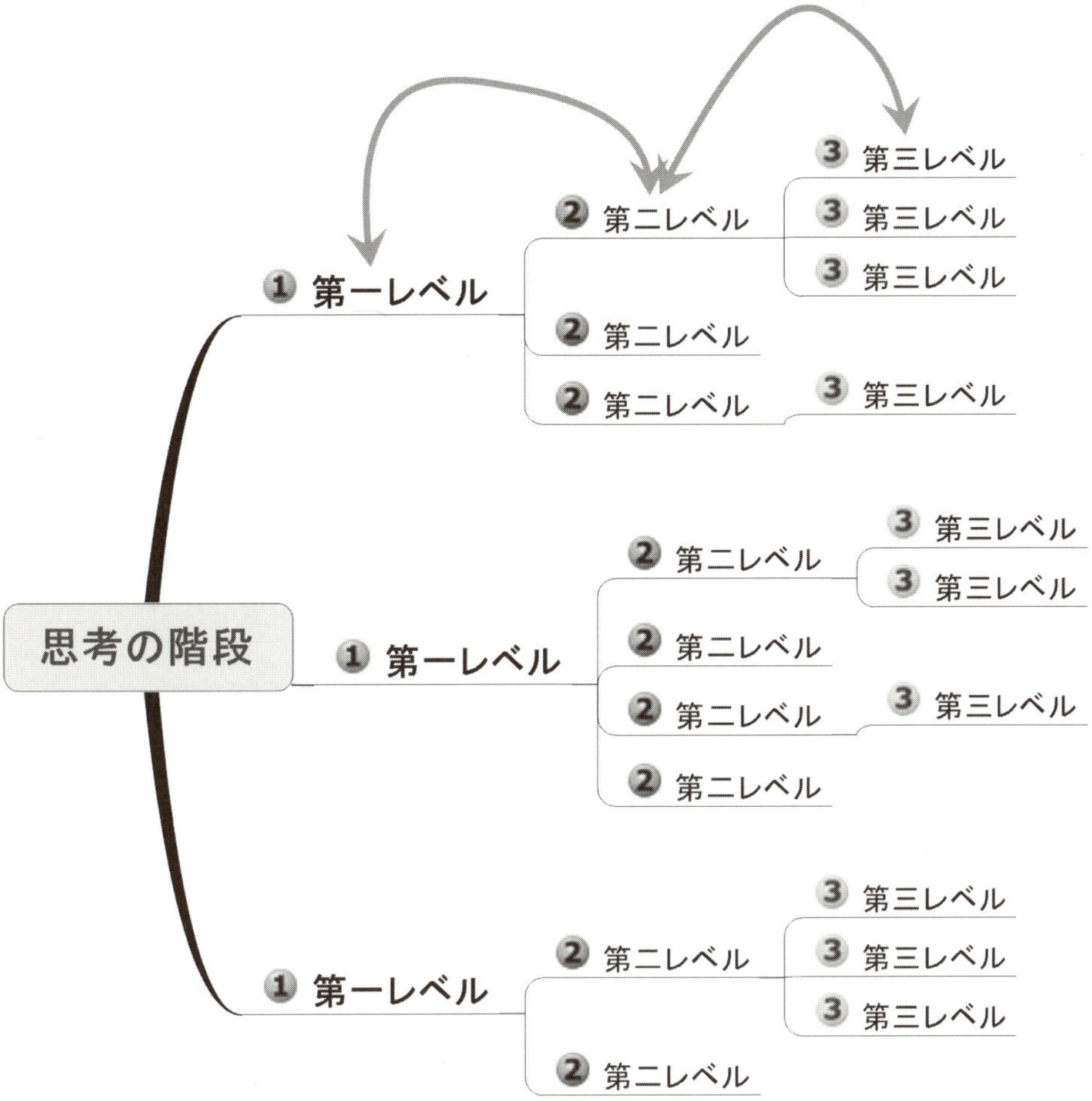

思考は階層を上がったり下がったりする

ビルの設計者は、設計を始める際に全体像が分かる大まかな図面に着手し、その次に詳細な図面を書きます。図面にもレベルがあります。設計している途中は、詳細な図面を見る時もあれば、より上のレベルの大まかな図面を見ることもあります。レベルを上がったり、下がったりします。これが、人間の思考の自然な動きです。

　マインドマップにも、このことがぴったり当てはまります。階層を上がったり下がったりすることが簡単にできるので、マインドマップは思考を整理するのに素直なツールなのです。

付録

マインドマップをパソコンで描く

手描きマップの限界と手描きの良さ

　初めてマインドマップに出会うと、最初は手描きで始めるのですが、すぐに挫折してしまう人が多いのも事実です。理由には、

- 絵を描くのが苦手
- マップがうまくバランス良く描けず、形が悪くなる
- 修正が面倒。一度描いた枝を違う枝にするのが面倒
- 自分は分かるが、他人は分からないマップになる
- 描いたマップを再利用できない

が挙げられるでしょう。

　会社の仕事でマインドマップを使うとなると、手描きでは無理があります。現在、ほとんどの企業が、何らかのパソコンで動くツールを仕事に使っていますから、描いたマップを電子メールで送ったり、ほかのパソコンツールの形式に変換したり、プロジェクターで映して会議に使ったりするようになっていないと、仕事には使えません。

　ただし、手描きの良さも当然あります。喫茶店などで思い付いたことをちょこっとメモしたり、他人の話を簡単にメモしたり、コーチングなどで感情を十分に表現したい時は、手描きがベストです。

パソコンツールのメリット

　ITの進化に伴って、パソコンで動くマインドマップツールは、驚くほど操作性の良いものになっています。パソコンツールの良さには、次のような点が挙げられます。

●枝を書くのが楽

　パソコンソフトが勝手に線を描いてくれる。

●枝の移動がとても楽

　マウスを使って枝をどこにでも瞬時に移動できる。

●絵を描かなくても良い

　パソコンの中にあらかじめ用意された絵があるので、それを貼り付けるだけで簡単にイラストが加わる。携帯電話でダウンロードした画像、インターネット上の画像、ほかのペイントソフトで作成した画像も、簡単に貼り付けられる。

●マインドマップの枝から、パソコンの中の他のドキュメントにハイパーリンクできる

　マップ上の枝とパソコンの中のドキュメント（ワープロ文書等）を関連付けることができる（これをハイパーリンクと言う）。

●枝を集約（統合）するのに便利

　手描きマップは、あらかじめ決めたカテゴリーの下に枝をどんど

ツール名	特 徴	日本語版	入手先
FreeMind	GNU GPLライセンスによって配布されているフリーのマインドマップ作成ソフトウェア。動作するOSはWindowsとMac OS	○	http://freemind.sourceforge.net/
Map it!	低価格なソフトウェア。動作するOSはWindowsのみ	○	http://www.mapitsoftware.com/
NovaMind	WindowsとMac OSで動作するソフトウェア。美しいグラフィックライブラリが使える	○	http://www.novamind-japan.com/
MindMapper	スケジュール、ノート、ユーザークリップアウトライン機能があり、MS Officeツールとの連携ができる。動作するOSはWindowsのみ	○	http://www.mindmapper-japan.com/
MindManager	非常に高機能。MS Officeツールとの連携やアドイン機能の開発によって、外部システムとの通信ができる。動作するOSはWindowsとMac OS	○	http://mm.nvd.co.jp/

ん描くうえでは問題がありません。しかし、ブレインストーミングでよく行うように、ランダムに出たアイデアを一つのカテゴリーに集約するのが不得意です。その点、パソコンのツールは、これが非常に得意なのです。したがって、思い付くものを片っ端から挙げて、後でカテゴリーにまとめる作業が楽です。

●他のツールへ、作成したマップを取り込むのが容易

描いたマップを任意の画像形式に変換して他のツールに取り込むことができます。マイクロソフトのワード、パワーポイント、エクセルに変換する機能を備えた製品もあります。

組織で利用するマインドマップ

パソコンで動くマインドマップツールの出現によって、マインドマップユーザーは、これまでにない使い方ができるようになりました。マインドマップの思考を支援する特徴を最大限に利用すると、知的個人資源へのフロントエンドツールとして使えるようになります。著者は、これを「パーソナルダッシュボード」と呼んでいます。

企業の経営戦略から、個人の日常的な作業計画までを一つのマップとして捉えることができます。枝に付いているハイパーリンク先のマップを開けば、それぞれの詳細なマップが開きます。また、ハイパーリンクとしてMS Officeの文書やインターネット上の資源と紐付けることにより、ビジネスリーダーの知的活動の生産性が大きく変わることは間違いありません。

さらに、ＩＴの進化に伴い、企業でのマインドマップの使い方は、個人的な利用に留まっていたものが、チームや組織での利用へと変わりつつあります。

マインドマップを描くパソコンツール

パソコンで動くマインドマップ作成ツールは、現在たくさん開発されています。フリー（無償）のものから有償の製品まであります。完全に日本語化されているツールには、FreeMind、MapIt、MindMapper、NovaMindがあります。MindManagerは、メニューは英語ですがマップ自体は日本語で表現でき、MS Officeとの連携ができるので、日本企業で多く導入されるようになりました。

参考文献

●ブライアン・マーティン、ピーター・ロエフェン、『あなたの人生の鍵を握るのはだれ?』、主婦の友社、2004年(ISBN4072375934)

●松山真之助、『マインドマップ読書術―自分ブランドを高め、人生の可能性を広げるノウハウ』、ダイヤモンド社、2005年(ISBN4478733007)

●ヴァンダ・ノース/トニー・ブザン著、田中美樹/佐藤哲・訳、『頭の取扱説明書』、東京図書、１９９９年(ISBN4489005822)

●Gregory T. Haugan著、伊藤衡・訳、『実務で役立つWBS入門-プロジェクトマネジメントマガジン』、翔泳社、2005年(ISBN4798108499)

著者略歴

中野禎二（なかのていじ）

1984年　日本システム技術株式会社入社。計測制御システム、新聞社向けCADシステム等、多くのITシステムの開発とプロジェクト管理、メタデータ・リポジトリ・ツール（Rochade、CA Repository）の導入コンサルティング、ソフトウエア・プロセス管理ツールの販売、マインドマップ作成ツールMindManager事業の企画・実施。

2005年　ネオテニーベンチャー開発株式会社入社、インキュベーション支援ツール事業としてMindManager事業を継続。

NLP認定資格：マスタープラクティショナー

カバー・制作◉OKADA AD Office

マインドマップ図解術《ずかいじゅつ》

発行日	2005年　7月 22日	第1版第1刷
	2007年 10月 28日	第1版第8刷

著　者　中野《なかの》　禎二《ていじ》

発行者　斉藤　和邦

発行所　株式会社　秀和システム
〒107-0062　東京都港区南青山1-26-1 寿光ビル5F
Tel 03-3470-4947(販売)
Fax 03-3405-7538

印刷所　株式会社 廣済堂　Printed in Japan

ISBN4-7980-1119-3 C0034